The
Wardian Case

세계사를

바꾼

위대한

식물 상자

The
Wardian Case

세계사를

바꾼

위대한

식물 상자

— —

루크 키오 지음
정지호 옮김

일러두기

- 식물을 세는 단위는 종자나 구근인 경우 '개'를, 목본식물인 경우 '그루'를, 초본식물인지 목본식물인지 분명하지 않은 경우 '개체'를 사용했다.
- 식물의 이름은 대한민국 산림청의 〈국가표준식물목록〉에 실린 식물의 경우 해당 표기를 따랐다. 그 외의 경우는 한국 원예시장에서 유통되는 이름을 쓰거나, 영문명이나 학명을 외래어표기법에 따라 표기했다.
- 마일, 피트, 인치, 제곱피트 등 미국의 도량형 단위는 미터, 킬로미터, 헥타르 등 국내에서 통용되는 단위로 변환했다.
- 단행본의 제목은《 》로, 정기간행물·논문·지침서·예술작품·전시회는 〈 〉로 표기했다.
- 원어 병기 시 생물의 학명과 단행본의 제목에는 이탤릭체를 적용했다.

애플을 위하여

들어가는 글

워디언 케이스^{Wardian case}의 첫 여정은 실험이 목적이었다. 1829년, 외과 의 사이자 아마추어 박물학자인 너새니얼 백쇼 워드^{Nathaniel Bagshaw Ward}는 밀폐 된 유리 상자에서 식물이 물 없이 장기간 살 수 있다는 사실을 우연히 발 견했다. 식물을 유리 속에 넣고 런던의 자택에서 4년간 키운 끝에, 워드 는 전 세계 식물 운반에 쓰일 운반용 유리 상자를 만들었다. 아담하고 견 고한 이 상자는 나무와 유리로 만들어졌고 흡사 이동용 온실처럼 보였다. 1833년, 워드는 정선된 양치류·이끼·풀을 두 상자 가득 채워, 당시 가장 긴 항로였던 런던에서 시드니까지 이르는 바닷길에 실어 보내 본인의 발 명품을 시험했다.

1833년 11월 23일, 워드는 이 두 상자를 책임진 배의 선장 찰스 말라 드^{Charles Mallard}로부터 편지를 받았다. "(…) 식물을 살아 있는 상태 그대로 운 반하는 실험은 (…) 완벽하게 성공했습니다."[1] 다음 도전 과제는 귀환이었 다. 1834년 2월, 동일한 두 상자는 호주에서 자생하는 식물들로 가득 채

위졌다. 8개월 후, 워드와 종묘원 운영자로 유명한 그의 친구 조지 로디지스 George Loddiges는 런던에 도착한 배에 올라, 영국에서는 전혀 볼 수 없는 호주 식물인 섬세한 풀고사리(글레이케니아 미크로필라 *Gleichenia microphylla*)의 건강한 잎을 살펴보았다. 호주에서 오는 동안 흙 속에 들어 있던 타닌아카시아 black wattle 종자가 싹을 틔워 묘목으로 자라났다. 실험은 성공이었다.

워디언 케이스는 그 존재가 알려지면서 전 세계 식물 이동에 대변혁을 일으켰다. 첫 번째 실험 이후 백 년간, 식물을 운반하는 데 워디언 케이스 수천 개가 사용되었다. 한 선장이 묘사한 대로 워디언 케이스는 "단순하지만 아름다운" 발명품이었다. 상자를 처음 대규모로 사용한 곳은 상업적 종묘업 회사였는데, 이들은 워디언 케이스의 기술적 가치를 알아보고 재빨리 상자를 이용하기 시작했다. 이후 큐 왕립 식물원 Kew Royal Botanic Gardens 과 런던 왕립 원예 학회 London's Royal Horticultural Society 등 세계 유수의 식물 관련 기관들이 필요에 맞게 워디언 케이스를 이용했다.

식물에 관심 있는 나라들이 모두 워디언 케이스를 사용하게 되면서 탐험가·선교사·식물 채집가·정부 관료 들 역시 이를 이용했다. 미국 탐사 원정대 United States Exploring Expedition(1838~1842)에서 일하던 한 원기 왕성한 원예가는 식물을 채집해서 워디언 케이스에 보관했다. 이 원예가는 4년간의 여행 끝에 본국에 도착했고, 그가 채집한 식물은 워싱턴 D.C.에 위치한 미국 식물원 United States Botanic Garden을 조성하는 기반이 되었다. 이 뒤로 50년간 바나나·코코아·고무·차 등 중요 농작물을 비롯한 많은 식물이 워디언 케이스에 담겨 성공적으로 운반되었고, 상업적으로도 지대한 영향을 미쳤다. 그 효과는 의미심장하면서 대대적이었다.

그림1 1940년경 큐 왕립 식물원을 떠날 준비를 하고 있는 워디언 케이스.

　　이 책은 1829년 첫 발명부터 1920년대 마지막 중요한 여정까지 이르
는 워디언 케이스의 역사를 담았다. 특히 살아 있는 식물이 어떻게 전 세
계를 이동했는지에 관한 이야기를 다룬다. 워디언 케이스는 각종 식물의
운반에 중요한 역할을 했고, 좋은 쪽이든 나쁜 쪽이든 오늘날 우리가 사
는 세계를 바꾸는 데 일조했다. 많은 과학자·역사가·원예작가 들이 식물
을 전 세계로 운반하는 데 기여한 점에서 워디언 케이스의 중요성을 인정
하지만, 이 유용한 상자의 긴 역사를 모두 담아낸 이야기는 아직 한 번도
언급된 적이 없다.

　　이 책은 식물을 운반한 사람들의 이야기를 한 세기에 걸쳐 담아냈다.
특히 자연을 향한 인간의 인식과 그 관계가 식물을 효율적으로 운반하는
능력에 따라 어떻게 변화했는지 세심하게 다루었다. 또한 워디언 케이스
에 관한 숨은 이야기를 구석구석 정리했을 뿐 아니라, '가능성'과 '환경'이
라는 두 가지 중요한 주제에 초점을 맞추었다. 워디언 케이스는 기술 수
단으로서 식물 운반의 가능성을 열었고, 밀폐 상자로서 식물과 식물 이외
의 부산물을 운반했다. 다시 말해 워디언 케이스는 환경을 운반한 셈이다.

세계를 뒤흔든 발명품

워디언 케이스가 발명되기 전, 살아 있는 식물을 운반하는 것은 어렵고도
비용이 많이 드는 일이었다. 물론 종자를 보낼 수도 있지만 많은 식물의
종자는 수분이 말라버리면 죽고, 특히 기름이 많거나 열대지방에서 나온

종자일 경우 습한 곳에 보관하면 곰팡이가 핀다. 게다가 계절에 따라 종자 채집이 적합하지 않은 경우도 있다. 따라서 살아 있는 식물을 그대로 운반하는 것이 가장 좋은 방법이지만, 워디언 케이스 발명 전에는 이 일이 어려웠다. 1819년 마카오 동인도회사에 발령받은 열정적인 식물학자이자 외과의사인 존 리빙스턴John Livingstone은, 중국에서 런던으로 살아 있는 식물을 보내는 어려움에 관해 기록했다.[2] 리빙스턴은 식물 1천 개체 중 오직 한 개체만이 여행에서 살아남는다고 추정했다. 그는 "중국 식물을 운반할 때 영국 원예가와 식물학자들이 흡족해할, 좀 더 확실한 방식을 시도하는 것이 중요한 문제가 되었다"고 결론 내렸다. 운송이 증가하고 전 세계가 탐험과 무역으로 긴밀하게 연결되면서 식물 운반 방식을 개선할 필요가 생겼다. 워디언 케이스는 바로 이런 욕구를 채워주었다.

워디언 케이스가 처음부터 현재 통용되는 이름으로 불린 것은 아니었다. 밀폐형 유리 상자, 유리 상자, 유리 박스 등 다양한 이름으로 불리다가 1840년대에 가서야 "워드의 상자" 또는 "워디언 케이스"라는 이름이 붙었다. 명칭이 별거냐고 할 수도 있겠지만, 워디언 케이스라는 이름에는 이 상자의 이야기가 담겨 있다.

너새니얼 워드는 1791년 8월 13일 런던 화이트채플에서 태어났다. 그의 아버지 스티븐 스미스 워드Stephen Smith Ward는 웰클로스 스퀘어에서 병원을 운영하던 의사였다. 집은 런던 부두에서 멀지 않은 곳에 있었고, 어린 워드는 그곳에서 성냥갑 같은 수집품을 모으며 많은 시간을 보냈다. 어릴 때부터 워드는 유독 식물에 관심이 많았다. 18세기 후반은 상류 계층을 제외하고 식물에 온전히 시간을 쏟을 수 있는 사람이 별로 없었던 시기다. 워드는 가업을 잇기 위해 의학을 공부했고, 후에 런던 이스트엔드에 위치한 아버지의 병원을 물려받았다. 1817년 9월 4일 워드는 샬럿 위트Charlotte Witte와 결혼했고, 웰클로스 스퀘어의 집을 물려받는다. 이 부부는 아홉 명의 자녀를 두었다. 현존하는 얼마 안 되는 자료만으로는 워드의 가족이 그 모든 식물 실험에 대해 어떻게 생각했는지 가늠하기 힘들지만, 분명 워드의 부인과 아이들도 실험에 같이 참여했고 집에 있는 많은 식물을 관리하는 데 도움을 주었을 것이다.

워드는 의학을 교육받으면서 약제사 협회Society of Apothecaries의 식물원인 첼시 피직 정원Chelsea Physic Garden에서 시간을 보냈다. 19세기 후반까지 의사는 식물에 통달해야 했는데, 대부분의 치료 방법이 식물에서 파생되었기 때문이었다. 심지어 교육을 모두 받기 전에 식물학 시험을 통과해야 했다. 60대를 훌쩍 넘어서까지 워드는 새로이 배출되는 의사들의 식물학 고시를 감독했으며, 종종 시험 날짜가 본인 생일과 겹치기도 했다. 워드는 평생 약제사 협회에 몸담았고 노년에는 약제사 협회장에 오르기도 했다. 의사가 직업이기는 했지만 열정은 식물과 원예에 있었던 듯하다.

비록 아마추어였지만 워드의 영향력은 상당했다. 서신을 주고받는 사람 중에는 찰스 다윈Charles Darwin, 마이클 패러데이Michael Faraday, 아사 그레이Asa Gray, 윌리엄 후커William Hooker와 그의 아들인 조지프 후커Joseph Hooker, 존 린들리John Lindley 등 19세기 내로라하는 박물학자들이 다수 있었다. 식물 운반을 위한 워드의 발명품이 성공을 거둠과 동시에 재빨리 운용될 수 있었던 것은 그의 인맥과 무관하지 않았다. 예컨대 워드가 당시 종묘원을 운영하면서 1833년 첫 실험용 식물을 공급했던 조지 로디지스George Loddiges와 가까운 관계를 유지한 점은 그가 성공을 거둔 결정적인 요소였다. 워드가 기여한 세 가지 중요한 공헌을 꼽아보자면, 밀폐 시스템이라는 개념을 고안한 점, '호주'로 워디언 케이스를 보내는 실험을 해본 점, 본인의 인맥을 동원해 상자를 널리 홍보한 점이다. 워드는 이 부분에서 가히 인정받을 만하다.

비록 이름만 보고는 알 수 없지만, 워디언 케이스는 너새니얼 워드를 훨씬 뛰어넘는 물건이었다. 기술을 연구하는 역사학자들이 거듭 증명해왔듯이, 발명은 절대 "아하" 하는 깨달음의 순간에서 탄생하지 않는다. 대신 항상 긴 개선 단계를 거친다.[3] 워드 이전과 이후, 식물 상자를 이용하는 데 중요한 전환점이 몇 차례 있었다. 물론 워드가 상자를 발명한 순간은 입으로 전해지기 좋은 이야깃거리지만, 그보다 더욱 과거로 올라가 상자로 식물을 운반하는 것이 다반사였던 18세기를 돌아보지 않고서는 그 발명을 이해하기란 쉽지 않다. 식물 운반용 상자를 처음 만든 사람들은 영국과 프랑스의 식물학자다. '식물 운반 시 정원사를 동반하라', '맞통풍을 시키라'는 등 이들이 실제 내린 몇몇 지침은 20세기까지 잘 이어졌다.

워드의 사후 그의 이름을 딴 상자는 더욱 큰 영향을 끼치며 세상을 누볐다. 워디언 케이스가 사용되었던 후반기에는 상업적 식물 거래자는 물론, 19세기 후반 제국주의자, 심지어는 곤충학자들까지 워디언 케이스를 사용하며 전 세계 환경에 지대한 영향을 끼쳤다. 이 책의 백미는 워디언 케이스의 여정을 파노라마 관점으로 바라본 점이다. 덕분에 기술 혁신은 항상 점진적으로 이루어지고, 기술을 처음 개척한 발명가보다 혁신이 그 수명이 길다는 것을 알게 된다.

워드가 본인의 발명품에 특허를 내지 않았던 터라 워디언 케이스는 많은 디자인과 스타일로 세상에 나와 유통되었다. 워디언 케이스는 장식용과 여행용 두 종류가 있고 이를 구분하는 것이 상당히 중요한데, 이 책은 전적으로 후자에 집중하려 한다. 두 종류의 상자 모두 그 이름은 동일했지만, 기능은 상당히 달랐다. 장식용 상자는 오늘날 테라리움^{terrarium}으로 알려진 유리 용기의 효시로 많은 빅토리아시대 주택의 실내에서 흔히 볼 수 있었고, 키우기 까다로우나 아름다운 식물을 넣어두는 데 사용되었다. 19세기 중반에는 양치류가 상당히 각광받아 유리 상자 안에 두고 키우는 모습을 흔하게 볼 수 있었다. 19세기 말 무렵에는 난초 같은 식물의 값이 많이 올라갔다. 최근에 실내 식물 재배 붐이 다시 불고 있는데, 그 기원은 19세기 초반 워디언 케이스가 발명된 시대로 거슬러 올라간다.[4]

장식용 워디언 케이스는 심미적 요소를 염두에 두고 제작된 반면, 여행용은 오랜 항해를 견디도록 튼튼하게 만들어졌다. 상자는 단단한 목재로 제작했는데, 처음에 나온 상자 일부는 오래된 동인도회사 선박의 티크재^{teak wood}로 만들어졌다. 상자의 경사진 지붕에는 유리를 끼워 넣었다. 유리 위로는 철망을 깔거나 목재 떳장을 덧대 유리를 보호하면서 빛은 들어오도록 했다. 이 상자 안에 식물을 화분째 넣거나 바닥에 직접 흙을 깔고 그 안에 심어 보냈다. 식물을 화분에 담든, 흙에 심든 안쪽에서 떳장을 닫으면 식물과 흙이 제자리에 안착되었다.

1884년경이면 워디언 케이스를 사용한 지 50년 정도 된 시기였지만, 여전히 상자 운반에는 많은 기술이 필요했다. 큐 왕립 식물원(이하 큐 식물원) 관장인 조지프 후커는 뉴질랜드로 보내는 서신에서 이렇게 밝힌다. "실은 워디언 케이스에 식물을 채워 포장하는 일이 (…) 지식과 경험 둘

다 필요한 전문 기술이라는 겁니다. (…) 정말 유능하고 실전에 강한 정원사가 필요합니다."[5] 후커는 살면서 식물 전문가로 인정받기 위해 많은 시간을 쏟았지만, 워디언 케이스를 포장하기 위해서는 실전 감각이 있는 정원사의 손길이 필요했다.[6]

워디언 케이스가 활약한 모든 분야 중에서, 식물 거래는 워디언 케이스를 최초로 사용한 계기가 되었을 뿐 아니라 상자의 주요 혁신을 이끈 분야였다. 전 세계 식물 유통의 주역으로서 정원사와 원예가의 역할은 크게 인정받을 만하다. 과학 역사가인 필립 폴리Phillip Pauly는 저서《식물과 평원Fruits and Plains》(2008)에서 원예는 단순히 "가꾸고 꾸미는 분야"가 결코 아님을 보여주었다.[7] 워디언 케이스의 역사를 좇다보면 원예 과학의 광범위한 영향 또한 목격할 수 있다.

워디언 케이스의 가치를 재빠르게 포착한 종묘업 회사는 이 상자를 식물 이식에 사용한다. 외래 식물은 유럽과 식민지 정착 사회의 거대 사업이었다. 흥미롭고 독특한 외래 식물을 꾸준히 공급하고 효과적으로 유통할 수 있는 능력은 종묘업을 유지하는 중요한 부분이었다. 큐 식물원 같은 대형 식물 기관을 연구할 때 종종 간과되는 사실은, 이들이 런던·유럽을 비롯한 전 세계의 상업적 종묘업 회사와 긴밀한 관계를 유지했다는 점이다. 19세기 상당 기간 동안 식물원, 국가, 종묘업 회사, 일반 개인 사이의 식물 유통은 원활했으며 대체적으로 걸림돌이 없었다.

종묘원과 선교사, 선장, 상인 들은 식물의 운반 방식과 목적지에 상당히 많은 영향을 미쳤다.[8] 워디언 케이스의 역사를 보면 사용자 집단인 민간 사회가 국가 영향 밖에서 또는 국가 영향이 미치는 경계선상에서 전 세계 식물 이동에 얼마나 광범위하게 영향을 미쳤는지, 또 제국주의 과학과 아마추어가 주도하는 과학 사이에서 어떤 공조 관계를 펼쳤는지 알 수 있다. 워디언 케이스가 사용된 첫 10년간, 상자를 처음 활용하면서 그 가치를 입증한 주체들은 종묘원과 일반 아마추어 식물 애호가, 정원사 들이었다. 사실 프랑스 과학자들은 1836년에 가서야 종묘상 로디지스가 파리로 상자를 처음 보낸 후 워디언 케이스의 가치를 알게 된다. 식물을 운반하는 고된 노동은 원예가, 식물학자는 물론 정원사, 식민지 토착민, 계약직 노동자indentured workers(과거 계약직 노동자들은 일정 기간 고용 계약을 맺고 강제 노동을 했다―옮긴이), 노예 들이 떠맡았다.

환경을 운반하다

워디언 케이스의 여정을 따라가다 보면, 식물을 중심으로 하는 환경의 역사를 근본적이고 독특한 방식으로 바라볼 수 있다. 그 결과 물자의 이동 방식을 깊이 이해하게 됨은 물론, 이를 현대 생활과 연결해주는 전 세계 교역망의 상호 연관성을 엿볼 수 있다. 마크 레빈슨Mark Levinson은 현대 운송 컨테이너에 대한 연구에서 이런 논리를 적용하면서 컨테이너가 한낱 지루한 상자가 결코 아님을 보여주었다. 마찬가지로 워디언 케이스의 이야기는 확고부동한 연구 대상을 새로이 조명해준다. 워디언 케이스는 단순한 운반 수단이 아니라, 전 세계 환경이 움직이는 방식에 큰 변화를 일으킨 "핵심 운반 수단"이었다.[9]

워디언 케이스와 관련된 기록 자료는 세계 여기저기 단편적으로 흩어져 있다. 식물학자와 종묘상, 식물원은 식물 운반에 사용된 방법을 일일이 기록으로 남길 생각을 하지 않았다. 그래도 워디언 케이스는 본래 용도가 정해져 있던 덕에 비교적 자료가 다양하게 남아 있는 편이다. 나는 이 자료들을 통해 전 세계 워디언 케이스 이용자 중 중요한 이들을 부각하기로 했다. 워디언 케이스의 연결망, 이용자들과의 상호의존성이 어떻게 진화했는지 추적한 이 책은 어떻게 보면 세계 역사를 하의상달식으로 담은 책이다.[10]

상자의 역사를 좇는 내내 가장 많은 조명을 받을 곳은 영국이다. 이는 영국이 워디언 케이스가 처음 발명된 곳이고, 큐 식물원이 19세기에 상당히 중요한 식물 기관이었기 때문이다. 하지만 이 밖에 다른 나라들도 워디언 케이스의 중요한 소비국이었음에도 이 사실이 간과되는 경우가 많다. 그래서 이 책에서는 프랑스·독일·미국·호주 등 세계 여러 나라의 워디언 케이스 이용 사례를 폭넓게 알리고자 노력했다. 19세기 후반과 20세기 초, 이들 나라는 모두 영국보다 상자를 더 많이, 용도 면에서는 훨씬 혁신적으로 이용했다.

그 활동 기반을 볼 때, 워디언 케이스는 환경의 역사가 빚어낸 작품이다. 워디언 케이스는 백 년에 걸쳐 식물 운반에 대한 인간의 수단과 태도가 얼마나 극적으로 변화했는지 보여준다. 워드가 상자에 대한 아이디어를 홍보하던 1830년대에는 식탁에 이국적인 식물을 올려놓으면 부러움과 칭송을 한몸에 받았다. 이후 백 년간 식물이 자유롭게 이동하면서 이국적인 진기한 식물뿐 아니라 침입종과 질병, 병원균도 함께 전 세계 해

그림 2 뮌헨 독일 박물관, 〈인류세: 지구는 우리 손안에〉 전시회(2014~2016)에 전시된 워디언 케이스. 베를린 식물원 및 식물 박물관 소장.

안에 상륙했다. 이런 문제를 통제하다 보니 검역이 더욱 엄격해졌고, 그 과정에서 환경 관리 및 생물 다양성 보존과 관련된 많은 관행이 만들어져 오늘날까지 이어지고 있다. 워디언 케이스의 환경과 관련된 활동을 더욱 확장해봤을 때, 상자는 최종적으로 주로 생물적 방제를 위해, 즉 통제 불가능한 침입종 식물 문제를 해결하기 위해 이들을 먹고 사는 곤충을 운반하려는 목적으로 사용되었다. 워드의 기발한 발명품이 이런 식으로 끝을 맺었다는 사실이, 장기적인 환경 변화만을 염려하는 목소리에 의해 묻혀서는 안 될 일이다.[12]

자연은 항상 역동적으로 움직이고, 우리 역사는 이 점을 반영해야 한다. 환경에 대한 많은 역사적 기록에서 대체로 물류에 대한 관점은 빠져 있다.[13] 하지만 식물을 운반한 상자에 초점을 맞추면 현대 역사에서 집단적으로 중요한 영향을 끼쳤던 세계적인 식물의 이동이 한눈에 파악된다. 전성기였던 19세기에는 수만 개까지는 아니더라도 수천 개의 워디언 케이스가 전 세계를 누비며 식물을 운반했다. 마시고 먹고 냄새 맡고 입는 우리의 선택이 식물의 이동으로 변혁을 맞이했다. 이 모든 변화를 목격한 한 물건, 그것이 바로 워디언 케이스였다.

워디언 케이스의 행방을 찾아서

베를린 식물원에는 폐기된 정원 관리 장비로 가득 찬 방이 하나 있었다.

2010년 봄, 큐레이터가 이 방을 정리하던 중 워디언 케이스 하나를 발견했다. 베를린에서 발견된 워디언 케이스는 희귀한 문화재로 유럽에는 몇 개만이, 전 세계에는 15개만 존재한다는 원조 워디언 케이스 중 하나였다. 상자가 우연히 발견된 후 몇 년이 지났을 무렵, 나는 박물관의 〈인류세: 지구는 우리 손안에Welcome to the Anthropocene: The Earth in our Hands〉 전시회(뮌헨 독일 박물관, 2014~2016. 그림 1-2)에서 큐레이터로 일하며, 워디언 케이스를 보기 위해 베를린으로 간 적이 있다. 당시 나는 이동성에 관한 전시 섹션을 준비하던 중이었다. 이미 인간의 전 세계 운반 양상을 확실히 보여주는 운반 컨테이너에 대해서는 특별 전시 구성을 마쳤지만, 이런 운반 양상의 가장 원초적인 부분까지 보여주고 싶었다. 베를린의 워디언 케이스는 내가 처음으로 본 워디언 케이스였다.

상자를 본 후 베를린에서 기차를 타고 집으로 돌아오는 도중, 워디언 케이스가 내 삶에 어떤 영향을 끼쳤는지 생각해보았다. 슈퍼마켓에서 종종 바나나를 산다. 바로 전날에는 자전거 바퀴를 바꾸었다. 다르질링 홍차를 즐기지만 보통 때는 커피를 마신다. 꽃 선물을 할 때는 난초보다는 국화를 산다. 그다지 즐기지 않는 게 있다면 작은 정원에서 잡초를 뽑아야 한다는 것. 워디언 케이스는 이와 관련된 모든 식물을 운반했고 이들을 해당 지역에 심어 번식시키는 데 중요한 역할을 했다.

베를린에서 상자를 본 후 이 상자를 인류세 전시회에 소개해야겠다는 생각이 들었다. '인류세'라는 개념은 인간의 지구에 미치는 영향이 아주 커서 이제 인간이 자체의 지질 시대를 만들어가고 있다는 뜻이다.[14] 이러한 개념은 과학자에서 예술인까지 다양한 부류의 사람들을 일깨워, 급

변하는 환경 시대에 인간이 지구에 끼친 영향을 복합적으로 폭넓게 토론하도록 이끌었다. 환경 문제를 다룰 때 식물은 특히 중요하게 고려할 요소다. 식물은 우리의 '에메랄드빛 행성'을 관리해주는 필수 요소일 뿐 아니라, 인간과의 관계에서도 현재 중요한 기로에 서 있다. 오늘날 지구상에서 관다발 식물의 최대 유포자는 자연이 아닌 인간이다.[15] 워디언 케이스는 이런 식물의 확산에 큰 영향을 미쳤다.

'슈츠글라스Schutzglas(보호 유리)'는 뮌헨 박물관에 있을 당시 전시 설계자·시공자와 논의하는 자리에서 끊임없이 등장했던 단어다. 워디언 케이스는 크기가 상당하다. 베를린에서 본 워디언 케이스는 길이가 거의 120센티미터가 넘고 폭과 높이는 90센티미터 이상이었다. 전시 시공업자는 보기에 단순한 상자를 왜 값비싼 보호 유리로 감싸야 하는지 그 이유를 알고 싶어 했다. 반면 나와 동료 큐레이터는 이 상자가 희귀한 물건이라 보호할 필요가 있다고 고집을 피웠다.

나는 전 세계 워디언 케이스의 행방을 계속 추적했다. 놀랍게도 현재 남아 있는 운반용 워디언 케이스는 겨우 열다섯 개. 그중 베를린에 두 개가 있고(하나가 더 있는데 거의 분해되기 일보 직전이다), 큐 식물원에는 여덟 개가 남아 있는데 하나는 19세기, 나머지 일곱 개는 이보다 훨씬 나중인 20세기 것들이다(이중 두 개는 완성된 상자가 아니다). 네덜란드 레이던 식물원Leiden Hortus Botanicus에 있는 워디언 케이스 두 개는 모두 관람객을 위해 전시되어 있다. 영국 남부 트레고스난 사유지에 한 개가 있고, 웨스턴오스트레일리아주의 워루나 사학회Waroona Historical Society 소장품에서 최근 워디언 케이스 한 개가 발견되었는데, 이것은 상당 기간 개집으로 사용되었다. 마지막으로 스미스소니언 박물관 소장품 중에 한 개가 남아 있다. 시기상으로 워디언 케이스보다 앞서는, 파리 식물원^{Jardin des Plantes}에 남아 있는 아름다운 18세기 식물 상자도 주목해볼 만하다. 앞으로 다락방과 정원 창고에서 더 많은 상자가 모습을 드러내기를 기대해본다.

　박물관과 역사적인 관점에서 볼 때 이렇게 중요한 물건이 세계적으로 몇 개 남아 있지 않다는 사실은 깜짝 놀랄 일이다.[16] 왜 박물관에 남아 있는 워디언 케이스가 이토록 적은 것일까? 이 문제에 대한 해답은 워디언 케이스의 길고도 유용한 역사 끝자락에서 저절로 드러날 것이다.

　나는 워디언 케이스를 역사가이자 큐레이터의 관점에서 접근했다. 큐레이터의 관점에서 워디언 케이스 연구는 거의 사라진 한 물건의 단면과 단면을 합치는 복원 연구였다. 큐레이팅은 연구의 한 방식으로서 물건 그 이상의 것을 대상으로 삼는다. 즉, 사람과 물건 간의 대화와 여기에 얽힌 이야기를 연구한다.[17] 큐레이팅의 관점에서 본다면 나는 역사학자 역할도 겸한 셈이다. 주제를 다룰 때는 대부분 특정 워디언 케이스와 이를 사용하는 사람들의 동기, 이동한 식물, 이를 통해 이루어진 식물 이식의 결과를 따라갔다. 일단 지금은 이야기의 출발점으로 가보자.

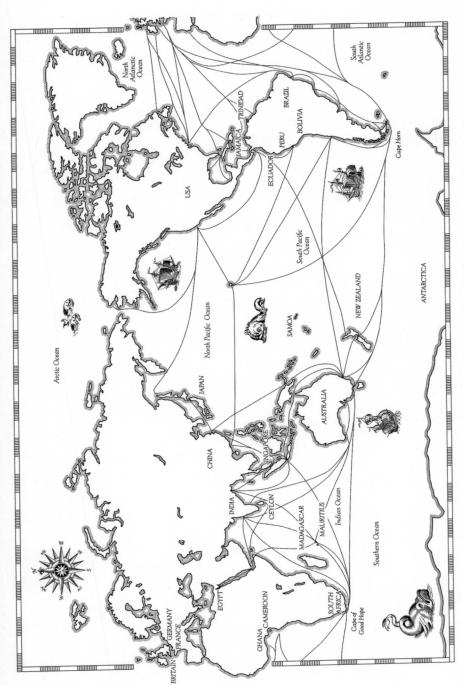

1850년대 선박 항해 경로를 나타낸 세계지도. 위디언 케이스가 여행한 많은 장소 중 일부를 보여준다.

차례

2부 파노라마

1부

가능성

Possibility

1

워디언 케이스의 탄생

1829년 여름, 너새니얼 워드는 실험을 위해 입구가 넓은 병을 하나 준비했다. 병 안에 흙과 스핑크스나방의 번데기, 마른 잎을 넣고 뚜껑을 닫았다. 이런 식으로 그는 자연계에 호기심이 생길 때마다 여러 가지 실험을 직접 해보았다. 병 안 유리에 생긴 응결된 물방울이 병 가장자리를 타고 흙으로 떨어졌다. 워드는 매일 기다리며 지켜보았고, 마침내 나방이 부화했다. 그러나 이 곤충이 등장하자마자 흙 표면 위로 새싹 두 개가 고개를 내밀었다. 나방을 꺼낸 후 워드는 병을 다시 봉한 다음, 본인의 서재 밖 북쪽 창가에 두었다. 안에 든 식물은 양치류의 한 종류인 유럽산 관중(드리오프테리스 필릭스마스*Dryopteris filix-mas*과 새포아풀(포아 마누아*Poa annua*). 이들은 병 속에서 어떤 손길도 받지 않은 채 3년을 살았다.

워드는 런던의 화이트채플에 위치한 아버지의 병원을 물려받았다. 병원에서부터 웰클로스 스퀘어 7번지에 위치한 자택까지는 4백 미터 거리였다. 웰클로스 스퀘어는 런던 부두변에 위치해 있었는데, 1829년 당시 이곳은 영국 제조업의 중심지로 힘차게 약동하는 중이었다. 부두 인근에 빼곡히 들어선 공장은 쉴 새 없이 가동되며 대기 중에 매연을 뿜어댔다. 산업혁명의 영향으로 몸살을 앓고 있던 도시 내 많은 주택과 마찬가지로 워드의 집 역시 매연으로 둘러싸였다.

워드가 가장 많은 열정을 보인 분야는 박물학이었다. 그는 병원에서 나오면 식물을 채집하고 본인의 작은 정원을 가꾸며 시간을 보냈다. 병 실험을 시도하기 전에는 정원 뒤쪽에 암벽을 만들어 식물을 키웠다. 워드 는 런던 주변 숲에서 양치류와 이끼, 달맞이꽃, 괭이밥을 캐서 정원 암벽 에 옮겨 심었다. 암벽 맨 위에는 구멍 뚫린 파이프를 설치하여 벽으로 물 이 흘러내리도록 했다. 채집한 식물을 살리기 위해 온갖 시도를 했지만 끝내 식물은 시들고 말았다. 그러던 중 워드는 병 실험을 떠올렸다. 암벽 에서 자라지 못한 양치류가 마개를 닫은 병 안에서는 살아났었다. 이 양 치류를 떠올리고 워드는 스스로에게 질문을 던진다. "양치류가 자라는 데 필요한 조건이 무엇이었을까?"[1]

워드 생각에 병 속은 검댕이 없고 빛이 들어와 온도는 항상 따뜻하며 유리 표면에 끊임없이 생성되는 물방울로 습도가 촉촉하게 유지되는 작 은 환경이 연출된 곳이었다. 병 속에 넣은 강인한 양치류에서는 매년 네 단의 잎이 나왔고, 새포아풀에는 씨가 맺히지는 않았지만 다음 해부터는 꽃이 피었다. 그러나 뚜껑이 녹슬어 빗물이 들어오면서 이 두 식물이 썩 자 실험은 끝이 났다. 워드는 여기에 굴하지 않고 처녀이끼과(히메노필럼 *Hymenophyllum*)의 한 종을 병에 옮겨 심었고, 이 이끼는 병 안에서 9년을 살았 다. 첫 실험 성공 이후 워드는 다양한 유리병과 상자에서 60종 이상의 식

그림 1-1 너새니얼 워드의 초상화(1859). J. P. 나이트 ^{J.P.Knight}의 초상화를 본뜬 R. J. 레인 ^{R.J.Lane}의 석판화.

물을 키웠다.[2]

　웰클로스 스퀘어에 위치한 워드의 집은 온실 실험이 이루어지는 식물 연구실로 변모했다. 그는 북쪽으로 나 있는 계단 난간 창 바깥쪽에 0.2평 정도의 온실을 만들어 '틴턴 애비 하우스Tintern Abbey House'라 이름 지었다. 이 안에는 적어도 50종의 영국 및 북미산 강인한 양치류가 자랐고, 이밖에 동백 등의 식물도 함께 살았다. 워드는 고산 진달래*alpine azaleas*, 사계앵초fairy primrose, 고산 솔다넬라alpine snowbell, 히스heath 등의 다양한 고지대 및 산악 식물을 갖춘 '고산 식물 온실 상자'를 만들었다. 이들 식물이 자라기에 상자 안 빛이 충분치 않다고 생각한 그는 여름 내내 상자 전체를 집 지붕 위에 올려놓았고, 그 결과 북극종꽃나무arctic bell heather를 제외한 모든 식물이 꽃을 피웠다. 집 응접실에도 온실 상자를 갖다 놓았는데, 상자 바닥에는 야자나무와 양치류를, 천장에는 다양한 선인장과 알로에를 심은 작은 화분을 매달았다. 또 이런 상자를 이용해서 바닥에는 습지 식물을 두고, 천장에는 다육식물을 매달고 실험하기도 했다. 또 다른 밀폐형 유리 상자로는 밤에 인공 가스 불을 켜고 낮 동안에는 상자에 검은 천을 덮어 식물이 사는지 살펴보았다. 집에 색채감을 주기 위해 2월에는 온실 상자를 가고 소앵초Chinese primrose와 시베리아 무릇Siberian squill 같은 봄꽃으로 가득 채워 창틀에 놓고 두 달 동안 꽃을 즐겼다. 그는 심지어 뒷마당에 가로 7.3미터, 세로 3.6미터, 높이 3.3미터의 온실을 만들고, 인도 및 히말라야 식물이 적응하는지 알아보려고 환경을 바꾸고 안에 곤충을 들여놓기도 했다.

　웰클로스 스퀘어의 워드 자택은 식물이 가득한 동화 속 나라 같았다. 워드의 집은 유리 상자로 이룩한 성공의 결실로, 집 안과 밖에 식물이 가득했다. 당시 대표적인 식물 전문 언론인 존 클라우디우스 루던^{John Claudius} Loudon은 워드의 자택을 방문한 후, 이 집을 "지금까지 본 곳 중 가장 놀라운 도심 정원이다"라고 묘사했다. 어디든 적당한 공간만 있다면 식물이 자리를 차지했다. 그렇게 모인 수천 가지 식물이 집을 둘러싸고 있었다. 집 둘레 담장 위에도, 뒤쪽 집무실 담장 위에도, 마당 벽에도, 철제 와이어 끝을 따라서도, 헛간 위에도 식물은 자랐다. 집 마당을 차지하는 무화과나무 두 그루나 이들 나무 위로 그늘을 드리우는 플라타너스 등의 일부 식물은 영국 환경에 적합했지만, 대부분은 환경 조건이 맞지 않아 유리 상자 안에서 자랐다. 집 안팎 모든 창문 옆에는 창턱에 딱 맞게 만들어진 유리 상자가 수없이 자리했다. 루던이 워드를 방문했을 당시 응접실의 유리 상자 안에는 남아프리카산 거대 벌꿀 꽃(멜리안투스 마조르*Melianthus major*)이 장엄하게 만개해 있었다.[3]

대기 오염이 심한 웰클로스 스퀘어 자택의 정원에서 워드가 해냈던 실험은 이루 말할 수 없이 중요했다. 워디언 케이스는 단순한 아이디어에서 시작된 것이었지만 그 영향은 혁명적이었다. 분명 워드 이전에도 유리 상자를 효과적으로 사용했던 사람들이 있었지만, 워드는 실험가로서의 결단력이 있었다. 그는 경청할 자세가 되어 있는 과학 및 원예 학회에 본인 생각을 알리고 홍보하고자 애썼다. 훗날 워드는 이렇게 회고한다. "나에게 이 일을 착수하도록 영감을 준 순간과 비슷한 상황이 다른 원예가의 눈앞에도 수천 번 펼쳐졌을 테지만, 그 밀폐된 환경 안에 오이와 멜론이 아닌 잡초만 무성했기에 이들이 별 관심을 갖지 않았을 것이다. 고백하자면, 나 역시 병 안에 양치류 대신 개쑥갓이나 별꽃이 싹을 틔웠다면 대수

롭지 않게 여겼을 것이다."⁴ 다행히도 작은 양치식물이 워드의 호기심을
자극했고 4년간의 실험 끝에 세상에 발표할 수 있는 성공적인 결과물이
나왔던 것이다. 1833년, 이 실험은 사실 완전히 끝난 게 아니었다. 가장
위대한 실험이 남아 있었다.

유리 속 깨끗한 환경

워드가 과학계에 기여한 가장 위대한 일은 밀폐형 용기를 개발했다는 것
이다. 축축한 흙에 든 식물이 유리를 끼운 밀폐형 상자 안에서 빛을 받는
다면 일일이 신경 쓰지 않아도 여러 달, 심지어 여러 해까지 살 수 있다는
것을 그는 증명해 보였다. 온실과 달리 이런 상자는 크기가 작아 운반할
수 있으며 관리에 신경 쓸 필요가 거의 없었다. 병 실험 이후 워드는 식물
을 집어넣고 뚜껑을 닫을 수 있는 상자를 더 즐겨 사용했다. 상자 바닥은
보통 목재나 철제로, 윗부분은 유리를 끼워 닫는 식으로 만들었지만, 모양
은 다양했다. 대부분 웰클로스 자택의 창문 크기에 딱 맞도록 제작했다.
온실 상자는 실내에 원예 효과를 더해주었고 다양한 형태와 크기로 만들
어졌다. 식탁 위에는 단순한 접시에 종 모양의 유리 덮개를 씌우는 형태,
책상에는 작지만 장식이 화려한 철제 받침에 위가 유리로 되어 있는 형
태, 응접실 탁자에는 목재 받침에 육각형 유리 뚜껑이 있는 형태의 용기
를 올려놓았다.

　해가 갈수록 응접실용 유리 상자는 집안에 필수적인 실내 장식으로

영국과 유럽, 미국으로 퍼져나갔다. 흙이 들어가는 유리 상자는 보통 잘 말린 2.5센티미터 두께의 마호가니 목재로 만들었고 안에는 흙을 지탱하도록 받침목을 많이 넣었다. 상자 천장에는 유리 덮개가 들어가도록 홈을 팠고, 납작한 크라운 유리(렌즈에 사용되는 일종의 광학 유리)를 썼으며, 작은 문에만 판유리를 끼웠다. 유리는 한 장 한 장 접착제의 일종인 퍼티를 발라 맞췄고, 다 끼운 후에는 유리 구조에 빈틈이 없도록 밀봉제를 발랐다. 크기는 보통 다리 포함 높이 121센티미터, 길이 91센티미터, 폭 45센티미터였다. 이런 응접실 장식용 상자가 바로 오늘날 테라리움의 효시였다.[5]

상자 안에는 중요한 과학적 원리가 담겨 있었다. 워드 자택의 많은 식물들은 런던의 오염된 공기가 닿지 않는 밀폐된 환경에서 잘 자랄 수 있다는 것을 보여주었다. 유리를 통해 빛을 받아들이는 밀폐된 상자 안에서 식물은 외부와 다른 대기 조건에서 살아갈 수 있었던 것이다. 식물 스스로 살아갈 환경을 조성한 셈인데, 호흡과 광합성(식물이 햇빛을 에너지로 전환하는 과정)을 통해 밀폐된 환경에서 자라날 수 있었다.

유리 덮개 안에서 식물이 자랄 수 있다는 워드의 논리는 1829년 전부터 이미 식물과 대기의 상호 작용이 밝혀지고 이해된 상황이었기에 그 타당성이 순조롭게 입증되었다. 식물생리학 발달로 식물이 밀폐형 유리 용기 안에서 살 수 있다는 사실이 밝혀졌던 것이다. 1727년 영국의 생리학자 스티븐 헤일스Stephen Hales는 식물이 "밀폐형 용기" 안에서 잎을 통해 수분을 잃지만(증발), 역시 잎을 통해 "공기 중의 양분"을 끌어들인다는 사실을 알아냈다.[6] 1770년대 화학계의 개척자 조지프 프리스틀리Joseph Priestley는 "식물이 대기를 완벽하게 정화할 수 있다"고 발표하면서 유명세를 탔다. 이후 1804년, 스위스 화학자 니콜라스테오드르 드 소쉬르^{Nicolas-Theodore de Saussure}는 유리 용기 속에 식물을 넣고 진행한 실험을 통해 광합성을 이해하는 토대를 마련했다. 그는 식물이 자라기 위해서는 물도 물론 필요하지만, 대기 중 탄소를 취해서 태양 광선 에너지를 이용하는 것도 필요하다고 밝혔다. 1827년에는 도심 속 공장의 매연이 식물에 악영향을 끼친다는 사실이 입증되었다. 영국 모처에 새로이 들어선 공장 근처의 초목이 공장 개장 이틀 만에 다 시들고 말았던 것이다. 대기는 식물에 없어서는 안 될 요소이고, 역으로 식물은 대기를 정화하는 데 없어서는 안 되는 요소임을 사람들은 깨닫기 시작했다.

워드가 관련 학회와 저널에 서신을 보내 유리 상자를 세상에 처음 알렸을 때, 당대를 이끄는 많은 과학자가 그 단순한 아이디어에 매료되었다. 그중 마이클 패러데이^{Michael Faraday}는 단연 가장 유명한 실험가로 손꼽힌다. 1830년대, 패러데이는 권력과 영향력 면에서 최고 전성기를 누리는 중이었다. 전기에 관한 연구 결과 발표를 준비 중이었고, 이를 기반으로 그의 연구는 19세기 가장 중요한 기술로 인정받을 참이었다. 이렇게 눈코 뜰 새 없이 바쁜 시기인데도 패러데이는 놀랍게도 짬을 내, 1838년 4월 6일 영국 왕립 과학 연구소^{Royal Institution of Great Britain}(1799년에 설립된 영국 학술 연구 단체. 과학의 보급과 연구를 위한 설립된 기관–옮긴이)에서 워드의 유리 상자가 기여한 대기 환경 개선에 관해 강연을 했다.[7]

한편 에든버러의 한 과학 연구진은 유리 상자 안의 공기와 "바깥 대기"를 비교하는 실험을 1년의 기간을 잡고 진행했다.[8] 이 연구 결과로 워드의 유리 상자 시스템은 그 성공을 보장받았다. 주요 연구 결과를 보면,

상자 안의 공기가 식물과 흙을 통해 정화될 수 있다는 내용이었다. 더불어 상자의 다공질 부위, 즉 상자 바닥의 플러그·상자 밑바닥 목재·유리판 사이의 퍼티를 통해 태양 광선이 있는 낮 동안에는 공기가 팽창하고 밤에는 수축한다는 사실도 드러났다. 연구 저자 중 한 사람은 에든버러 식물학회에서 이렇게 결론 내린다. "환경이 개선되고 수질과 공기가 정화되는 조건하에서 (…) 이제 식물학자와 원예가는 식물 연구의 미개척 분야에 진입했으며, 자국의 토양에 지구 곳곳의 다양하고 키우기 까다로운 식물을 가져올 수 있는 수단을 손에 넣었다고 할 수 있겠습니다." 워드가 차후 실험에서 집중해야 할 사항이 바로 이 식물을 운반하는 문제였다.

세계에서 가장 큰 정원

전 세계로 식물을 운반하기 위해서는 인맥을 쌓을 필요가 있었다. 워드는 쾌활하고 남을 배려하는 성격이라 의사라는 직업에도 안성맞춤인 인물이었을 뿐 아니라, 항상 주변에 그에 못지않게 박물학에 열정이 넘치는 친구들이 많았다. 그는 사람들과 함께하는 시간을 좋아해 린네 학회Linnean Society와 약제사 협회와 같은 과학자 공동체에 가입해 이를 즐겼다. 그의 유리 상자가 널리 알려지고 빠르게 운용될 수 있었던 것은 바로 당대 유수한 과학자·원예가와 쌓은 돈독한 인맥 덕분이었다.

초기 워디언 케이스를 알리던 시기에 가장 중요한 역할을 했던 친구는 종묘상이자 과학자였던 로디지스였다. 해크니에 위치한 로디지스 앤드 선즈 종묘원Loddiges & Sons (이하 해크니 종묘원)의 대표였던 그는 18세기 후반 종묘원을 설립한 아버지 콘라드 로디지스의 가업을 잇기 위해 지칠 줄 모르고 일했다. 아들 조지 로디지스가 가업을 물려받을 즈음, 해크니 종묘원은 이미 많은 외래종 식물을 영국으로 책임지고 들여오고 있었다. 여기에서 더 나아가 조지는 해크니에 위치한 본인의 가업을 전 세계에 알려야겠다는 비전과 열망을 품었다. 1836년, 해크니 종묘원 카탈로그에는 참나무 67종, 자작나무 29종, 산사나무 91종, 버드나무 180종, 장미 1,549종, 난초 1,916종 등 6헥타르 부지에서 재배 중인 다양한 종의 식물이 실렸다. 보유 중인 야자나무와 난초 역시 그 가치가 대단한 것들이었다. 해크니 종묘원은 대나무를 유럽에 처음 소개한 곳이기도 했다. 방문객들은 로디지스의 다채로움에 매료되었다. 한 원예 전문 언론인은 이곳을 다녀간 후 다음과 같이 평했다. "이 분야에 종사하는 분들은 주목하시길. 로디지스가 왕립 및 일반 식물원 모두가 합심해도 해낼 수 없는 것 이상의 과업을 이룩해냈다."[9] 19세기 초반 해크니 종묘원은 모든 왕립 또는 국영 식물원의 규모를 능가하는 크기로 성장하여 세계에서 가장 큰 식물원으로 평가받았다.

런던에서 외래 식물을 잘 키우기 위해서는 온실이 필요한 경우가 많았는데, 로디지스는 온실 설계에도 일가견이 있었다. 19세기 전반에는 끊임없이 난방을 해야 하는 난로형 온실과, 서리와 극한의 추위를 피할 정도의 난방만 해도 되는 온실이 모두 널리 사용되었다. 개선된 주철 파이프 제작 등 새로운 기술을 받아들인 로디지스는, 냄새와 연기가 나지 않는 단일 화로를 통해 온실에 수분을 머금은 열기를 공급할 수 있었다. 온실을 제작하던 초창기에는 열대 환경을 모방하기 위해 빗물 스프링쿨러를 개발했고, 덕분에 모리셔스*Mauritus*의 부채 야자수인 라타니아 보르보니카*Latania borbonica*(현재는 라타니아 론타로이데스*Latania lontaroides*)를 살릴 수 있었다.

로디지스는 한걸음 더 나아가 종묘원에 세계 최대의 야자나무 온실을 지었다. 철물 골조가 유리 아치를 떠받드는 구조의 이 온실은 대략 길이 24미터, 폭 18미터, 높이는 12미터 정도의 크기였던 것으로 추정된다. 온실 내부의 야자나무는 브라질, 실론(실론은 1948년 영국 연방 내 자치국으로 독립하면서 국호를 스리랑카로 바꾸었다-옮긴이), 이집트, 감비아, 남아프리카, 세인트빈센트, 트리니다드 토바고에서 가져왔다. 1833년, 한 언론인은 이곳의 온실을 이렇게 묘사했다. "야자 온실에는 항상 모든 것이 무성하다. 고사리는 기운차게 뻗어나고 착생 식물은 아름답게 꽃을 피운다. (…) 아름다운 석송*Lycopodium circinatum* 하나가 새로 들어왔는데 그 두툼한 가지는 마치 가는 셔닐사(고운 잔털이 붙은 실-옮긴이)로 수놓은 작품을 보는 것만 같다." 종묘원에는 야자나무 온실 외에 동백나무 온실과 건식 온실도 있었다. 이곳 온실은 큐 식물원의 팜 하우스*Palm House*와 하이드 파크*Hyde Park*의 수정궁*Crystal Palace* 등 1840년대와 1850년대 사이에 유럽에 지어진 대형 유리 구조 온실의 효시였다. 해크니 종묘원의 방문객과 고객들은 유리 온실의 발달 과정과 유리를 이용하여 외래 식물을 키우는 모습을 지켜본 산증인이었다.[10]

워드에게 로디지스는 좋은 친구였다. 해크니 종묘원은 기쁨이 넘치는 곳이자 식물을 수입, 수출, 유통하는 사업장이었다. 로디지스는 사업가로서의 자질은 물론 과학자로서의 호기심도 갖추고 있는 사람이었다. 그는 벌새의 대가로, 세계 최고의 컬렉션을 보유했고, 워드와 마찬가지로 원예 학회·린네 학회·동물 학회 등, 당대를 선도하는 많은 학회와 좋은 관계를 맺고 있었다.

로디지스에게 밀폐된 유리 용기 안에서 식물이 잘 자란다는 얘기를 건넨 워드는 그로부터 "선의의 도움"을 받았고 해크니 종묘원의 많은 식물을 실험에 이용할 수 있었다.[11] 로디지스에게 워드의 실험은 혁명처럼 느껴졌다. 상자 내부는 조건 면에서 해크니 종묘원의 근사한 온실과 비슷했지만, 별도로 난방을 하거나 물을 공급할 필요가 거의 없었다.

과거 두 세기 동안 종묘원과 식물원에 닥친 가장 큰 도전 과제는 한 나라에서 다른 나라로 살아 있는 식물을 성공적으로 가져오고 보내는 문제였다. 이 문제는 수입-수출이 많은 로디지스의 사업에 오랜 기간 걸림돌이었다. 식물이 유리 안에서 별도의 손길이나 관심 없이도 잘 자랄 수 있다면, 이런 특별한 상자에 식물을 담아 배로 보내면 어떨까?

이 시기, 1833년 6월 4일 런던 린네 학회의 모임에서 짧은 편지 한 편이 발표된다. 바로 워드의 식물 실험이 세상에 발표되는 순간이었다. 워드는 어느 날 병 속에서 양치류와 풀을 발견했으며 이 식물을 병 속에 넣어 창 밖에 놓고 3년을 관찰했다고 밝혔다. 그는 또 다른 유리 상자에 다른 식물을 넣어 관찰했다는 말도 덧붙였다. 다음 순서로 유리 상자가 드디어 베일을 벗었다. "린네 학회에서 살펴보실 수 있도록 제가 실험한 상자 두 개를 기쁜 마음으로 보내드립니다."[12] 1833년 여름, 런던 한복판에서 워드는 린네 학회 회원과 관련 과학자들 앞에 유리 상자를 선보였다.

바다를 건너 지구 반대편으로

먼 대륙에서 식물을 가져오는 데는 큰 난관이 도사리고 있었다. 1830년
대 런던에서 갈 수 있는 최장 항해 노선은 먼 나라 영국 식민지인 호주의
뉴사우스웨일스주New South Wales에 위치한 시드니까지의 항로로, 북반구에서
남반구를 건너 여러 다양한 기후대를 거치는 약 6개월간의 여정이었다.
1833년 6월, 워드와 로디지스는 린네 학회에 유리 상자의 존재를 알림과
동시에 상자 두 개에 양치류·이끼·풀 종류를 넣어 포장해서, 이들을 당
시 런던항의 세인트 캐서린 부두에서 시드니로 출항할 준비를 하고 있는
친구 찰스 말라드Charles Mallard 선장에게 보냈다.[13]

　　1833년 7월 8일 말라드 선장이 이끄는 바크선 페르시안호는 템스강
을 지나 호주 대륙의 영국 식민지로 향했다. 페르시안호에는 394톤의 화
물이 실리고 57명의 승객이 탔는데, 그중 44명은 3등실 승객이었다. 반면
유리 상자 두 개는 조타수와 함께 넓은 선미 갑판에 자리를 떡하니 차지
했다. 선미 갑판은 배 뒤편 높은 위치에 자리해 조타수와 선장이 배를 조
정하고 항해를 한눈에 내려다 볼 수 있었다. 식물이 가득 든 유리 상자에
게도 이곳 선미 갑판은 배에서 햇빛을 가장 많이 받는 곳이자 소금물 세
례로부터 가장 확실한 보호를 받을 수 있는 곳이었다. 말라드는 남쪽으로
배를 돌려 희망봉를 지나 호주 대륙 남동쪽 끝자락에 걸친 작은 섬, 반 디
멘즈 랜드Van Diemen's Land의 도시 호바트Hobart로 가고 있었다.[14]

　　말라드에게 소식이 오기를 기다리는 동안 워드는 그동안의 실험 성
과를 뽐낼 또 다른 상자를 준비하고 있었다. 1833년 12월, 런던에 겨울이

시작될 즈음 워드는 영국 왕립 예술·제조·통상 협회Toe Royal Society for the Encouragement of Arts, Manufactures and Commerce(RSA) 회의실에 유리 상자 하나를 전시했다. 이 단체는 계몽주의 시대 말기, 적어도 한 세기에 걸쳐 지속되어온 식물 운반에 대한 관심으로 생겨난 런던의 많은 협회 중 한 곳이었다. 수개월 전 5월에 심은 양치류가 만발한 워드의 상자가 협회의 많은 후원자가 볼 수 있도록 공개되었다. 상자 바닥에는 배수를 위해 부러진 가지, 모래, 물이끼를 깔았고 그 위에 표토(19세기 정원사들은 "식물 퇴비"라 불렀다)를 부은 다음 양치류를 심었다. 처음에 물을 충분히 주어 상자 바닥의 구멍으로 물이 빠지게 한 다음 구멍을 막고 위에 유리 뚜껑을 씌웠다(그림 1-2). 워드는 협회 회원들에게 "상자를 빛이 있는 곳에 내놓기만 하면 이후엔 신경 쓸 필요가 전혀 없습니다"라고 설명한 다음, 흥이 나서 열정적으로 말을 이었다. "도시에서 키우려다 괜한 고생만 했던 다른 식물들도 이런 식으로 처리하면 똑같이 잘 자랍니다." 그는 "점점 악화되는 도시 공기"로 많은 식물이 죽어가는 현상을 걱정했지만, 본인의 실험에서는 런던 사람들이 즐길 여러 다채로운 식물들이 자랄 수 있게 되었다고 끝을 맺었다.[15]

한편 워드가 보낸 양치류와 풀은 남극대륙 주위의 해역을 항해하는 중이었다. 페르시안호는 런던을 출발한 지 5개월 만에 드디어 호바트에 정박했다. 승객들이 하선하고 화물을 내린 후 말라드는 실험을 평가해볼 시간을 가졌다. 초조해하는 워드에게 말라드가 서둘러 편지를 쓰는 동안, 두 개의 유리 상자는 항해 내내 자리했던 선미 갑판에 남아 마지막 정착지인 시드니에 당도하기를 기다리는 중이었다. 말라드가 쓴 1833년 11월 23일자 편지는 이렇게 시작한다. "기쁘기 한량없는 소식을 전합니다. 살

그림 1-2 너새니얼 워드가 협회에서 설명한 운반용 워디언 케이스.

아 있는 식물을 물이나 바깥 공기에 내놓지 않고 그대로 보존해서 운반하는 실험이 완벽하게 성공했어요." 말라드는 항해 중 양치류 세 뿌리만 죽었다고 보고하면서, 나머지는 잘 자라고 있고 기운 뻗친 풀이 상자 천장을 뚫고 나올 기세라고 말했다. 편지 마지막은 이렇게 끝을 맺었다. "최장 항로에서도 식물을 살아 있는 상태 그대로 운반할 수 있는, 단순하지만 훌륭한 방법이 성공한 것을 진심으로 축하드립니다."[14]

페르시안호는 1834년 1월 2일 시드니에 도착했다. 승객 52명이 내렸는데 대부분 운임이 가장 싼 3등실을 이용했고, 호바트에서 승선하여 11일 동안만 짧게 항해한 사람들이었다. 승객에 이어 짐이 내려졌다. 화물 중에는 비누 2백 상자, 소금 62통, 펠트지 48상자, 니스 18배럴, 모자 7상자, 철근 440개, 강철 5묶음, 맥주 218티어스(tierces: 159리터에 해당하는 영국의 옛 용량 단위. 기름 1배럴의 양에 해당─옮긴이), 와인 5통, 나사 4상자, 피아노 2대, 차 16상자, 기계 부품 365개가 있었다. 7개월 동안 단 한 번밖에 뚜껑을 열지 않은, 런던에서 온 유리 상자 두 개도 당연히 포함되었다.[17]

워드는 당시 유명한 식물 탐험가인 앨런 커닝엄^{Allan Cunningham}과 그의 형제 리처드^{Richard Cunningham}와 친구 사이였다. 앨런은 1817년에서 1831년까지 호주 탐험을 마치고 런던으로 돌아와 워드에게 새로운 식물로 가득한 건조한 남반구 대륙에 대해 본인이 목격한 얘기를 전해주었다. 한편 이 시기 리처드는 시드니 식물원의 최고 책임자로 임명되었다. 사실 유리 상자로 식물을 운반하는 실험은 말라드 선장과의 친분뿐만 아니라 이런 인맥이 있었기에 가능한 일이었다. 당시 리처드는 워드가 보낸 두 개의 식물 상자를 받기로 되어 있었지만, 말라드가 시드니에 도착한 1834년 초에 그는 중간 돛대로 쓰기에 적합한 목재를 구하기 위해 뉴질랜드의 카우리 소나무 숲을 탐방하던 중이라 상자를 받지 못했다. 대신 그의 조수 존 맥린이 상자를 받았는데 상자 안에 들어 있던 거의 모든 식물은 "살아서 잘 자라고 있었다."[18]

시드니에서 말라드는 워드에게 편지를 써서, 식물원에 식물을 성공적으로 옮겨 심었다는 자세한 소식을 전했다. 편지 말미에는 "이로써 흥미로운 실험이 완벽하게 성공했음을 확실히 입증한다"라고 다시 한 번 확인해주었다. 그러나 여전히 귀환 여정이 남아 있었다.

맥린은 2월 시드니에서 채집한 식물로 유리 상자를 가득 채워 페르시안호로 보냈다. 식민지 농산물을 가득 실은 배는 1834년 5월 말 출항했고 기온은 섭씨 32도와 37도 사이를 오르내렸다. 두 개의 유리 상자는 다시 선미 갑판에 놓였다. 페르시안호가 희망봉을 돌아 동쪽으로 방향을 틀었을 때는 눈이 30센티미터 정도 내려 선미 갑판을 덮었고 기온은 영하 6도 아래까지 떨어졌다. 배가 리우데자네이루에 정박했을 때 기온은 상승하여 37도가 넘었고 적도를 건너면서 더욱 올라갔다. 반면 페르시안호가 영국 해협에 도착했을 때 기온은 4도, 얼음이 얼기 직전의 날씨였다. 기온의 극심한 변화는 상자 안의 식물을 시험하기에 좋은 조건이었다.[19]

1834년 11월 시드니항을 출발한 지 6개월 만에 페르시안호는 런던에 도착했다. 배의 도착 소식을 듣자마자 워드와 로디지스는 부두로 향했다. 배에 올라 내부를 살피면서 로디지스는 기쁨을 가눌 수 없었다. 식물들은 "아주 건강하고 싱싱한 상태였다."[20] 양치류 중에서도 키우기 까다로운 풀고사리의 건강한 잎줄기가 유독 눈에 띄었다. 풀고사리는 영국에서는 절대 볼 수 없는 호주 자생 식물로, 후에 프란츠 바우어Franz Bauer가 그림으로 담았고, 윌리엄 후커William Hooker는 양치류에 관해 출판된 초창기 가장 중요한 책이라 평가받는 저서 《양치류의 종류Genera Filicum》(1842)에 이 식물을 소개했다. 항해 중 시드니에서 가져온 토양 속에 우연히 들어 있던 종자에서 호주 타닌아카시아가 싹을 틔웠다. 실험은 성공적이었다.

향신료부터 소나무까지, 항해에서 살아남다

말라드 선장이 호주까지 식물 운반에 성공하자 이에 고무된 워드는 유리 상자를 이용한 식물 운반을 계속 진행했다. 이때는 상자를 실험하는 데 자신감이 더 붙어, 상자 수를 늘려 좀 더 다양한 식물을 담았다. 1834년 여름 워드는 말라드로부터 상자가 호주에 잘 도착했다는 소식을 받았다. 그런데 이 상자들이 영국에 돌아오기 전, 이집트와 시리아로 보낼 식물을 선정해서 포장해달라는 부탁도 받게 된다. 이집트의 파샤(pasha: 장군, 총독, 사령관 등 문무 고관에게 주는 영예의 칭호-옮긴이)인 이브라힘Ibrahim의 요청이었는데, 그는 새로 편성된 이집트 군을 성공적으로 이끈 장군이자 이집트 총독 무함마드 알리Muhammad Ali의 아들이었다. 이브라힘은 로다Roda 섬과 나일강 동편, 또 다마스쿠스Damascus와 베이루트Beirut 내 새로 차지한 영토에 궁과 정원을 두고 있었다.

이보다 몇 년 앞서, 런던 원예 학회의 젊은 부副정원사인 제임스 트레일James Trail이 이브라힘 파샤의 정원사로 임명되었다. 트레일은 런던에서 이집트로 돌아가는 길에 원예 학회가 선정한 식물을 가지고 갔지만 식물은 항해 도중 시들어버렸다. 트레일이 1830년대 이집트에서 수석 정원사로 활동하고 있을 무렵, 원예 학회를 비롯해 런던의 많은 원예 엘리트 집단이 워드의 실험이 성공했다는 소식을 서서히 접하기 시작했다. 이에 이브라힘 파샤의 런던 중개인은 워드에게 연락하여 파샤의 정원에 필요한 새로운 식물을 공급해 달라고 부탁한다. 워드는 이 부탁을 수락했고 본인이 실험한 새로운 방식에 따라 식물을 운송했다.[21]

173종의 식물을 담은 여섯 개의 유리 상자가 보내졌다. 선정된 식물은 다양했다. 아펠란드라zebra plant, 파장화orange trumpet creepers 같은 관상용 식물, 고무나무와 대왕야자Florida royal palms 같은 나무, 새모래덩굴moonseed 같은 덩굴 식물이 있었고 베틀후추betel, 알피니아 누탄스alpinia nutans, 브룬펠시아brunfelsia 등의 약용 식물과 올스파이스allspice, 후추, 계피, 생강, 강황, 바닐라 등의 향신료, 목면bombax cotton, 캔들넛candlenut, 스페인삼나무spanish cedar, 커스터드애플custard apple, 올드 퍼스티크old fustic(뽕나무과에 속하며 카키색 군복 원단으로 알려진 퍼스티크라는 노란색 염료를 생산함—옮긴이), 소철sago palm 등의 유용한 나무도 실렸다. 워드가 이때 선정한 식물을 살펴보면, 이전과 달리 이토록 다양한 종의 식물을 골랐다는 점이 놀랍다. 호주 실험 항해에서 선정된 양치류나 풀 종류와 달리 이집트로 보낼 식물은 운반하기 까다로운 식물이었다. 워드의 실험이 또 한 번 크게 도약하는 순간이었다. 여러 식물을 이집트 고위층에게 보냈다는 점을 고려해 볼 때, 워드는 이런 다양한 종의 식물이 항해에서 살아남으리라고 확신했던 것 같다.[22]

이들 다양한 식물은 새로 부상하는 이집트의 상류 계층에게 가기로 되어 있었다. 이집트 해군을 위해 특별히 플레처 앤드 피어넬즈 블랙월 Fletcher & Fearnell's Blackwall 조선소에서 제작된 외륜선(옛 증기선의 일종—옮긴이) 나일호는 1834년 8월 초, 워드의 유리 상자와 이집트에서 근무할 사람들을 싣고 출항했다. 나일호의 지휘권은 이집트 총독 및 그의 아들과 친분이 있으며, 영국 장교회에서 이집트인 채용을 담당했던 윌리엄 라이트William Light가 맡았다. 나일호는 오스만령 시리아 영토 침공을 끝낸 이집트 함대 와 합류할 예정이었다.

영국에서 이집트까지 상자를 운송하는 데는 2개월이 걸렸다. 여섯 개 상자 중 두 개는 카이로 외곽에 사는 이브라힘 파샤의 정원사, 트레일Traill 에게 보내졌다. 남은 네 개는 시리아의 정원으로 갈 예정이었는데, 하나는 당시 시리아에 속해 있던 다마스쿠스로, 세 개는 베이루트로 보내질 예 정이었다. 이브라힘 파샤는 이들 지역의 총독이었고, 베이루트의 고지대 에서 임무를 수행하고 있었기 때문에 자신의 '막사'인 세레일 총리궁Grand Serail의 정원으로 식물을 가져오고 싶어 했다. 그러나 제2차 이집트-오스 만 전쟁(1839~1841)에서 패전한 후 이브라힘 파샤는 베이루트에서 퇴각할 수밖에 없었다. 당시 영국 대령인 고든 히긴스Gordon Higgins는 이브라힘 파샤 의 정원에 워드의 상자가 수도 없이 남겨져 있는 것을 목격했다.[23]

워드는 이집트로 보낸 식물의 소식을 애타게 기다렸다. 알렉산드리아 에서 특별 우편으로 식물을 받은 트레일은 카이로에서 편지를 썼다. "보 내주신 식물은 아주 최상의 상태로 도착했습니다. 상자에서 꺼냈을 때 조 금치도 상한 흔적 없이 아주 싱싱하고 건강한 상태였고, 오는 동안 잎사 귀 한 장도 시들지 않았습니다."[24] 트레일은 편지를 이렇게 끝맺었다. "이 방법은 의심의 여지 없이 식물을 관리하기에 훌륭하니, 반드시 사람들에게 알려야 한다고 생각합니다." 이 성공 이후 커피 식물 전용 상자가 만들어져 똑같이 성공적으로 운반되었다. 워드가 트레일에게 보낸 식물 대다수는 이집트 환경에 잘 적응했고, 특히 커스터드 애플, 강황, 생강, 칡과 비슷한 식물인 애로루트arrowroot가 잘 자랐다. 일부 나무는 급속도로 성장해 스페인삼나무는 4년 만에 4미터 넘게 자랐다.

발명된 지 몇 년 지나지 않아 워드의 유리 상자는 두 차례나 대단한 여정을 마쳤고, 인상적인 항로를 통해 목적지에 도착했다. 워드가 발명한 유리 상자는 해크니 종묘원의 로디지스에게 전해졌고 이후 런던에서 활동하는 식물학자와 정원사로 이루어진 소집단에 알려지더니, 영국을 넘어 호주와 이집트까지 순식간에 퍼져갔다. 워드의 발명품은 유럽 제국 곳곳에 전해지면서 빠르게 성공했고, 식물에 관심이 많은 사람들 사이에 가치 높은 도구로 입소문이 났다. 색다른 원예식물이나 농업에 필요한 식물을 바다 건너 다른 나라와 주고받을 수 있다는 가능성 앞에 이제 걸림돌은 거의 없어 보였다.

2

식물 상자의 짧은 역사

꽃이 핀 식물은 그 뿌리가 축축한 흙에 묻혀 있어야 합니다. 뿌리가 공기에 노출되면 즉시 시들어 죽어버리죠. 식물은 흙에서 충분한 양의 수분을 끌어들이고 다시 호흡을 통해 수분을 내뱉는데 이 수분은 공기를 타고 계속적으로 이동합니다. 그런데 만약 식물을 수은에 묻어두면 상당 시간 동안 그 생명과 향기, 색을 유지할 수도 있습니다. 이게 사실이라면, 항해 중 바다의 혹독한 날씨를 견디지 못해서 특별한 관심과 정성을 쏟아야 하는 까다로운 식물을 먼 나라에서 가져오는 방법으로 수은의 상업성이 입증될 수도 있겠습니다.

— 벤자민 프랭클린, 1773년 바르뵈 두보르그^{Barbeu Duborg}에게 보내는 서신

식물을 바다 건너편으로 처음으로 운반한 사람은 너새니얼 워드가 아니었다. 식물 운반에 대한 욕심은 여행에 대한 인간의 갈망만큼이나 오래되었다. 태평양을 누볐던 위대한 폴리네시아 탐험가들은 별을 따라 먼 곳으로 이동할 때 각 섬에서 자라던 식물을 가져갔다. 식물학자들은 이들

이 운반한 식물에 '카누 식물^{canoe plants}'이라고 이름을 붙였다. 데이르 엘 바하리^{Deir el-Bahari} 장제전^{mortuary temple}(고대 이집트에서 국왕의 영혼을 기리기 위해 제사하던 숭배전-옮긴이)의 양각 작품에서 알 수 있듯이, 기원전 1450년에 이미 이집트인들은 소말리아에서 살아 있는 향료 나무를 가져왔다. 새로운 땅을 탐험해보자는 문화가 생기면서 모험가들은 배에 자국의 식물과 동물을 싣고 다녔다. 보통은 유용한 식물이 실렸지만, 때로는 단순히 고향에서의 추억을 되새겨주는 아름다운 식물도 실렸다. 여행에 앞서 종자를 챙기는 일은 생각만큼 쉽지 않았다. 어떤 종자는 구해서 가지고 다니기가 상당히 어려웠고 여행을 떠날 당시 조달하기 힘든 것도 있었으며, 기름이 많아 빨리 상하는 것도 있었고 수명이 짧은 것도 있었다. 이런 이유로 여행을 할 때는 보통 살아 있는 식물을 실었다.

유럽의 경우 식물의 이동은 일찍이 사람들의 호기심이 자국 땅 너머로 부풀어가던 계몽주의 시대부터 시작되었다. 식물은 여행 동반자로서는 손이 많이 가고 까다로운 친구였다. 하지만 신선한 물은 긴 항해에서 몸값이 귀했으므로, 바싹 마른 식물이 있어도 사람보다 먼저 물을 주지는 않았다. 이처럼 살아 있는 식물을 먼 곳으로 운반하는 일은 굉장히 어려운 일이라, 과학자들은 이를 해결하기 위한 수많은 방법을 시도했다. 벤자민 프랭클린은 식물을 수은에 묻는 것까지 고려했을 정도다.[1]

오랜 기간 단순한 사각형 모양의 상자가 식물을 운반하는 일반적인 수단이었다. 워드가 유리 상자를 내놓기 수 세기 전부터 각종 다양한 상자가 이런 목적으로 쓰였다. 15세기와 16세기의 신항로 개척에 이어, 17세기에는 유럽의 무역과 제국 활동이 확장되었다. 르네상스 시기에는 당시 '자연 철학natural philosophy'이라고 불린 새로운 과학 사조가 서서히 모습을 드러냈다. 프란시스 베이컨Francis Bacon이 고안한 이 광범위한 사조는 여행가와 탐험가들에게 외국 땅을 밟아보라고 장려했을 뿐 아니라, 그 땅의 희귀한 것들과 호기심을 끌 만한 것들을 수집하여 유럽에 흥밋거리로 진열하라고 종용했다.[2] 이 때문에 17세기 내내 유럽인들이 바다 건너 전 세계로 식물을 운반하는 일은 꾸준히 늘었다.

호기심을 끄는 새로운 식물이 아메리카 대륙의 식민지와 동인도제도, 서인도제도, 남태평양에서 들어왔다. 17세기에 무역이 발달하고 선적이 증가함에 따라 가치 있는 식물이 더 먼 거리까지, 더 빈번하게 운반되었다. 과학과 원예가 유럽인이 추구할 중요한 가치로 힘을 받으면서 흥미로운 식물에 대한 갈증이 커지고 이에 대한 지식이 쌓여갔다. 그러나 아메리카나 동양에서 오는 각종 다양한 식물은 그 여정에서 살아남지 못했다.

박물학자들은 유용한 식물을 어떻게 하면 가장 잘 운반할 수 있을까 하는 문제에 매달렸다. 흙을 깐 나무 상자를 밀폐해서 보내볼까? 동인도회사에서 쓰는 방식을 따라 측면에 구멍을 낸 통을 사용해야 할까? 아니면 화분에 담아볼까? 이들 모두가 박물학자들이 시도해 본 방법이었다. 17세기 중반부터 19세기 초반까지 거의 두 세기를 거치며 시도한 방법들은 워디언 케이스가 세상에 나올 수 있는 길을 닦아 주었다.

자연계 표본을 연구하고 수집하는 방법을 설명한 초창기 보고서 중에 로버트 보일Robert Boyle이 1666년에 쓴, 〈크고 작은 나라의 박물학에 대한 일반적인 안내: 여행가와 탐험가를 위한 지침General Heads for the Natural History of a Country, Great or Small: Drawn out for the uses of Travellers and Navigators〉이라는 자료가 있다. 보고

서에서 보일은 자연을 연구하는 간단한 방법으로 박물학 지식이 없는 선장, 상인, 식민지 여행가가 따라할 수 있는 자연물 수집과 관찰 방법을 간략하게 소개했다. 보일은 유럽 채집가들에게 관심의 대상이었던, 튀르키예·이집트·과이니아·폴란드·헝가리·브라질·버지니아·카리브 제도를 여행하면서 발견할 수 있는 많은 자연물에 대해 설명했다.[3]

보일에 이어 한스 슬론^{Hans Sloane}은 17세기 가장 유명한 박물학자이자 식물 운반에 관심이 많던 사람으로 손꼽힌다. 슬론의 활약을 꼽자면, 아이작 뉴턴^{Issac Newton}에 이어 런던 왕립 학회 회장(1727~1741)으로 활동하고, 런던에 첼시 약제 식물원(후에 첼시 피직 가든으로 명칭이 바뀜)을 만드는 데 실질적으로 공헌했다. 이들 두 기관은 외래 식물의 가치와 식물을 운반해 올 필요성을 입증하는 데 결정적인 역할을 했다. 슬론은 1687년 자메이카를 여행하며 대대적인 채집 활동을 했고, 이후 런던에 돌아올 때는 영국 최초의 식물 표본집을 가지고 귀환했다. 슬론 사후, 그가 수집한 방대한 표본은 영국 자연사 박물관을 조성하는 토대가 되었다.

자메이카로 떠나기 이전에도 슬론은 카카오라는 식물에 대해 잘 알고 있었다. 1673년, 런던 왕립 학회 통신원 한 명이 자메이카에서 보낸 상자와 편지 덕분이었다. "배편으로 카카오나무가 실물 그대로 그려져 있는 상자 하나를 보내드립니다. 분명 이처럼 생생한 그림은 없을 겁니다." 이미 17세기 후반에는 식물 상자나 식물 모사화가 바다 건너 열정적인 수집가들에게 운송되고 있었다. 식물 표본집과 생생한 모사화를 보내는 것도 중요했지만, 살아 있는 식물을 바다 건너로 보내고 받는 일은 중요하면서도 대단히 어려운 일이었다. 슬론의 많은 서신이 보여주듯이 17세기 후반, 많은 나라의 식물 수집가들은 식물을 찾아서 보낼 수 있는 최적의 방법에 대해 서로 정보를 주고받았다. 이런 관심이 있었지만 17세기 후반까지는 영국으로 들어온 새로운 식물이 겨우 5백 종 정도밖에 안됐다. 그중 강인한 나무들은 대개 아메리카 대륙에서 들어왔다.[4]

아메리카 대륙에서 영국까지 대서양을 건너는 여정은 비교적 짧아서 살아 있는 식물을 보내면 무사히 도착할 확률이 높았다. 1690년대 존 에벌린John Evelyn은 당시 영국 해군 대신인 새뮤얼 피프스Samuel Pepys와의 친분을 이용하여 뉴잉글랜드에서 귀환하는 제국 군함에 식물을 실어 오도록 계획했다. 에벌린은 운반 담당자에게 8일 이상이 소요되는 긴 여정에는 식물 뿌리에 꿀을 발라 보호해야 한다고 알려주었다.[5] 1696년 또 다른 박물학자 존 우드워드John Woodward는 왕립 학회에 〈세계 곳곳에서 자연계 생물을 관찰하기 위한 간략 지침과 자연계 생물의 수집, 보전, 운반에 관하여 Brief Instructions for Making Observations in All Parts of the World; as also for Collecting, Preserving and Sending Over Natural Things〉를 발표했다. 제목에서 알 수 있듯이 그의 지침은 전 세계, 특히 아프리카와 서인도제도를 대상으로 했다. 우드워드는 특히 양치류 운반에 대해서 뿌리는 "점토나 양질토에 싼 다음 이끼를 깐 상자에 넣어서 보내야 한다"는 등의 상세한 지침을 내렸다.[6] 보일과 우드워드의 지침서는 식물 채집가들을 위한 최초의 매뉴얼에 해당된다.

제임스 페티버James Petiver는 약제사 소속의 거래상으로, 약제를 분배하고 박물학적 측면에서 전 세계의 진기한 것들에 대해 설명해주는 사람이었다. 18세기 초반 그는 북미와 서인도제도의 많은 인맥으로 이루어진 연락망과 공급망을 구축해 갔다. 그러나 공급망을 통해 받는 식물의 상태에 대해 걱정이 커지면서 페티버는 〈런던 왕립 학회 회원 제임스 페티버가 제시하는 자연계 진귀한 식물을 채집해서 보존하는 간단한 방법Brief Directions for the Easie Making and Preserving Collections of all Natural Curiosities for James Petiver Fellow of the Royal Society London〉이라는 안내서를 발간했다. 그는 식물은 종자인 상태나 꽃이 핀 상태로 운반하는 것이 가장 좋지만, 이 방법이 항상 가능한 건 아니므로 단순히 "자연 상태 그대로 채취하라"고 제시했다.[7] 페티버가 본인의 저서에 수록한 많은 종의 식물은 무역상들이 그에게 제공한 것이었다.

최초의 식물 상자 구독 서비스

18세기 생겨난 많은 상인 계급이 전 세계 상업망을 이용하여 식물을 수입해 오면서 외국의 박물학 표본에 대한 관심이 높아져 갔다. 이 중 런던의 직물업자 피터 콜린슨Peter Collinson과 필라델피아에 사는 농부이자 수집가인 존 바트람John Bartram이 이끄는 런던-북미 간 연결망은 상당히 성공적이었다. 바트람은 상자에 종자와 강인한 식물을 담아 필라델피아에서 런던으로 보냈다. 이들이 거래하던 초기, 콜린슨은 바트람에게 식물을 운반하기 가장 좋은 상자의 조건을 다음과 같이 제시한다.

"50센티미터나 60센티미터 정사각형에 높이는 38센티미터 또는 40센티미터, 흙을 30센티미터 정도 간 상자라면 상당히 많은 식물을 담기에 충분합니다. (…) 상자 전체에 작고 폭이 좁은 라스(Lath: 회반죽을 바르기 위해 엮어 넣는 가느다란 나무 막대기-옮긴이) 여러 개를 박아 넣어 고양이

가 상자에 생채기를 내지 않도록 하세요."[8] 콜린슨은 항해 중 식물에게 닥치는 위험이 무엇인지 분명히 제시한다. 바로 신선한 흙과 잎을 갈망하는 고양이, 쥐 그리고 가축 등의 불청객이 골칫거리였다.

콜린슨이 설명한 것과 얼추 비슷한 상자 안에는 런던에 성공적으로 처음 상륙한 몇 가지 식물이 들어 있었다. 1735년 1월 상자를 받은 콜린슨은 바트람에게 이렇게 편지를 쓴다. "그 작은 상자 안의 식물이 얼마나 싱싱한 상태로 왔는지 상상도 못할 겁니다. 선장 침대 밑에 놓인 채로 운송되어서 제가 받을 때까지 빛도 보지 못했는데 말이죠. 그래도 다행히 라이트 선장이 아주 빠른 항로를 택했습니다."[9] 다른 상자의 경우 안에 든 식물 상태는 엉망이었다. 한 예로 런던에 도착한 한 식물 상자 안에는 분홍색 쥐 가족 외에 살아 있는 생물은 아무것도 없었다.[10] 후에 또 다른 채집가인 존 포더길John Fothergill은 콜린슨이 겪은 일을 알고 있었는지, 설치류를 막으려면 유리를 깨서 흙 안에 숨겨두라고 조언했다.

18세기 북미와 영국 간의 식물 거래는 성공적인 식물 운반 방법을 모색하기 위한 중요한 단계였다. 새로운 식물에 대한 수요가 증가하면서 '바트람 상자' 서비스의 회원을 모집하는 기발한 방법이 고안되었다. 바트람은 각 회원에게 나무 상자를 보내주었는데, 상자의 비용은 5기니(기니: 영국의 구 금화, 현재의 1.05파운드에 해당함—옮긴이)였고, 상자 안에는 보통 수백 종의 종자, 말린 식물 표본, 그 외에 호기심을 끌 만한 자연물이 담겨 있었다. 바트람 상자 회원 중에는 영주, 주교, 박물학자, 종묘상 들이 있었다. 바트람은 영국에 목련, 철쭉azaleas, 진달래rhododendrons, 칼미아mountain laurels, 붉나무sumacs, 설탕단풍나무sugar maples 등의 식물을 소개했다.[11]

원예는 18세기 내내 인기를 끌었지만, 바다 건너 살아 있는 식물을 보내는 일에는 여전히 많은 어려움이 따랐다. 대서양을 횡단하는 동안 식물을 죽지 않게 관리하는 일도 어려웠는데, 설상가상으로 다른 제약도 있었다. 7년 전쟁(1756~1763) 중에는 바트람 상자를 싣고 가던 영국 선박이 함락당해 손실을 입었다. 전쟁의 긴장감이 고조되자 바트람은 식물 상자를 여러 배에 나누어 옮겨 싣기로 했다. 또한 상자를 본인의 영국 회원뿐 아니라, 토마프랑수아 달리바르Thomas-Francois Dalibard, 조르주루이 르클레르 드 뷔퐁 백작Georges-Louis Leclerc, comte de Buffon, 베르나르 드 쥐시외Bernard de Jussieu, 얀 프레데릭 흐로노비우스Jan Frederik Gronovius 등 프랑스와 네덜란드의 저명한 식물학자에게도 보냈다. 만약 배가 프랑스 함대에 포위되더라도, 식물학자에게 보내질 바트람의 상자가 발견된다면 그 상자 속 내용물과 메모는 아마도 무사히 프랑스나 네덜란드로 배달되리라 예상한 것이다. 바트람이 밝혔듯이 그는 "무지한 사람들보다는 식견 있는 사람들"이 바트람 상자를 받아보았으면 했다.[12]

1752년 프랑스 박물학자이자 왕립 과학 아카데미Academie Royale des Sciences의 회원인 앙리 루이 뒤아멜 드 몽소Henri Louis Duhamel de Monceau는 식물 채집이 목적인 여행가들을 위해 중요한 안내 지침을 발표했다. "필요에 의해 혹은 본인이나 다른 이들의 취향 충족을 위해 식물 또는 종자, 이밖에 호기심을 끌 만한 자연물을 먼 곳까지 운반하려는 사람들은 필요한 대책을 취하지 않을 경우 장거리 운반으로 인한 손실을 감수해야 함을 언제나 명심해야 한다."[13] 이처럼 식물을 운반하는 어려움은 도처에 있었다. 일찍이 1723년, 프랑스인 가브리엘 드 클리외Gabriel de Clieu는 파리에서 마르티니크

Martinique섬으로 가는 여행에서 파리 왕실 정원Jardin du Roi의 커피나무에서 잘라낸 꺾꽂이 가지를 가져갔다. 그는 이들을 작은 상자에 담아 여행에 가져갔고, 지극히 제한적으로 배급된 물을 목말라하는 이 식물과 나누어 마셨다. 여행을 마친 후 드 클리외는 "긴 항해 동안 이 까다로운 식물에게 끝없는 정성을 쏟아야 했다"고 회상했다.[14] 커피는 긴 항해를 견뎌냈고 이를 계기로 카리브 제도의 '신대륙'에서 커피 플랜테이션이 시작되었다.

까다로운 식물을 살리기 위해서는 헌신적인 보살핌이 필요했다. 18세기 초 큐 식물원에는 긴 항해를 마친 식물을 건강한 상태로 되돌리기 위한 특별 온실이 있었다. 또 세인트헬레나는 영국으로 돌아가는 몸이 아픈 선원뿐 아니라 병든 식물을 살리기 위한 긴 항해의 기착지였다.[15]

1770년, 또 한 명의 저명한 박물학자 존 포터길John Fothergill은 본인이 고용한 채집가들을 위해 필요한 수칙을 작성한다. 북미로 떠나는 채집가들과 선장은 그의 서신과 함께 한 페이지 분량의 〈식물과 관목을 포장해 배로 운반하기 위한 지침서Directions for Taking Up Plants and Shrubs, and Conveying Them by Sea〉를 가지고 갔다. 포더길은 열정적인 원예학자이자 런던의 실력 있는 내과 의사 중 한 명이었다. 그는 30센티미터 키의 어린 식물이 채집하기 가장 좋다고 조언하며, 긴 항해에는 길이 120센티미터, 깊이 60센티미터, 폭 60센티미터의 상자를 권장했다. 이 정도 크기의 상자라면 용량을 반쯤 채운 상태에서 두 남자가 상자를 들어서 배에 실을 수 있었다. 각 상자 위로는 둥근 고리를 여러 개 설치했고, 작은 밧줄을 꼬아 고리 사이를 연결해 키 큰 식물을 덮어주기 위한 망을 만들었다. 이 망은 개와 고양이가 식물을 망가뜨리지 않도록 막아주었다. 둥근 고리와 망이 쳐진 각 상자에는 악천후에 대비할 수 있는 캔버스 재질의 덮개도 있었다. 식물을 책임지는 선장은 "식물이 항해 중 겪는 큰 위험은 위에 흰 거품이 낀 파도가 넘실대며 닥쳐올 때 전하를 띤 미세한 소금물 입자에 의해 발생한다"는 특별한 안내 사항을 전달받았다. 포더길은 "덮개 아래의 공기가 정체"되어 있기 때문에 상자를 계속 닫아 놓지 말라고 주의를 주기도 했다(그림 2-1).[16]

18세기 식물 이동을 주도한 큰손들

18세기, 유럽의 중심 국가들은 새롭고 이국적인 자연물을 한층 쉽게 접하며 이를 즐기게 되었다. 이런 시대 상황에서 스웨덴 식물학자 칼 린네Carl Linnaeus는 당시 모든 자연계의 분류 체계를 정립하여 그 어떤 박물학자보다도 많은 이들의 기억 속에 자리하게 되었다. 린네는 처음에 단편 저서 《자연의 체계System Natura》(1735)와 후에 《식물의 종Species Plantarum》(1753)을 통해 식물과 동물을 그들의 번식 수단으로 분류한 자연계 분류 방식에 대해 설명했다. 그의 분류 방식의 핵심은 이명법二名法으로, 각 식물에 종과 속에 따른 명칭을 붙였다. 이 방법이 도입되면서 식물에 긴 수식어구가 딸린 이름을 붙이는 초기의 다명법多名法은 사라졌다. 린네의 명명 체계를 통해 살아 있는 모든 생물에는 기억하기 쉽고 전 세계적으로 통용될 수 있는 라틴명 두 개가 붙게 되었다.[17] 이런 명명 체계를 개발하기 위해서는 방대한 표본이 필요했고, 이에 따라 린네는 많은 식물 수집과 활발한 연락 활동을 이어나갔다.

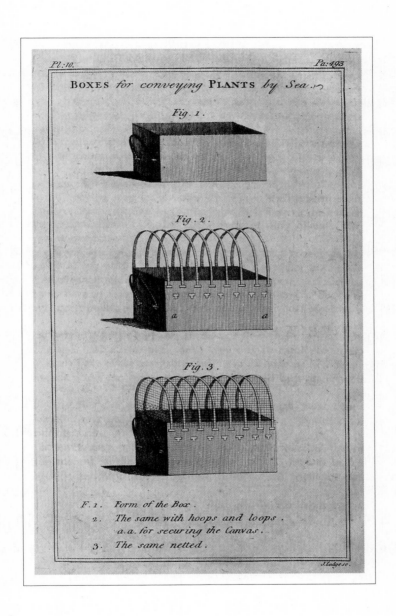

그림2-1 1770년, 식물을 배로 운반하는 데 쓰인 존 포더길의 상자.

당시 영국의 존 엘리스John Ellis는 린네의 새로운 분류 체계를 지지하는 핵심 인물이자 스웨덴으로 식물을 공급하는 큰손이기도 했다. 엘리스는 여러 해에 걸쳐 린네와 긴밀하게 서신을 주고받았다. 그는 식충류, 즉 말미잘, 해면, 산호 같이 식물 모습을 한 동물을 연구하는 전문가로도 널리 알려졌다. 이런 선구적 연구 덕분에 그는 당시 린네는 물론 포더길과 콜린슨까지 당대 내로라하는 많은 식물학자와 친분 관계를 유지했다. 자신과 편지를 주고받은 사람들의 실패를 거울삼으며, 엘리스는 말년에 식물 운반이라는 문제를 해결하는 데 많은 시간을 쏟았다. 그는 영국으로 외래 식물을 가져오는 것뿐 아니라 식민지 간에 식물을 옮기는 문제에도 집중적인 관심을 기울였다. 이밖에도 엘리스는 플로리다와 도미니카의 영국 중개인 역할을 했는데, 이런 지위 덕분에 영국 정부 내 식민지 관리 부서를 비롯해 먼 지역까지 많은 인맥을 확보할 수 있었다.[18]

《런던 왕립 사회 회보*Philosophical Transactions of the Royal Society of London*(세계 최초의 과학 전문 저널이자 세계에서 가장 오랫동안 운영되는 과학 저널-옮긴이)》에 실린 엘리스의 수많은 간행물로 판단해 볼 때 그는 일찍이 1750년대부터 식물 운반에 관한 글을 발표한 것으로 보인다.[19] 실제 그는 1770년에 〈동인도를 비롯한 먼 나라에서 종자와 식물을 건강한 상태로 가져오기 위한 지침〉이라는 제목의 팸플릿을 발간했다. 이에 앞서 10년 동안은 식물과 종자 이동에 관한 다양한 실험에 관해 간략한 보고서를 수없이 발표했지만, 유럽, 인도, 중국, 아메리카 대륙 국가에서 그와 서신을 주고받은 사람들 사이에서는 팸플릿이 더 많이 배포되었다. 당시에는 외래 식물과 종자의 생존율이 낮았는데, 엘리스는 그때의 상황을 다음과 같이 기록한다. "매년 중국에서 받아 오는 다양하고 방대한 양의 종자를 감안할 때 조만간 그 거대한 제국의 아주 가치 있는 식물을 우리 땅에서 키워야 하겠지만, 일년생 식물 서너 종을 제외하고는 50종 중 하나도 제대로 살아나지 못했다. 이런 현상은 오랫동안 우리 정원에서 흔하게 일어난 일이었다."[20]

엘리스는 위 팸플릿에서 묘목과 살아 있는 식물을 운반하기 위한 최적의 상자를 소개했다. 식물 상자의 사양은 길이 90센티미터, 폭 38센티미터, 깊이 45~50센티미터였고 해충을 막기 위한 "철사 덮개"와 경첩이 붙은 뚜껑이 달려 있었다. 환기를 위해 상자의 윗면 근처 옆 부분에는 작은 구멍이 수없이 뚫려 있었는데 이는 "뚜껑을 어쩔 수 없이 닫아 놓아야 하는 경우 발생하는 수증기가 나가도록" 하기 위한 용도였다.[21] 엘리스가 보기에 "공기는 절대적으로 필요한 요소"이고, 언제나 "오염된 공기는 밖으로 빼내야" 했다.[22] 상자를 제작할 수 없는 경우에는 오크통이 효과적이었다. 상자나 오크통 바닥에는 수분 공급과 배수를 위해 젖은 이끼를 한 층 깔았고, 만약 이끼를 구할 수 없는 경우에는 썩은 목재로 대신했다. 이끼 위에는 흙을 부은 다음 그 위에 이끼를 한 층 더 깔았다. 그는 중요한 지침으로 여행가들에게 되도록 빗물을 아껴서 식물에게 주라고 당부했다. 마지막으로 성공적인 식물 운반은 호기심 많은 신사들과 똑똑한 종묘상, 정원사들에게 "명예로운 일이며 국가에 실질적으로 봉사하는 일"이라고 끝을 맺었다.[23]

20년에 걸쳐 존 엘리스는 상당한 시간을 들여 식물을 운반하는 용기를 종류별로 실험했다. 그중 상자는 그가 장려한 주요 방법 중 하나였다. 엘리스의 상자는 식물 운반을 위해 특별히 설계된 최초의 상자였다. 또한

식물 운반 목적으로 항해 시, 사양이 비슷한 상자를 사용할 수 있도록 완
벽하게 스케치한 인쇄본이 남아 있는 최초의 상자이기도 했다(그림 2-2).
엘리스가 설계한 상자의 디자인과 권장 사항은 그대로 복제되어 19세기
까지 잘 적용되었다.

　　사망하기 직전 엘리스는 〈망고스틴과 빵나무에 대해Description of the Mangos-
tan and the Bread-Fruit〉(1775)라는 제목의 팸플릿을 출간했다. 이들 각 식물의 중
요성에 대해 전자에 대해서는 "가장 맛있고" 후자에 대해서는 "가장 유용
하다"고 언급하면서, 항해 시 빵나무를 가져올 때의 수칙을 함께 수록했
다. 팸플릿의 중간까지 페이지를 넘기다보면 엘리스가 설계한 다른 모양
의 상자가 또 하나 나오는데, 바로 이것이 철사로 엮은 상자다. "어떤 방식
으로든, 식물은 태양 광선의 혜택을 누림과 동시에 혹독한 추위로부터 보
호받을 수 있다"라는 문구로 추측건대 엘리스가 설계한 철사 상자에도 유
리가 끼워졌을 것으로 보인다.[24] 철사 상자는 엘리스의 설계에 따라 홀본
Holborn의 브룩스 마켓Brooks Market에서 일하는 목수, 존 버넘John Burnham이 제작
했다. 1770년대 엘리스는 이 철사 상자를 런던 항에서 멀지 않은 펜처치
가Fenchurch Street에 위치한 존 고든 앤드 코즈John Gordon & Co.'s 종묘상에 보여주
었다. 이곳은 런던 원예상들에게 상당히 중요한 가게로 입소문이 나 있어
서, 식물 운반에 상자를 쓰는 게 이롭다는 것을 홍보하기에 더할 나위 없
이 좋은 곳이었다. 존 고든 앤드 코즈에서는 빵나무용 철사 상자 외에 엘
리스가 설계한 상자를 두 가지 더 볼 수 있었다.[25] 그는 자신의 팸플릿에
모든 상자의 도면을 제공해서 "해외에 나가 소기의 목적을 홍보할 생각이
있는 신사들이 이 편리한 도구를 이용하여 유용하거나 진귀한 식물을 대

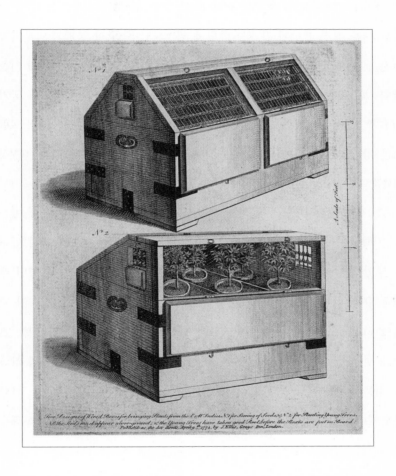

그림2-2 1774년 존 엘리스가 설계한 두 개의 식물 상자.

영제국으로 들여오도록" 도모했다.[26]

    18세기 내내 식물과 종자를 운반하는 단순한 상자나 용기는 당시 영국의 식물 채집 맥락에 잘 들어맞도록 제작되었다. 당시 영국의 박물학자들은 먼 지역에서 식물을 구하는 데 주로 상업망과 개인적인 인맥에 의존했다. 하지만 영국 해협 건너 프랑스 과학자들은 훨씬 높은 수준의 국가 지원을 누렸다. 영국이 대서양을 횡단하는 통상 루트에 의존한 반면, 프랑스는 왕실 내 다양한 인맥을 이용하여 파리로 식물을 운반했다.[27] (대부분 대서양 너머에서 건너온) 식물은 주로 정부 선박으로 운반되었다.

    18세기 중반 프랑스의 앙드레 투앵Andre Thouin은 전 세계 식물 운반을 이끈 핵심 인물로, 식물 운반 목적으로 상자를 사용하는 것이 가치 있다고 보았다.[28] 프랑스 최고의 식물원인 파리 식물원의 수석 정원사였던 투앵은 유럽 대륙에 넓은 인맥을 확보하고 있었다. 그는 프랑스 정치인 기욤크레티앵 드 라무아뇽 드 말제르브Guillaume-Chretien de Lamoignon de Malesherbes, 스위스 철학자 장자크 루소Jean-Jacques Rousseau, 스위스 식물학자 오귀스탱 피람 드 캉돌Augustin Pyrame de Candolle등과 가깝게 서신을 주고받았고, 프랑스 과학 아카데미French Academy of Sciences 회원으로 외국 식물학자와 정기적으로 식물을 교환했다. 현재 프랑스 국립 자연사 박물관Museum national d'Histoire naturelle에 보존되어 있는 투앵의 식물 상자는 현존하는 식물 상자 중 가장 오래된 것으로 알려져 있다. 투앵은 해군 장교이자 탐험가인 라페루즈의 백작 장프랑수아 드 갈로Jean-Francois de Galaup, comte de Laperouse에게 항해 시 식물 상자를 가져가라고 추천할 정도로 영향력 있는 사람이었다. 1824년 투앵은 중병에 걸렸고, 때문에 그의 인생 대작인 《식물 재배 및 이식 과정Cours de culture et de *naturalisation des vegetaux*》(1827)은 그의 조카 오스카 르클레르^{Oscar Leclerc}가 완성했다. 이 책에는 프랑스 식물학자들이 18세기 투앵의 추천으로 사용한 많은 식물 상자의 그림이 수록되어 있다. 하지만 18세기 후반에 들어서면서 상황은 바뀌기 시작했다.

제국의 빵나무 이식 작전

18세기 후반은 식물 운반에 있어서 전환점이 되는 시기였다. 식민지가 많이 늘어나고 외국 자연물에 대한 흥미가 점점 커지면서, 유럽은 많은 종의 새로운 식물을 받아들이는 중이었다. 1789년 큐 식물원에서 자라는 식물 중 거의 3분의 1은 외래 식물이었다.[29] 이제 식물 표본집으로 자연을 보여주는 데는 한계가 있었다. 식물이 실제 같은 자연 환경에서 자라는 모습을 직접 볼 수 있도록 하는 것이 많은 정원사와 원예가가 진지하게 추구하는 목표였고, 이들을 통해 상류 계층은 심미안적으로 아름다운 자연물을 확보했다. 조지프 뱅크스^{Joseph Banks}가 생각한 그림은 존 엘리스가 홍보한 상자보다 그 규모가 훨씬 방대했다. 그는 선박 전체를 채집한 식물을 운반하는 수단으로 보았다.[30]

젊은 시절 뱅크스는 제임스 쿡^{James Cook} 선장의 인데버호에 올라 전 세계를 항해했다. 뱅크스는 본인만의 항로를 개척하기 위해 개인 신분으로 배에 올랐기 때문에, 거대한 선실을 자연물 관리에 적합하도록 개조할 수 있었다. 재미있는 사실은 뱅크스와는 별도로 쿡 선장이 펜처치가의 종묘상 존 고든과 의논하여, 유용한 식물의 종자를 유리병에 밀봉하여 가져갔다는 것이다.[31] 쿡 선장은 이후 타히티의 한 정원에 이 종자를 심었다. 인데버호를 타고 귀환한 직후 뱅크스의 영향력은 커지고 인맥은 늘어갔으며, 이런 연줄 덕분에 뱅크스는 식물을 운반하기 위해 그가 새로이 고안한 방식을 다수 실행에 옮길 수 있었다. 살아 있는 식물을 실어 보내는 데 동반되는 어려움을 익히 알고 있던 그는, 18세기 후반 두 차례의 중요한 정부 주도 탐사(서인도제도로 빵나무를 이식하는 탐사와 식민지인 뉴사우스웨일스로 유용한 식물을 운반하는 탐사)에서 자신의 방대한 식물 지식과 함께 이런 어려움에 대처했던 경험을 잘 이용했다.

뱅크스는 우선 빵나무를 운반하기 위해 바운티호를 개조했다. 바운티호는 대영제국 해군 함대의 취역함과는 판이하게 다른 모습이었다. 1787년 12월 바운티호가 런던을 출발하여 4만 8천 킬로미터에 이르는 항해에 나섰을 때, 배의 갑판 아래는 식물 운반용으로 지어진 수송선의 모습을 띠었다. 선장의 선실에는 나무를 심을 단지가 들어섰고, 나무에 물을 공급하기 위한 정교한 공수 시스템이 만들어졌다.[32] 이런 일화는 빵나무가 이식이 어렵기로 악명이 높은 식물이라 생긴 것이긴 하지만, 한편으로는 그 덕에 식물 운반의 복잡성과 관련하여 많은 것을 파악할 수 있다. 특히 식물을 운반하려는 욕망에는 항상 제국의 세계적 확장과 경제적 이득이라는 요소가 내재되어 있었다는 것을 알 수 있다. 뱅크스는 서인도제도를 품질 높은 목화의 공급지로 만들기 위해 당시 영국 수상인 윌리엄 피트William Pitt, 인도 관리 위원회India Board 의장인 헨리 둔다스Henry Dundas, 국무장관 로드 시드니Lord Sydney와 손을 잡았다. 보다 우수한 목화 종자를 확보하

기 위해 뱅크스의 지시 아래 한 젊은 식물학자가 인도로 파견되었고 이곳
에서 확보한 목화 종자가 서인도제도로 보내질 예정이었다. 그러나 서인
도제도에서 영국 방적 공장에 공급할 목화를 많이 생산하기 위해서는 노
예가 더 많이 필요했고, 이를 위해서는 식량 생산 역시 늘려야 했다. 따라
서 수확량이 많은 빵나무를 서인도제도에 심어야 했다. 나무를 운반한다
는 생각은 어제오늘 일이 아니었으며, 1770년대에도 많은 사람들의 관심
사였다. 그러나 1787년 바운티호가 출항하고 나서야 이 원대한 계획이 드
디어 실현되었다.

　빵나무만큼 현지 이식을 위해 국가 투자를 많이 받은 나무는 없었다.
뱅크스는 편지에 다음과 같이 밝혔다. "선박에 실릴 나무와 식물의 보안
을 높이기 위해 바운티호를 뎁트퍼드^{Deptford}에서 짜 맞추기로 했습니다."[33]
큰 선실은 빵나무를 선적하기 위해 완전히 새로 개조되었다. 그러나 나무
를 가득 실은 배가 타히티에서 출항한 이후, 선박 내부에서 선원들이 반
란을 일으켰고, 이에 선장 블라이^{William Bligh}는 정원사 및 다른 충복들과 함
께 구명정에 오를 수밖에 없었다. 첫 시도에 배가 소실된 일은 큰 실패
로 남았다. 그동안 잘 알려지지 않은 이야기지만, 이로부터 수년이 지난
1792년, 이번에는 프로비던스호가 바운티호와 똑같이 나무 운송용으로
개조되었고 블라이가 다시 배의 키를 잡았다. 운반 도중 실린 나무의 약
3분의 2가 죽었지만, 690여 그루는 서인도제도에 무사히 도착했다. 식물
상자의 기나긴 역사를 추적하는 과정에서 빵나무 이야기를 살펴보면, 배
전체를 운반 목적으로 전용할 정도로 당시 식물 운반이 어려웠다는 것을
알 수 있다.

빵나무 이식 이후, 뱅크스는 식물 운반을 위해, 특히 새로 들어서는 호주 대륙 식민지에 유용한 식물을 공급하기 위해 계속적으로 대담한 방식을 취했다.[34] 바운티호와 거의 같은 시기, 배 11대에 죄수 1천 4백 명을 태운 제1회 죄수 이민 선단First Fleet이 1787년 보터니 만Botany Bay를 향해 출항했다. 뱅크스는 출항 당시부터 식민지 설립에 도움이 되는 식물과 종자를 배에 싣는 일에 관여했다. 처음 몇 해는 그다지 성과가 좋지 않았고, 물류 공급선인 가디언호가 호주에 모자란 공급품을 보충하기 위해 영국에서 재빨리 정비되기도 했다. 식물은 이 공급품 중에서도 수요가 많은 물품이었다. 1789년 가디언호가 공급품을 가득 실은 채 울리치Woolwich 항에 정박해 있을 때, 뱅크스는 몸소 선박을 살펴보기 위해 배에 올랐다. 그는 바운티호 때와 마찬가지로 대형 선실을 개조하여 나무 화분 93개를 수용할 충분한 공간을 확보하기 바랐지만, 가디언호에는 이미 적재량의 화물을 실어둔 상태였다. 결국 뱅크스는 온실이라는 다른 계획안을 낸다.[35] 울리치 항에서 선주와 조선업자와 함께 배에 오른 그는 길이 약 4.5미터, 폭약 3.6미터 크기의 식물 선실 설계를 진행했다. 선실의 높이는 1.5미터로, 위치는 배의 선미 갑판으로 하고 8일 안에 공사를 마쳐야 한다고 뱅크스는 지시했다. 완공된 선실은 식물과 정원사 존 스미스의 거처가 되었다. 이 식물 선실은 새로운 식민지로 식물을 가져가는 데 이용되었을 뿐 아니라, 귀항할 때 큐 식물원에 가져다 놓을 희귀한 호주 자생 식물을 싣고 오는 데에도 쓰였다.

뱅크스는 식물 선적물과 함께 항해길에 오르는 정원사들에게 지난 백 년간 축적된 지식을 한데 모아 손수 적은 지침을 배포했다. 그의 지침은 대부분 다른 정원사와 박물학자들이 제시하는 것들과 별반 다를 게 없었다. 온실이 소금물 세례를 맞지 않도록 주의하고 식물이 해충과 동물의 피해를 입지 않도록 조심하라고 당부했으며 특히 고양이, 바퀴벌레, 원숭이, 쥐를 주의하라고 일일이 언급했다. 해충을 멀리해야 했지만, 신선한 공기를 위해 환기는 가능한 자주 해야 했다. 결국 뱅크스가 정원사에게 원했던 것은 헌신이었다. "2월에 열린 오이를 귀하게 다루는 것처럼 배에 실은 식물에는 끊임없는 정성을 기울여야 한다."[36]

가디언호는 끝내 호주의 새로운 식민지에 도달하지 못했다. 희망봉을 돌아 나간 후 빙산에 부딪쳐 결국 연안에 난파했기 때문이다. 사고가 났을 때 가장 먼저 떨어져 나간 것은 크고 육중한 식물 선실이었다.[37] 이런 실패에도 불구하고 뱅크스가 구상한 선실은 이후 제작되는 많은 선박에 계속 영향을 끼쳤다. 1800년 화물 보충선인 포르퍼스호에도 선미 갑판에 식물 선실이 마련되었다.[38] 1787년과 1806년 사이 뱅크스는 배 일곱 척의 선미 갑판에 식물 선실을 만드는 데 중요한 역할을 했다.[39] 하지만 배에 식물 선실을 따로 만드려면 비용이 많이 들었기 때문에, 처음 제작 후 10년이 지나면서 이런 선실은 차츰 자취를 감추었다. 1825년 뱅크스가 사망한 시점에는 선박으로 식물을 운반할 때 식물 상자와 운반 용기를 사용하는 것이 훨씬 보편화되었다.

다시 상자의 시대로

탐험과 무역을 통해 해상 운송이 증가하고 전 세계가 지속적으로 연결되어 가던 19세기 초에도 살아 있는 식물을 운반하는 일에는 여전히 큰 난관이 따랐다. 1819년 열정적인 식물학자이자 외과의사로 마카오 동인도회사에 주재하던 존 리빙스턴John Livingstone은 런던 원예 학회의 서신 회원이기도 했는데, 당시 중국에서 런던으로 살아 있는 식물을 운반하는 어려움에 관해 글을 썼다. 그는 항해 중 식물 천 개체당 오직 한 개체만이 살아남는다고 어림잡았다. 그의 계산이 맞는다고 할 때, 당시 광저우에서의 식물 구입 평균 단가(상자 포함)가 6실링 8펜스였으니 영국에 식물을 하나 들여오기 위해서는 3백 파운드 넘게 비용이 들었을 것이다. 리빙스턴은 식물 운반 성공을 위해 다양한 방안을 제안했다. 그중 한 가지는 살아 있는 식물을 운반할 때마다 정원사를 딸려 보내는 것이었다. 그러나 어떤 방법을 쓰든 "중국 자생 식물을 들여오기 위해서 영국 원예가와 식물학자를 만족시키는 보다 확실한 방법을 찾아내 시도하는 것이 중요하다"라고 결론지었다.[40]

존 린들리John Lindley는 19세기 식물학과 식물 운반에서 중요한 역할을 했던 인물이다. 그는 열정적인 에너지와 성취로 런던 원예 학회를 이끄는 회원이었고 장차 유니버시티 칼리지 런던University College London 최초의 식물학 교수가 될 인물이었다. 1824년 원예 학회에서 부위원장으로 겨우 2년을 지내고 난 후, 그는 바다 건너로 살아 있는 식물을 옮기는 일이 너무나 어렵다고 토로했다. "식물을 원래 토양에서 꺼내 새로운 흙에 심고 나무 상자에 넣어 담당자의 관리 아래 배에 실어 운반한다는 생각은 충분히 일리가 있어 보이지만, 사실은 그 무엇보다 가장 어리석은 발상으로 너무나도 형편없는 결과를 낳았다."[41]

19세기 초반, 사람들은 살아 있는 식물을 운반하기 위해 다양한 방법을 시도하는 중이었고, 린들리는 원예 학회의 치직Chiswick 정원에서 이런 식으로 운반된 상자를 많이 받아보았다. 1820년대, 중국에서 보낸 상자 하나가 무사히 도착했다. 마카오 주재 동인도회사 직원 존 리브스John Reeves가 보낸 상자였다. 리브스의 이동식 온실은 시기적으로 워디언 케이스보다 앞섰다. 당시 원예 주간지 〈가드너즈 크로니클Gardeners' Chronicle〉은 리브스의 상자를 이렇게 표현한다. "당시 유럽으로 출항하는 상선은 모두 갑판이 작은 이동식 온실로 꾸며져 있었다." 인도양의 섬에서도 흥미로운 상자가 왔다. 린들리는 원예 학회에 논문을 출간하면서 본인이 특별히 좋아하는 유리 상자의 설계도를 첨부했다. 유리 상자는 모리셔스의 총독 로버트 파르카르Robert Farquhar가 보낸 것으로, 길이 90센티미터, 폭 120센티미터에 두 개의 유리 덧문이 달린 경사진 뚜껑이 달려 있어 통풍이 가능했다. 또한 악천후에는 방수용 천을 드리워 상자를 보호할 수 있도록 설계되어 있었다. 린들리는 이런 식물 상자가 먼 나라에서 식물을 들여오기에 가장 적합하다고 주장했다(그림 2-3).[42]

린들리가 소개한 상자에는 중요한 발달의 국면이 드러났다. 워디언 케이스와 형태가 상당히 비슷했고 덧문이 있다는 점이 유일한 차이점이었다. 상자를 항상 닫아둘 수 있다는 것은 워드의 식물 상자가 보여준 일대 혁신이었다. 수년 후, 조지프 후커는 워드의 발명 전에도 비슷한 디자

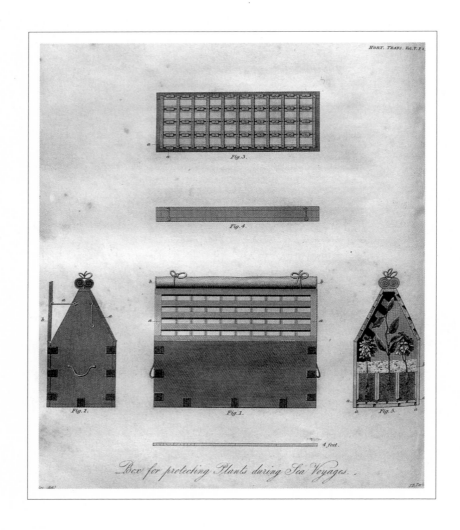

그림 2-3 로버트 파르카르 경이 1824년 모리셔스의 식물을 런던으로 운반하기 위해 사용한 상자의 도면. 존 린들리는 런던 왕립 원예 학회에서 이 상자를 홍보했다.

인을 가진 상자가 나왔지만 "이들은 워드의 상자처럼 쓰이기보다는 단순
히 햇빛과 빗물과 소금물을 막는 보호막으로 사용되었다"라고 밝혔다.[43]
이밖에 선구적인 식물학자이자 캘커타 주재 동인도회사의 외과 의사인
너새니얼 월리치Nathaniel Wallich는 또 다른 초기 형태의 식물 상자를 원예 학
회의 온실로 보냈는데, 이 상자는 태양 광선을 받아들이도록 지붕에 중국
굴 껍데기를 넣은 것이었다.

식물 운반의 난제를 풀다

살아 있는 식물을 먼 거리로 보내는 어려움은 여행의 역사만큼이나 오래
된 고민거리였다. 많은 어려움에도 17세기와 18세기에는 다양한 식물이
영국과 유럽 대륙으로 운반되었다. 자연계에 대한 호기심이 싹튼 것도 바
로 이 시기로, 박물학 및 생물 수집과 같은 취미 활동은 새롭고 유용한 식
물에 대한 수요를 이끌었다. 항해를 통해 사람과 물건이 훨씬 자유롭게
움직이던 18세기 후반에도 식물 운반은 여전히 난제였다. 따라서 전 세계
로 식물을 무사히 운반할 수 있는 식물 상자 발명에 많은 관심이 쏠렸다.
엘리스는 유용한 식물 운반을 위한 전용 상자를 설계하여 런던에서 전시
회를 개최했다. 뱅크스는 선박 전체(때로는 선미 갑판만)를 본인의 목적에
맞게 개조했다. 그의 원대한 미래 계획을 보면 유럽 제국이 세계적인 규
모로 추진하던 방대한 프로젝트에 식물이 얼마나 밀접하게 연관되어 있
는지 알 수 있다. 실제로 이는 신제국주의자들이 백 년 후 채택한 전략이

기도 했다. 이렇게 뱅크스는 식물을 운반하기 위해 선박을 개조하는 데 많은 돈을 쏟아부었지만, 당시 전 세계로 식물을 운반하는 데는 다양한 디자인의 식물 상자가 가장 보편적으로, 또 유용하게 쓰였다.

식물을 담는 용기의 초기 형태는 워드가 식물 운반을 위해 사용한 상자와 상당히 비슷했다. 실제로 18세기에 식물 운반과 관련하여 배포된 지침에는 선견지명이 담겨 있는 것이 많았다. 1660년과 1820년 사이의 식물 운반 역사를 쭉 정리해보면 식물 상자가 매우 오랜 기간 사용되었음을 알 수 있다. 즉 워드의 발명품은 완성되는 데 두 세기가 걸릴 정도로 긴 역사를 가지고 있었던 셈이다. 그 기간 동안 식물을 운반하며 입은 손실도 상당했다. 하지만 인간의 욕망은 식물 운반이 어렵다는 정도로 꺾이지 않았고, 오히려 외국 식물에 대한 수요는 늘어나기만 했다. 19세기 초까지도 이런 난제 극복을 위해 다양한 방법이 시도되고 있었으니 말이다. 1829년 워드가 선보인 발명품과 1834년 그가 시도한 실험은 식물이 장시간 밀폐된 용기에서 생존할 수 있음은 물론, 오히려 외부와 차단된 상태라 오랜 여정에서 더 좋은 상태를 유지할 수 있음을 보여주었다.

3

세계의 식물원

1830년대 로디지스는 워드가 발명한 식물 운반용 상자를 알리는 데 앞장
섰다. 그의 종묘원인 해크니 종묘원은 당대 유럽 최고의 종묘원이었다. 호
주에 식물 이식을 처음 성공하고 귀환한 이후 로디지스는 거의 5백여 개
의 유리 상자를 세계 각 지역에 보냈다. 로디지스의 명성은 어마어마해서
그의 인정을 받은 워드는 천군마마를 등에 업은 듯했고, 이로써 다른 사
람들도 상자 실험에 뛰어들게 되었다. 로디지스는 워드에게 다음과 같은
편지를 보낸다. "다시 말해, 식물 운반이 확실하게 성공하려면 이런 적당
히 축축한 상자에 '식물을' 넣어 항해 중 햇빛을 양껏 받을 수 있도록 하는
것이 가장 필요한 조건으로 보입니다."[1]

  19세기 내내 영국을 비롯한 세계 각지에서는 식물 거래가 성행 중이
었는데, 해크니 종묘원이 보유한 식물 컬렉션은 타의 주종을 불허했다. 한
평론가는 이렇게 평가를 내렸다. "사설 기관이 식물계의 재배 가능한 모
든 부문에 속하는 희귀종을 그렇게 많이 보유하기란 거의 불가능한 일이

다."[2] 로디지스의 경험은 많은 식물 애호가와 전문가를 끌어들였다.[3] 신앙심이 두터웠던 그는 종교적으로 가치 있다고 생각되는 시도에 맘껏 지원을 해주었다. 워드의 실험에서 보여준 것처럼 그는 과학자들에게 외국 식물을 아낌없이 제공해 인심이 후하기로도 유명했다. 젊은 식물학자와 시간을 함께하며, 이들에게 다른 나라로 식물을 운반하는 최적의 방법을 가르치기도 했다.

워드의 유리 상자는 호주-영국 왕복 항해에서 식물 운반이 처음 성공한 직후 채택되었다. 워디언 케이스가 식물을 운반하는 최적의 수단이 될 수 있도록 길을 닦아준 사람들은, 식물원의 관장이나 국가에서 후원하는 탐험가가 아닌 종묘상과 일반 시민들이었다. 이들은 민간 학회 회원, 외래 식물 유행을 선도하는 로디지스를 비롯한 종묘업 사업가들이었다.

1830년대, 로디지스가 워디언 케이스를 식물 운반 상자로 채택한 이후 세 가지 중요한 일이 성공가도를 향해 나아가고 있었다. 먼저, 데번셔^{Devonshire} 공작인 윌리엄 캐번디시^{William Cavendish}가 워디언 케이스를 이용해 더비셔^{Derbyshire}에 있는 본인의 새로 지은 온실로 식물을 운반했다. 두 번째, 당대 선도적인 식물학자로 손꼽히는 윌리엄 후커는 워디언 케이스를 이용해 브라질에서 스코틀랜드 글래스고로 식물을 운반했고, 이 과정에서 너새니얼 워드와 가까운 사이가 되었다. 마지막으로 영국 과학 발전 협회^{British Association for the Advancement of Science}는 1836년 리버풀 회의에 앞서 워디언 케이스를 실험하고 대중에 공개하는 데 대규모 투자를 단행했다. 그런데 바로 이 시기, 스콧 앨런 머카너키^{Scot Allan Maconochie}가 워디언 케이스를 놓고 워드의 권위에 도전장을 내민다.

대규모 채집 탐험

외국 자연물에 대한 당대의 열정에 사로잡힌 캐번디시는 본인의 수석 정원사 조지프 팩스턴^{Joseph Paxton}의 비전과 재능에 고무되어 거대한 온실 공사를 착수했다. 그는 독창적인 설계와 장대한 규모로 지어진 야자나무 온실을 만들고 싶었다. 관계자들은 미니어처 모델을 포함한 설계도를 해크니 종묘원의 조지 로디지스와 원예 학회의 존 린들리에게 차례로 가져가 조언을 구했다. 그리고 기대대로 될 거라는 확신에 찬 상태로 공사는 시작되었다.

캐번디시와 팩스턴은 웅장한 온실 규모에 맞게 그 안을 희귀한 식물로 채우고 싶었다. 이들은 인도 식물 채집을 위해 채츠워스^{Chatsworth}의 젊은 정원사 존 깁슨을 선택했다. 인도 여행에서 깁슨의 중요한 목적은 프라이드 오브 버마^{Pride of Burma}(암헤르스티아 노빌리스^{Amherstia nobilis}) 채집이었다. 이 식물은 새로 발견된 열대성 나무로, 선홍색 꽃송이가 크고 화려하게 늘어져 사람들이 즐겨 찾았다(물론 난초와 이외 다른 희귀한 관상용 식물도 채집 목록에 있었다).⁴ 프라이드 오브 버마는 1826년 마르타반만^{Martaban}(미얀마 남해안의 만—옮긴이) 외곽에서 약 43킬로미터 떨어진 버마(현 미얀마)의 한 수도원에서 너새니얼 월리치가 처음 발견했다. 당시 월리치는 인도 캘커타의 동인도 회사 식물원 관장을 맡고 있었고, 인도 식물 생태에 관해 권위자로 널리 알려졌던 터라 깁슨이 임무를 완수할 수 있도록 도움을 주었다.

깁슨이 런던에서 배가 출항하기를 기다리는 동안 월리치는 해크니 종묘원으로부터 배달된 식물을 받았다. 너무 감명을 받은 나머지 그는

〈가드너스 매거진^{Gardener's Magazine}〉에 편지를 쓰기까지 했다. 그러나 월리치
를 매료시킨 것은 식물이 아니라 식물이 운반된 수단, 즉 워디언 케이스
였다. 이 상자는 로디지스가 홍보차 보내고 있었던 상자 5백 개 중 하나였
다. 월리치는 편지에 다음과 같이 썼다. "귀하의 잡지에 대단하고 새로운
이 식물 운반 방식에 대해 언급해 주셨으면 합니다."[5] 그는 이후 워디언
케이스를 이용해 인도 아대륙의 식물을 유럽에 있는 그의 지인들에게 보
냈다. 첫 번째 상자가 간 곳은 프랑스였다.

출발 전, 깁슨은 런던에서 식물 전문가들과 시간을 보내며 인도 식물
에 관해 배웠다. 특별히 해크니 종묘원도 방문하여 로디지스가 사용한 유
리 상자에 관해 알아보았고 그에게서 상자 두 개를 얻기도 했다. 그는 인
도에서 만날 사람들에게 선물할 생각으로 이 상자에 귀중한 식물을 가득
채웠다. 1835년 9월 주피터호는 선미 갑판에 유리 상자 두 개와 상자에
포장하지 않은 식물 몇 개체를 싣고 캘커타를 향해 출발했다. 자신만만했
던 워드나 로디지스와 달리, 깁슨은 사실 유리 상자에 든 식물을 햇빛에
내놓는 게 걱정스러웠고, "그 유명한 밀폐 상자에 들어 있는 식물을 보기
가 싫었다"라고 고백했다.[6] 항해를 시작한 지 거의 5개월 만에 캘커타에
도착했을 때 유리 상자 속 식물은 잘 버텨주었지만, 상자에 넣지 않았던
식물은 모두 죽고 말았다.

캘커타에서 깁슨은 월리치를 만났고, 둘은 도착하자마자 벵골 총독에
게서 채집 탐사 비용을 지원해 주겠다는 약속을 받았다. 두 명의 지역 채
집가에게 줄 임금 32루피를 충당해 주겠다는 내용이었다. 또한, 지원책의
일환으로 캘커타 식물원은 깁슨이 채집 여행에서 수집한 식물을 받아주

기로 했다. 이때 월리치는 깁슨에게 채집 여행의 범위를 '배를 타고 북동쪽으로 아삼산의 카시 구릉^Khasi Hills까지 가는 것'으로 정해주었다.

1836년 7월 깁슨은 지역 가이드인 람 춘드 마울리^Ram Chund Maulee, 람나라인 바우^Ramnarain Baugh와 함께 출발해 배를 타고 브라마푸트라강^Brahmaputra River의 지류까지 올라갔다. 수르마강^Surma River의 차타크^Chhatak에 도착한 후에는 체라푼지^Cherrapunji의 작은 마을까지 한 달여를 걸어서 갔다. 인도 동북부 카시 구릉 지구의 동쪽에 위치한 체라푼지는 지구에서 가장 습한 곳으로 이름난 곳이다. 격하게 흐르는 강 위로 살아 있는 나무뿌리로 만든 다리가 놓여 있는 곳으로도 유명하다. 깁슨은 마을의 작은 방갈로를 전초 기지로 삼아 정글에서 채집 활동을 하고 아삼 산맥의 언덕과 지맥을 탐험했다. 팩스턴에게 보내는 편지에서 그는 이렇게 말한다. "채집한 식물의 종류와 화려함 면에서, 이제까지 대서양 너머에서 가져온 그 어떤 채집보다 이번이 가장 풍성하다고 장담할 수 있습니다."[7] 체라푼지는 식물을 채집하기 좋은 노다지 같은 곳이라, 난초 수백 종을 비롯해 아름다운 식물이 많이 분포되어 있었다.

현지인 마울리와 바우는 채집 활동에서 중요한 역할을 했다. 이들은 산 어귀까지 노를 저었을 뿐 아니라, 지역 주민과의 인맥을 통해 깁슨이 방대한 식물을 채집할 수 있도록 도왔다. 월리치는 당시 채집 여행의 경비를 대주던 벵골 정부 관료에게 다음과 같이 말했다. "이 식물원은 '마울리'와 '바우'라는 채집인 덕을 정말 많이 보았습니다. 마법을 부려 나올 것 같은 식물들이 이곳에 들어왔어요." 그러나 월리치는 채집의 성공이 오로지 토착민 채집인의 지식 덕분만은 아니라고 주장하면서, 당시의 제국주의 렌즈를 들이댔다. "그들이 성공할 수 있었던 것은 현지 채집인 두 명이 영국 정원사의 지시하에 활동한다는 특별한 상황 덕분이었습니다." 그렇다 해도 마울리와 바우의 지식과 노력은 채집 여행의 성공에 매우 중요한 역할을 했다.[8]

카시 구릉에는 채집할 식물이 넘쳐났던 터라, 깁슨은 이곳에 남아 있기로 하고 캘커타 정원에 있는 프라이드 오브 버마 한 그루를 채츠워스에 공급하기로 했다. 카시 구릉에서 깁슨은 채집한 식물을 강 아래 캘커타로 보냈고, 이곳에서 월리치가 식물을 받았다. 이후 식물은 유리 상자에 포장되어 채츠워스로 보내졌다. 깁슨이 다시 캘커타에 돌아온 시기는 1837년 2월, 깁슨의 성공에 그토록 중요한 역할을 했던 채집인 마울리와 바우는 체라푼지에서 돌아오자마자 내쳐졌고, 캘커타 식물원으로 영영 복귀하지 못했다. 이들은 채집 여행에 도움을 주는 대가로 받을 예정이었던 임금을 한 푼도 받지 못했지만, 그 자세한 내막은 전혀 알 길이 없다.

1837년 3월 4일, 깁슨은 제노비아호 "선미 갑판에 상자 12개(큰 상자 6개, 작은 상자 6개)"를 싣고 캘커타를 출발하여, 인도 산악 지역에서 입수한 어마어마한 양의 식물을 가지고 드디어 영국에 도착했다. 본국에 가까이 왔을 때 깁슨은 플리머스Plymouth 공작에게 편지를 썼다. "채집한 식물은 가장 아름다운 상태로 잘 보존되어 있습니다."[10] 깁슨이 캘커타를 출발하기 전, 월리치는 이미 깁슨이 채집한 식물을 유리 상자 30개에 가득 채워 채츠워스로 보냈다. 그때까지 보내진 유리 상자는 총 40개 이상으로, 당시로는 막대한 수송량이었다. 상자 안에는 프라이드 오브 버마를 비롯해 적어도 50종의 신종 난초, 비그노니아Bignonia(능소화와 비슷한 중남미 원산의 덩굴 식물—옮긴이), 봉선화, 멜라스토마melastoma, 서양철쭉 등의 관상용 식물이 있었다. 깁슨은 채츠워스로 돌아온 이후 외래 식물을 관리하는 자리로 승격되었다. 인도 여행은 깁슨의 경력에서 최고봉을 찍었고, 워디언 케이스의 초기 역사에서도 중요한 부분을 차지했다.

워드의 상자 덕분에 식물에 열망이 있던 많은 사람들은 외국 땅으로 대규모 채집 탐험을 아무 걱정 없이 나설 수 있었다. 해외 채집 활동이 추진되면서 종묘상, 부유한 귀족, 영국 및 벵골 정부, 상선, 그리고 심지어 아삼의 지역 채집가까지 이르는 일련의 이익 집단이 모여들었다. 이들 모두는 새로운 식물의 탐사와 운반에 관여했다.

깁슨의 성공에 이어 해크니 종묘원이 식물을 운반하는 데 성공한 이후, 사람들은 식물 운반에 워디언 케이스를 이용하기 시작했다. 유리 상자의 성공을 확인한 월리치는 유럽 대륙의 주요 과학 센터에 있는 동료들에게 상자를 보내기 시작했다. 이와 마찬가지로 런던 원예 학회의 린들리는 깁슨 채집 여행의 성공을 두 눈으로 목격하고 밀폐 시스템을 완전히 받아들이게 되었다. 1836년 원예 학회에서 카를 테오도르 하르트베크Karl Theodor Hartweg를 캘리포니아와 멕시코로 파견했을 때, 그는 워드의 설계대로 만든 유리 상자를 가져갔다. 워디언 케이스는 캘커타 식물원의 중요한 운반 도구가 되어, 1836년에서 1840년 사이 캘커타 식물원에서 보낸 식물의 3분의 2는 워디언 케이스 스타일의 유리 상자 안에 담겨 운송되었다. 워디언 케이스는 어느새 살아 있는 식물을 운반하는 가장 일반적인 수단이 되어 가고 있었다.

식물학자와 식물 애호가의 우정

윌리엄 후커는 19세기를 이끈 당대 최고의 영국 식물학자로 손꼽히는 사람이다. 그는 조지프 뱅크스 등 19세기 초반 내로라하는 많은 과학자와 친분이 있었다. 1810년대 그는 양조장 투자 실패로 경제적 어려움을 겪으면서 본인의 식물 지식을 이용하여 수입을 조달할 방도를 모색하고 있었다. 당시 (정원사가 아닌) 식물을 전문으로 하는 직업은 구하기도 어려웠지만 많은 상류 계층들이 무시하는 직업이기도 했다. 그러나 1820년, 후커는 뱅크스의 추천으로 글래스고 대학의 식물학 교수로 임용된다. 그는 쉴 새 없이 일하면서도 영국 남부 및 전 세계의 지인들과 서신을 통해 끈끈한 인맥을 유지하며, 정부와 인도 관리 부서, 식민지에서 연줄을 쌓아갔다. 또 본인의 식물 컬렉션을 늘리고 연구 결과를 발표하기 위해 전 세계에서 식물을 입수했다.

전대의 많은 사람들과 마찬가지로 후커는 식물 운반 문제에 관심을 돌렸고, 심지어 이 주제에 관해 많은 팸플릿을 발간하기도 했다.[11] 후커는 식물 채집가이자 식물학자인 윌리엄 헨리 하비William Henry Harvey에게서 워드의 발명품 소식을 처음 접했다. 하비는 식물의 보고를 찾아 쉴 새 없이 몇 번이고 식민지로 떠난 사람이었다. 하비는 희망봉으로 여행을 떠나기 전, 웰클로스 스퀘어에서 워드와 저녁 식사를 한 적이 있었다. 1834년 12월 11일, 이 둘은 저녁을 들면서 서로 관심이 많던 양치류와 이끼 얘기를 했고, 하비는 이때 밀폐 유리 용기 안에서 식물을 키우는 워드의 실험 얘기를 듣게 되었다. 워드의 상자에 상당히 감명 받은 하비는 다음 날 후커에게 편지를 써 '웰클로스 스퀘어에 사는 사람 좋고 쾌활한 의사' 얘기를 하면서 그가 대기 오염이 심한 런던에서 양치류를 키우고 있다고 전했다.[12]

수개월 후, 남아프리카의 케이프 식민지Cape Colony에서 하비는 희귀한 이끼 하나를 채집했다. 해당 속에서 오직 한 종만 존재하는 이끼였다. 하비는 이를 후커에게 보내 작명을 부탁한다. 후커는 이끼 이름을 워디아 히그로메트리카Wardia hygrometrica라 짓고 이렇게 설명을 덧붙였다. "이끼의 발견자 '하비'와 뜻을 같이 하여 모든 식물학 부문의 열렬한 후원자인 너새니얼 워드에게 영광을 돌린다." 후커는 계속해서 워드의 중요한 공헌을 덧붙였다. "'워드', 그는 긴 항해 동안 살아 있는 식물을 보존하고, 대도시 한가운데에서 식물을 잘 키워낼 수 있는 밀폐 상자 방식을 고안하여 고뇌에 차 있던 탐구자들에게 새로운 지평을 활짝 열어주었다."[13] 19세기에는 자연물에 대한 작명이 이런 식으로 이루어졌다. 누가 인정받고 기억되느냐에 연줄과 인맥이 크게 작용했다.

워드와 후커는 처음에 워디언 케이스를 사용하는 방법에 관해 서신을 주고받았다. 그들이 처음으로 주고받았던 1836년 1월 13일자의 편지는 워드가 본인의 밀폐 상자 시스템에 관해 밝힌 첫 기록이다. 이 편지는 〈식물의 동반자Companion to the Botanical Magazine〉에도 수록되었고, 후커의 넓은 인맥 덕분에 많은 사람들이 이 편지를 접하게 되었다.[14] 워디언 케이스에 관한 정보가 식물학계에 퍼지자 워드는 이를 널리 홍보하는 사람들과 점점 접촉하게 된다.

1836년 워드와 후커의 우정은 활짝 꽃을 피웠다. 서신을 주고받기 시작한 직후, 후커는 워드에게 브라질에서 식물을 보낼 때 유리 상자를 어

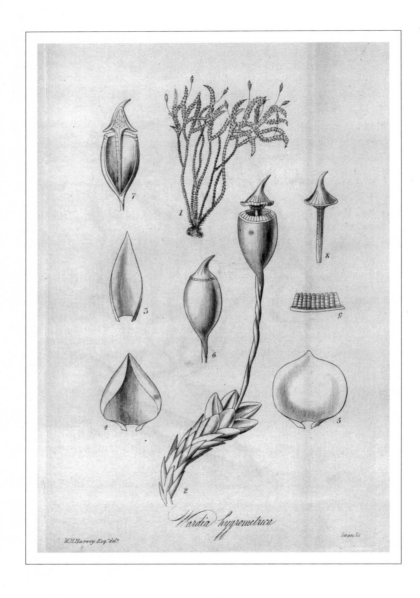

그림 3-1 워디아 히그로메트리카(1836). 워드의 친구인 하비가 남아프리카에서 발견했고, 후커가 워드에게 경의를 표하기 위해 이름을 지었다. 이 이끼의 발견과 작명, 그 이후 이끼에 관한 서신을 주고받으며 워드와 후커는 친구가 되었다.

떻게 이용하면 가장 좋을지 문의했다. 당시 후커의 젊은 제자인 조지 가드너[George Gardener]가 식물 채집을 위한 탐사대에 편성되어 곧 브라질로 여행을 떠날 예정이었다. 워드는 자신에 찬 어조로 후커에게 답장했다.

"항해 기간이 8개월에서 10개월을 넘기지 않는다고 할 때, 워디언 케이스가 있으면 세계 어디든 식물 백 개체 중 95개체는 싱싱한 상태로 도착할 수 있다고 장담합니다."[15] 워드와 후커는 출항할 때부터 가드너 편에 유리 상자를 딸려 보내는 대신, 리우데자네이루에서 상자를 제작할 수 있도록 작은 정방형 유리만 보내는 게 낫겠다고 판단했다. 워드는 후커의 편지에 솔직하고, 전문적으로 응답하면서 자기의 경험을 녹여냈다. "분명히 말씀드리는데 제 방식의 성공은 자라나는 식물의 모든 부위에 빛이 정확한 양으로 들어오느냐, 또 식물을 심은 토양의 습도가 제대로 조절되느냐에 달려 있습니다."[16] 19세기 식물 채집 여행이 흔히 그렇듯, 가드너의 채집 여행은 여러 단체의 연합 형태로 조직되었다. 후커가 주로 여행을 준비했지만, 이외에도 베드퍼드[Bedford] 공작 같은 수많은 사람이 여행에 관여했다. 여행 후원자들은 경비를 댔고 그 대가로 가드너가 돌아올 때 채집해 온 식물을 나눠 가졌다.

브라질 탐험, 절반의 성공

가드너에게 브라질은 식물을 채집하기 좋은 비옥한 땅이었다. 첫 탐험지는 리우데자네이루 인근에 위치한 세하 두스 오르강스[Serra dos Órgãos] 산맥이었다(그림 3-2). 이후 4년에 걸쳐 탐색지를 확대해서 페르남부쿠^{Pernambuco}, 상프란시스쿠강^{São Francisco}, 아라카치^{Aracati}, 세아라^{Ceará}, 피아우이^{Piauí} 등의 인근 지역을 포함한, 거대한 브라질 국토를 탐험했다. 그는 총 4,830여 킬로미터를 말 열여섯 마리와 사람 네 명, 개 한 마리, 원숭이 한 마리, 앵무새 여러 마리와 함께 답사하는 오랜 여정을 소화했다.[17]

여행 도중에 그는 약리학적으로, 경제적으로 유용한 식물을 대단위로 한데 모아 정리했다. 어떤 식물은 천연두 치료에 쓰였고, 쥐방울덩굴^{Aristo-lochia} 같은 식물은 뱀에 물린 상처에, 크로톤^{Croton} 같은 식물은 성병 관련 증상을 치료하는 데 쓰였다.[18] 가드너는 열대우림과 건조 지대 모두 예리하고 실용적인 관점으로 관찰했다.

1840년 후반, 가드너는 리우데자네이루에 다시 돌아왔다. 그는 이곳에 몇 개월만 머물면서 "워드의 도면에 따라" 만들어진 네 개의 대형 워디언 케이스 제작을 지켜보았다. 그는 이 상자를 당시 리우데자네이루 식물원의 관장으로 있었던, 그의 친구인 독일 식물학자 루트비히 리델^{Ludwig Riedel}에게 맡겼다. 리델은 식물원 관장으로 재직하기 전 브라질 전역에서 채집 활동을 한 사람으로, 1830년대 초 동료 베른하르트 루슈나트^{Bernhard Lushnat}와 함께 상트페테르부르크 식물원에 소장할 식물을 채집했다. 그들은 식물을 한 번 선적할 때, "희귀하고 아름다운" 살아 있는 식물을 거의 천 개체나 실어 러시아 식물학 센터에 보냈다. 당시 이들은 루슈나트가 발명한 혁신적 방식을 적용하여, 식물에서 모든 잎과 잔여물을 다 떼어낸 다음 점토를 깐 양철 상자 안에 식물을 수직으로 눕혀 보냈다. 이 방식은 번거롭기는 했지만 성공적이었다. 덕분에 혁명 이전 러시아 상트페테르

그림 3-2 브라질 세하 두스 오르강스 산맥의 풍경. 조지 가드너는 이곳에서 식물을 채집해 워디언 케이스 여섯 개에 담아 스코틀랜드 글래스고로 돌아갔다.

부르크 식물원에 최초의 열대식물 컬렉션이 들어왔다.[19]

가드너는 1841년 3월과 4월, 빽빽한 숲 속과 고산 지대에서 식물을 채집하며 보냈다. 채집한 식물 중 진홍색과 흰색의 꽃이 피는 한 관목이 "특히 아름답다"고 여긴 그는 이 식물에 후커의 이름을 붙이고 싶어 했다(이후 이 관목은 프레푸사 후커리아나*Prepusa hookeriana*로 불림). 세하 두스 오르강스 산맥에서 채집 활동을 끝마친 후, 가드너는 그동안 채집한 식물을 챙겨서 리우데자네이루로 돌아가기로 했다. 채집한 식물이 워낙 많아 도중에 워디언 케이스를 두 개 더 제작해야 했다. 드디어 1841년 5월 5일, 가드너는 노예선인 집시호의 갑판에 워디언 케이스 여섯 개를 실었다.[20]

집시호에서 워디언 케이스는 갑판에 놓여 햇빛을 즐겼지만, 성인 남녀와 어린아이들은 갑판 아래 쇠사슬에 묶여 있었다. 출항한 지 15일 만에 배는 브라질 북동부에 위치한 마라냥*Maranhão*주에 도착했다. 식물은 갑판 위에서 특권을 누렸지만, 일부는 상태가 좋지 않았다. 이곳에서 노예를 면화로 교환하기 위해 배가 3주간 해안에 정박해 있었다.[21]

가드너는 여섯 개의 대형 워디언 케이스를 가지고 리버풀에 도착했는데, 겨우 32일간의 여정이었지만 상자 속 많은 식물이 죽고 말았다. 리버풀은 "지독하게 추웠다." 가드너는 후커에게 편지를 써서 상자 속 식물이 "예상했던 대로 상태가 그다지 좋지 않다. 150종 중 살아남은 식물은 50종이 안 된다. (…) 좋은 식물이 많이 죽었지만 여전히 살아남은 것들도 많아 머레이 씨(당시 글래스고의 정원사)가 흡족해 할 거다"라고 전했다. 후커의 이름을 딴 그 아름다웠던 프레푸사 역시 상태가 좋지 않았지만, 가드너는 글래스고까지 프레푸사가 무사히 살아 있기를 기도했다.[22]

가드너의 여행은 절반의 성공이었다. 그는 5년 동안 거의 3천 종의 식물로 이루어진 식물 표본을 6만 장 가까이 만들어, 이를 후원자들에게 넘기거나 팔았다. 식물 표본은 괜찮은 상태로 도착했지만, 살아 있는 식물은 상당히 많이 죽어 글래스고 식물원에는 가슴 아픈 상처로 남았다. 실패의 원인은 출항 전 너무 서둘러 식물을 채집한 가드너의 성급함과 마라냥의 덥고 습한 날씨였다.[23] 워드의 상자에는 많은 찬사가 잇따랐지만, 가드너의 경우에서 알 수 있듯이 숱한 성공 뒤에는 실패도 따르기 마련이다.[24]

가드너가 브라질에서 채집 활동을 하던 1836년에서 1841년까지 5년의 기간은 워디언 케이스의 일대기에서 긴 시간이었다. 추가적인 실험과 워드를 지지하는 발표가 있었던 시기였을 뿐 아니라, 워드의 과학적인 권위에도 점점 많은 도전장이 제기되던 시기였다.

세상에 상자를 소개하다

워드는 출판 활동을 활발히 하는 사람은 아니었지만, 인맥이 넓어서 그 연줄을 이용해 본인의 발명품을 홍보했다. 1836년, 그는 당시 새로 조직된 영국 과학 협회 위원장, 제임스 예이츠 목사Reverend James Yates에게 편지를 보내 유리 상자에 관해 얘기를 꺼낸다. 이후 과학 협회 회원들이 토론을 거쳐 워드의 도면대로 유리 상자를 제작할 수 있도록 25파운드를 책정했다. 그리하여 1837년 영국 과학 협회의 리버풀 회의에 참석할 회원에게 유리 상자를 선보이기로 했다.

이런 결정은 워드에게는 상당한 영광이었다. 해당 협회는 1831년 과학 연구에 체계적인 지침을 제공하고 그 과학 발전에 대해 정부에 알려 정책 변화를 꾀하려는 목적으로 조직되었다. 예이츠 목사는 영국 과학 협회의 동료 조직원들에게 편지를 써서 워디언 케이스가 전시될 가능성에 대해 알렸다. "워디언 케이스는 참신하고 흥미롭고 사람들의 이목을 집중시킬 아름다운 물건이며, 동시에 이 도구를 통해 외국에서 수월하게 식물을 가져올 수 있다는 점에서 식물학계에 득이 될 겁니다." 리버풀 회의의 사전 단계로, 예이츠와 옥스퍼드 식물학자 찰스 도베니Charles Daubeny, 케임브리지 대학교 교수 존 헨슬로John Henslow, 더블린 대학 박물관의 발명가인 로버트 볼Robert Ball로 이루어진 위원회가 조직되어 워디언 케이스 프로젝트를 감독했다. 워드와 후커는 자문 역할을 맡았다.[25]

1837년 9월, 협회 회의 내용에 맞춰 예이츠는 워드가 전달한 설계도에 따라 2.7미터×5.5미터 크기의 유리 식물 상자를 제작했다. 마운트가Mount Street의 기술 교육원Mechanics' Institute 안마당에 전시된 워디언 케이스는 리버풀 식물원에서 가져온 80종의 식물로 가득 채워져, 영국 전역과 유럽 대륙에서 모인 과학자들에게 과학 실험의 진수를 보여줄 참이었다. 예이츠는 만족할 만한 결과가 나오리라 예상했다. 그는 이미 행사 전, 런던에서 유리 상자 안에 식물을 넣고 키워 보았던 터였다. 첫 번째 회의 이후 과학 협회의 인기는 날로 높아지고 있었다. 리버풀 회의 첫날에는 5천 명의 방문객이 몰려들었고, 월요일 저녁에 진행된 개막 강연에는 거의 3천 명이 참석했다. 회의를 통해 워드의 유리 상자는 수천 명의 사람들에게 공개되었고, 모두들 최신 과학 발견에 흥미를 보였다.

협회는 워디언 케이스와 관련된 다양한 과학 실험에 대해서도 보고
했다. 워드는 한 연설에서 본인의 발견과 실험에 대해 자세히 얘기했다.
그는 이 행사를 이용하여 상자 밀폐 시스템에 대해 커져가던 오해를 확실
히 풀어주었다. "어떤 경우에도 저는 공기가 통하지 않게 상자를 밀폐하
려고 시도해본 적이 없습니다. 제가 보기에 그건 거의 불가능합니다. 만약
상자가 그렇게까지 밀폐된다면, 팽창과 수축이 교대로 일어나면서 생기
는 지속적인 공기의 변화가 일어나지 못하죠. 제 생각에 워디언 케이스의
성공은 바로 이 공기의 변화에 달려있는데 말입니다."[26]

이 행사는 무엇보다 입소문을 타서 유명해진 워디언 케이스를 실제
로 많은 이들에게 내보인 프레젠테이션이었고, 영국을 이끄는 과학자, 귀
족, 정치인 등에게 상자를 선보여 그 존재감과 함께 가능성을 입증해 보
인 공개 행사였다.

밀폐 상자에 대한 워드의 이론이 순조롭게 받아들여지면서, 상자는
기술적인 이해를 향해 순항을 할 것으로 보였다. 그러나 상자를 사용하기
원하는 사람이 늘면서 많은 이들이 워드를 직접 만나보고 싶어 했다. 자
신만의 상자를 만들기 위해 워드에게 맞춤식 조언을 듣고 싶어 하거나,
심지어 워드가 상자에 넣어 기르는 색다른 식물을 구경하려고 그를 찾아
오는 사람들도 있었다. 그중 에든버러 왕립 칼레도니아 원예 학회 정원
Royal Caledonian Horticultural Society Garden 책임자인 제임스 맥냅James McNab이라는 이도
있었다. 그는 원예에 열정이 넘치는 사람으로, 상자 설계를 완성하기 위해
워드를 수도 없이 찾아갔고 그 덕에 스코틀랜드 정원사와 식물학자들에
게 새로운 상자를 공개할 수 있었다.

1839년 6월 13일, 에든버러 식물 학회 회의에서 워드가 제시한 기본 설계에 따라 만들어진 유리 상자가 선을 보였다. 이 상자는 맥냅이 식물 학자 대니얼 엘리스Daniel Ellis를 위해 제작한 것으로, 엘리스는 이를 가지고 유리 상자 안에서 식물을 기르는 주제에 대해 긴 강연을 했다. 에든버러에서 진행된 식물 상자 설명회에서 무엇보다 돋보였던 부분은 상자의 자세한 설계 구조였고, 이는 모두 맥냅이 워드와 가깝게 접촉하면서 얻어낸 것이었다. 토양을 담는 상자의 옆면은 잘 말린 산토도밍고 마호가니 목재로 만들었고, 바닥은 2.5센티미터 두께의 온두라스 마호가니 목재로 만들었다. 강도를 높이기 위해 상자 너비에 맞게 두 개의 가로장을 덧대었고, 바닥에는 작은 구멍을 많이 뚫어 배수가 잘 되도록 했다. 또 상자의 윗면에는 홈을 쭉 파서 지붕에 유리를 끼울 수 있도록 만들었다. 맥냅은 우선 상자 바닥에 5센티미터 두께로 깨진 화분 조각과 자갈돌을 깔았고, 그 위에 섬유질이 풍부하고 비옥한 양질토를 2.5센티미터 두께로 깐 다음, 나머지는 흙으로 채운 후 15리터의 물을 주고 하루 동안 물이 빠지기를 기다렸다. 그런 다음 그 안에 산사나무mayflowers, 벌레잡이풀pitcher plants, 서양철쭉 등 유럽 및 북미, 아시아, 아프리카, 남미 식물을 수많이 심었다.[27]

식물 상자 설명회 이후, 에든버러 식물 학회는 워드의 "열정과 끈기"에 대해 감사를 표했다. 학회는 드디어 열정적인 식물 애호가들이 "전 세계 각 지역의 다양하고 키우기 아주 까다로운 식물을 자국 토양에 이식할 수단을 확보했다"고 결론내렸다. 이렇듯 매번 워드의 발명품은 과학계로부터 전폭적인 찬사를 받았다.

'워디언 케이스', 이름의 탄생

엘리스의 논문 발표에 이어 워드와 많은 시간을 함께 한 맥냅이 몸소 자리에서 일어나 학회 앞으로 온 편지 한 통을 읽어주었다. 이는 사실 좀 놀라운 일이었다. 편지에 쓰인 글이 밀폐형 유리 상자 시스템에 대한 워드의 권위에 도전장을 내미는 내용이었기 때문이다. 앨런 머카너키[Allan Maconochie]는 에든버러 식물 학회에 보내는 편지에서 본인은 적어도 지난 14년간 유리 상자로 "창가 원예[window gardening]"를 실험하면서 많은 성공을 거두었다고 밝혔다. 그는 드 소쉬르의 실험과 홈볼트[Alexander von Humboldt]가 바다 깊은 곳에서 발견한 식물에 관한 이야기를 듣고 영감을 받아 식물 실험을 하게 되었다고 말했다. 그는 먼저 대형 유리 용기 안에 외래산 양치류를 많이 넣고 용기를 닫아 보았다. 이 실험이 성공한 후에는 목수에게 의뢰하여 "모형 온실"을 제작했다. 그는 본인의 친구 모두가 이런 식물 재배 방식을 직접 목격했다고 덧붙였다. 머카너키는 "워드에게서 상자 발명이나 이를 일반 대중에게 알린 공로를 빼앗을 생각은 전혀 없다"라고 적었다. 머카너키는 상자에 대한 권리는 워드에게 있다고 인정할 만큼 도량이 넓지만, 기록으로나마 본인이 워드 훨씬 이전에 그런 유리 상자 시스템을 이미 사용했음을 남기고 싶어 하는 것으로 보였다.[28]

이때는 너새니얼 워드에게 힘든 시기였다. 비록 그의 발명품이 전폭적인 지지를 받았지만, 그는 박물학자로서는 그저 아마추어였다는 것을 기억해야 한다. 그는 활동 내내 웰클로스 스퀘어의 병원에서 바쁘게 진료에 매진했다. 머카너키의 편지가 학회에서 발표된 지 수개월이 흘렀지만 워드가 이에 대한 소식을 접하기 전 1839년 10월 15일, 윌리엄 와츠라는 생후 3개월 된 아기가 예방 접종을 위해 워드의 진료실로 온다. 며칠 후 아기의 어머니는 아기가 걱정되었다. 아기 팔에 염증이 생겨 가슴이 부어올랐을 뿐 아니라 염증이 다른 쪽 팔로 번져가고 있었기 때문이다. 주사 접종에 문제가 있었다고 믿은 어머니는 아기를 워드에게 다시 데려갔다. 11월 3일 일요일, 어린 윌리엄은 고통 속에서 사망했다. 아기 어머니는 아기의 사망이 워드의 의료 과실 때문이라 믿었고 그 다음 주, 워드는 법정에 서게 되었다. 사실 워드는 20년간 정부 공인 백신 접종 의사로 일했으며, 그동안 약 2만 4천 명의 아이에게 백신을 접종했고 이번이 네 번째 사망 사고였다. 워드는 법정에서 "적절한 조치를 따로 하지 않았는데도 정말 많은 아이들이 그동안 백신 주사를 맞고 사망하지 않았다는 사실이 솔직히 꽤 놀랍다"고 말했다. 법원은 아기의 사망을 '자연사'로 규정하며, 백신 접종 후 박테리아에 감염되었을 가능성이 가장 크다고 판결했다. 워드는 다시 진료에 복귀하여 남은 시간을 원예 활동에 쏟았다. 그러나 어린 윌리엄의 사망 직후, 워드 본인이 엄지손가락에 난 상처로 인해 균에 감염되었고 이를 회복하는 데 3개월의 시간이 걸렸다.[29]

당시 워드의 힘겨운 상황을 감안해볼 때, 1840년 초반, 여러 사람의 입에서 입으로 전해진 머카너키의 편지 소식은 그에게 가히 충격적이었을 듯하다. 머카너키는 워드가 유리 상자를 널리 알렸다는 점을 인정했지만, 평소라면 넓은 이해심을 보였을 워드는 머카너키의 편지가 에든버러 식물 학회 회의 보고서에 실렸다는 사실을 상당히 불쾌해했다. 워드는 영국의 식물학자들이 머카너키의 주장을 받아들여, 노골적이진 않더라도 그들 나름의 방식(편지를 학회 보고서에 싣는 것)으로 사람들에게 알리는 거라고 해석했다. 워드가 최악으로 꼽은 점이 바로 이 부분이었다.

후커에게 편지를 쓰면서 워드는 머카너키의 편지가 "이제껏 들은 가장 뻔뻔한 거짓말"이라고 분노하며 "머카너키 본인도 아마 그리 생각할 것"이라고 말했다. 그는 머카너키가 자신보다 더 오랜 기간 동안 상자를 실험했을 수 있다는 사실은 받아들였지만, 그가 처음 상자를 발명했다는 주장은 받아들이지 않았다. 그는 이를 증명하기 위해, 시드니 항해부터 영국 과학 협회 회의에서의 공개 전시까지 본인이 그동안 진행한 많은 실험을 열거해나갔다. 또한 자신의 집에서 수많은 사람들에게 상자를 보여주었지만, 그 누구도 에든버러의 상자 이야기를 언급한 사람이 없었다고 지적했다. 워드는 "상자 공개로 세상이 꽤 떠들썩했으므로 머카너키가 상자에 대한 우선권을 주장할 기회가 충분히 있었지만, 그동안 그는 한 번도 나서지 않았다"고 말을 이어갔다. 편지 말미에 왔을 때 워드의 어조는 방어에서 절망으로 바뀌어, "나는 이제까지 그 누구로부터 아주 조금치의 보상도 받은 적이 없고 받으리라 기대한 적도 없다"라고 적었다. 마지막으로 워드는 자신에게 유일한 보상은 끊임없이 방문객을 맞이하거나 상자에 관한 질문에 답변해주는 거라고 고백했다.[30]

모욕당하고 배신당한 기분을 느낀 워드는 머카너키와의 분쟁에서 오히려 힘을 얻어 본인의 발명품에 대한 소유권을 주장했다. 궁극적으로 그는 후커를 비롯한 친구들에게서 용기를 얻었다. 워드의 주장대로 그의 과학계 지인 다수가 상자의 발명을 워드의 공으로 돌렸다. 머카너키는 유리로 만든 식물 상자의 역사에서 이제 거의 잊힌 사람이다. 그는 에든버러 식물 학회에 간략한 편지를 보낸 이후, 추가로 유리 상자 속 원예에 관해 오직 단 한 건의 글만 발표했다. 머카너키 사건으로 미루어 보아, 워드는 평상시 도량이 넓고 과학 관련 일을 결정하고 논의할 때는 겸손한 자세를 취했지만, 유리 상자 문제에 관해서는 자신이 상자와 밀접하게 관련된 인물로 사람들에게 기억되기를 원했다는 걸 알 수 있다.

이 사건 이후로 워드는 10년 넘게 미뤄왔던 그의 유일한 저서《밀폐된 유리 상자 안에서의 식물의 성장*On the Growth of Plants in Closely Glazed Cases*》(1842)를 완성하겠다고 결심한다. 또한 그는 넓은 인맥을 활용하여 본인의 유리 상자를 홍보하기로 작정하고 후커에게 편지를 썼다. "많이 번거롭지 않으시다면, 편지를 주고받는 외국 지인의 연락처를 저에게 알려주시지 않겠습니까. (…) 제 실험에 흥미를 가질 만한 분들이라면 좋겠습니다. 그분들에게 보잘것없는 제 책을 보내드리고 싶어서요."[31]

워드가 세상에 내놓은 아이디어는 확실히 독창적이었다. 비록 머카너키 일로 소란을 겪긴 했지만, 다른 장소에서 여러 사람이 동시에 같은 발명을 고안하는 일은 종종 발생하는 법이다. 따라서 워드는 상자의 발명가로 인정받을 만하다. 그는 상자에 관한 아이디어를 내놓았을 뿐 아니라 실험과 저작 활동, 상자 홍보를 통해 궁극적으로 식물을 다루는 핵심적 기술로서 워디언 케이스의 위치를 확고히 다졌다. 또 많은 외국 지인들에게 본인의 저서를 보내어(수많은 홍보 방법 중 단 한 가지였다), 살아 있는 식물을 운반하는 유리 상자의 발명가로 영원히 기억되도록 쐐기를 박았다. 특히 런던 과학계에서 상자에 워드의 이름이 반드시 따라붙게 된 것은 머카너키 사건 이후이며, 상자의 이름도 '밀폐된 유리 상자'에서 '워드의 유리 상자', 이후 간단히 '워디언 케이스'까지 수차례 변화를 거쳐 바뀌었다.[32] "워디언 케이스"라는 이름이 일반적으로 통용되기 시작한 것은 바로 이 시기, 1839년에서 1842년 사이의 기간이었다.

큐 식물원을 되살리다

워드의 친구 후커는 유리 상자에 관해서 누구보다 중요한 인물이었다. 워드와 후커는 가드너의 탐사에 관해 서신을 주고받으며 우정을 싹틔웠다. 글래스고에서 후커는 식물학 교수이면서 식물원을 총괄하는 관장으로 근무했고, 동시에 인기 과학책을 저술하고 많은 잡지를 편집했으며 광범위한 식물 채집가와의 인맥을 통해 세계 각지에서 식물을 조달했다. 후커는 큐 식물원의 관장으로 가장 널리 기억되고 있지만, 그가 큐 식물원 관장을 맡기 전 영국 북부에서 20년에 걸쳐 인맥을 만들며 성공적으로 '식물 제국'을 관리했다는 사실은 종종 망각되곤 한다.

1838년 큐 식물원은 황폐화된 상태였다. 조지프 뱅크스 사망 이후 수십 년간 방치되어 있던 터라, 약 2만 2천 평의 정원과 여기에 인접한 25만 평 정도의 사냥 금지 구역은 걱정거리로 전락했고 재개발이 시급한 상태였다. 큐 식물원의 가치를 평가하고 미래를 다시 정립하기 위해 여러 인물이 파견되었다. 바로 존 린들리와 조지프 팩스턴, 그리고 서리Surrey(영국 그레이터 런던Greater London 근처에 있는 주―옮긴이) 백작의 정원사 존 윌슨이었다. 1838년 2월, 큐 식물원을 돌던 이들은 이곳에서 단지 종자를 거두고 식물을 가꾸는 일밖에 이루어지지 않았음을 알게 된다. 명실상부 영국 최대의 식물원이었지만 이곳에서 과학 연구나 강연, 식민지 파견인과의 소통은 이루어지지 않았고, 식물원에 들어온 많은 식물의 작명에 관여하는 정도였다.[33]

비록 1841년 이전의 기록은 얼마 남아 있지 않지만, 린들리가 큐 식물원에 관해 쓴 보고서의 내용으로 미루어보면, 19세기 첫 30년간 큐 식물원에서 몇 차례 해외 식물 반출이 이루어졌다. 1806년부터 1838년까지 총 483개체의 식물이 반출되었고, 그중 겨우 28개체만이 식민지에 무사히 보내졌다. 이외에 식물보다 크기가 작은 종자는 171개가 외국의 식물 수집가에게 보내졌다. 하지만 1830년부터 1838년 사이의 기간에 큐 식물원은 식민지에 살아 있는 식물을 고작 두 상자 보내는 데 그쳤다. 당시 해고될 위기에 있었던 식물원의 수석 정원사인 윌리엄 아이튼[William Aiton]은 "식물 수출에 필요한 상자 제작 비용을 식물원이 감당할 수 없다"라고 주장했다.[34]

1793년 아버지가 돌아가신 뒤 큐 식물원의 수석 정원사가 된 아이튼은 본인이 위원회로부터 혹독한 질타를 받고 있음을 온몸으로 느꼈다. 그가 식민지와 소통하고 식물을 교환하는 일을 게을리했다는 점이 그 시기에 특히 문제가 되었다는 것을 감안하면, 위원회가 식물원 감사에 들어간 지 겨우 몇 개월 지난 1838년 5월 1일에 첫 워디언 케이스가 큐 식물원에서 반출된 사실이 결코 우연히 이루어진 일이 아님을 알 수 있다. 워드가 발명한 방식에 따라 네 개의 유리 상자가 웨스턴오스트레일리아주의 '새로운 식민지'로 보내졌다. 상자 안에는 체리, 구스베리, 모과나무, 발삼전

나무, 연필향나무^{red cedar}, 물푸레나무, 참나무까지 온갖 식물이 84개체나 들어 있었다.[35]

웨스턴오스트레일리아로 귀중한 유럽 식물을 뒤늦게 보내기는 했지만 아이튼을 해고 위기에서 구하기에는 역부족이었다. 그가 관리자가 된 이후 40년간 상황은 바뀌어 식물학은 훨씬 더 진보적이고 체계적인 학문이 되었고, 식물원은 이제 국가·경제·대중을 포함한 많은 이익집단을 위해 활동하고 있었다.

큐 식물원을 방문한 후, 린들리는 영국 식물 제국의 중심지로 우뚝 설 국영 식물원을 구상했다. 이미 봄베이(현 뭄바이), 캘커타, 시드니, 사하란푸르, 트리니다드에 식물원이 있어 이곳에 식물을 조달할 중앙 식물원이 필요했고, 이와 더불어 세계 곳곳에 주재 중인 식민지 개척자들 역시 식물과 관련된 정보가 필요했다. 멀리 떨어진 식민지 식물원은 모두 이런 이해관계를 포함한 체제에서 운영될 터였다. 국영 식물원은 정부 산하 기관으로 새로이 개척될 식민지의 환경 조건에 관한 정보를 제공하고 이들 식민지에 식물을 공급하는 조직이 될 것이었다. 또한 가치 높은 신종 외래 식물을 관리하는 구실도 겸행해서, 이들 식물이 대영제국 전역으로 공급될 수 있도록 하는 장소가 될 참이었다.

1838년 위원회가 식물원에 다녀간 이후, 정부 관계자들은 내심 큐 식물원 복원 사업을 마음속에 두고 고민하고 있었다. 정치인들의 숱한 망설임 끝에 새로운 큐 식물원이 모습을 드러냈다. 가장 필요한 사람은 역시 새 관장이었다. 린들리와 후커 두 사람으로 후보가 좁혀졌다.[36]

1841년 4월, 베드퍼드 공작의 지원을 등에 업고 린들리보다 낮은 임금을 받겠다고 제의한 후커가 57세의 나이로 큐 식물원 관장직을 맡았다. 그는 글래스고에서 런던까지 본인의 방대한 수집품과 식물 표본을 운반하는 일을 진행했고, 더불어 두터운 연락망과 인맥도 함께 가져왔다. 관장으로 일을 시작한 지 겨우 수개월이 지난 1841년 6월 9일, 식물 33개체가 큐 식물원에서 웰클로스 스퀘어에 있는 워드의 집으로 보내졌다. 후커가 런던 큐 식물원으로 온 이후 둘은 연락하는 일이 잦아지면서 우정을 더욱 돈독히 다졌고, 이에 따라서 워디언 케이스를 이용하여 식물을 보내는 일도 늘어났다.

아이튼이 1838년과 1840년에 유리 상자를 처음 외국에 반출했지만, 그때까지 큐 식물원 측에서 받은 식물은 단 하나도 없었다. 1842년 4월, 후커가 식물원 관장이 된 지 겨우 1년 만에 큐 식물원은 뉴질랜드 국토 측량국 부국장인 윌리엄 시먼즈^{William Symonds}로부터 "유리 상자"를 받았다. 시먼즈의 아버지는 잘 알려진 해군 대장이자, 국토 측량국 국장으로 후커의 아버지와 친분이 있어 아들을 대리로 큐 식물원에 상자를 보낸 것이었다. 이 식물들은 "싱싱한" 상태로 도착했을 뿐 아니라, 오렌지나무 전용 온실에 이식되었다는 점에서 상당히 인상적이었다. 그중에는 리무^{rimu}나무(다크리디움 쿠프레시눔^{Dacrydium cuprssinum}) 한 그루도 포함되어 있었다. 1857년경, 이 구과식물(열매의 형태가 여러 겹으로 포개어져 둥근 식물. 소나무, 잣나무 등이 있다-옮긴이)은 서서히 성장해 작고 아름다운 붉은색 꽃을 피우며 오렌지 전용 온실에서 잘 자랐다. 그 덕에 키가 5미터 50센티미터까지 컸다.[37] 후커가 큐 식물원으로 거처를 옮긴 것은 워디언 케이스의 역사에 있어서 중요한 순간이었다. 후커는 워드의 친구여서 상자와 관련된 일을 직접 경험했으며, 1840년대에는 해군 본부에 공식 홍보물을 통해 상자를 널리 홍보하기 시작했다. 이후 수년에 걸쳐 큐 식물원의 워디언 케이스 사용은 급격하게 늘었다.

이처럼, 워디언 케이스 이야기의 첫머리부터 알 수 있는 사실은 상자를 통해 이동한 것이 단지 물리적 식물만은 아니었다는 점이다. 대폭 늘어나는 식물을 운반하기 위해 형성된, 인맥을 통한 유통망 역시 식물과 함께 곳곳에 뻗어나갔다. 워드는 많은 과학자들과의 친분으로 생긴 본인의 명성을 소중히 여겼다. 그 친분은 출간 활동을 많이 해서 생겨난 것이 아니라, 인맥을 뛰어나게 관리해서 얻은 것이기 때문이다.

워디언 케이스는 발명된 지 겨우 10년 만에 많은 식물을 전 세계로 옮기는 주요 수단이 되었다. 처음에는 해크니에 위치한 로디지스의 종묘원에서 사용되기 시작했고, 이후 당대 가장 영향력 있는 영국의 식물학자와 원예가들 사이에서 입소문이 났다. 워디언 케이스가 식물을 움직이는 주요 수단으로 인정받은 데는 로디지스가 상자를 받아들인 일이 결정적이었지만, 상자를 식민지로 옮겨 그 유용성을 입증한 데는 큐 식물원 관장이었던 후커와 그가 맡은 직책의 힘이 컸다. 워디언 케이스는 전 세계에 운반되기 위해 무역과 과학, 식민지 건설이라는 새로운 네트워크가 필요했다. 이 네트워크의 신용도와 접근성, 이용 빈도수가 증가하자 워디언 케이스의 사용 또한 늘어났다.

4

과학 탐사의 동반자

1839년 2월 초순, 춥고 서리가 내릴 것 같은 어느 토요일, 워드는 로디지스 온실의 온기가 생각났다. 그는 런던에서 세 명의 젊은 식물학자를 만나 같이 합승마차를 타고 해크니의 멋진 온실을 찾았다. 런던 도시에서 북동부 지역구까지 가는 '다소 긴' 여정이었다. 워드와 함께 마차에 탄 사람은 22살의 조지프 후커와 그의 여동생 마리아 후커, 그리고 19살의 미국인 아사 그레이$^{Asa Gray}$였다. 후커 남매는 윌리엄 잭슨 후커의 자녀로 아버지와 마찬가지로 식물에 대한 열정이 많았다. 조지프는 해크니 방문을 위해 글래스고로 복귀하는 일정을 미뤘고, 마리아는 런던 외곽에서 여행차 런던에 들렀던 길이었다. 그레이는 본인의 저서 《북미의 식물$^{Flora of North America}$》의 두 번째 증보판 편집을 위해 런던에 머물면서 영국 최고의 식물 컬렉션을 보기 위해 해크니로 향하는 중이었다. 이 젊은 식물학자들을 자상하게 대하며 격려해준 워드는 이들을 친구 로디지스에게 소개해 줄 참이었다.[1]

그레이와 조지프 후커는 장차 19세기 가장 중요한 식물학자로 인정받을 인물이었다. 마리아는 전문 식물학자로 살아갈 운명은 아니었지만, 열정적인 아마추어로 평생 수준 높은 배움을 계속 이어나갔다. 워드와 로디지스를 만났던 해, 후커는 영국 로스^Ross 탐사대에 임명되어 남극대륙 및 남극 조사를 위한 4년간의 과학 탐사 여행을 떠날 준비를 하고 있었다. 미국 역시 남극대륙 탐사를 추진 중이었고, 그레이는 미국 탐사 원정대^The United States Exploring Expedition(간단히는 탐사대의 리더 찰스 윌크스^Charles Wilkes의 이름을 따 윌크스 탐사대라 불린 탐사 계획)의 식물학자로 임명되었다. 하지만 윌크스는 탐사를 가는 대신 식물학 교수직을 받아들이기로 결정했다.

로디지스는 이들 방문객을 두 손 벌려 환대하며 하루 종일 해크니 종묘원의 수많은 보물을 보여주었다. 워드와 그레이, 후커는 아름다운 대형 난초 컬렉션을 감상하고 웅장한 야자 온실을 구경했다. 젊은이들에게 온실을 보여준 후 로디지스는 이들을 자기 집으로 데려가 본인이 소장하고 있는 세계의 유명 벌새를 소개했다. 그레이는 일기장에 이들 벌새에 관해 쓰며, "얼마나 아름다운지 상상도 할 수 없을 거다. 벌새는 로디지스가 돌보는 최고의 동물이다"라고 적었다. 해크니 종묘원에서 하루를 보낸 후 이들은 런던으로 돌아갔고, 그날 저녁 조지프 후커는 글래스고로 가는 기차에 올랐다.

해크니 종묘원에서의 하루는 식물 전문가 두 세대가 그 웅장한 온실을 함께 거닐었다는 점에서 좋은 순간으로 남았다. 또한 이 당시는 식물업계의 중심이 아마추어에서 전문인으로 옮겨가는 시기이기도 했는데, 그레이와 후커는 둘 다 당대를 대표하는 식물학자로 그 행보를 이어갈 전망이었다. 이 젊은이들에게 워디언 케이스가 끼친 영향 역시 이에 못지않게 중요했다. 해크니 종묘원에서 그레이와 후커는 식물 운반 시 워디언 케이스를 이용하는 전 세계적 경향을 직접 목격했다. 이들은 이미 뉴욕과 글래스고에서 사용되는 워디언 케이스를 본 적이 있긴 했지만, 종묘원에서 어마어마한 식물 컬렉션을 확보하기 위해 구체적으로 어떻게 상자를 사용하는지 해크니에서 직접 두 눈으로 확인할 수 있었다.

1839년 1월 런던에 도착한 직후 그레이는 워드를 만나 그의 식물 상자를 구경했다. 서로 간 친분이 싹틀 때 그레이는 워드를 가리켜 "식물 상자맨(이자 "내가 알기로 가장 친절한 사람")"이라고 부르며, 워드의 발명품에 "관심이 많이 갔다"고 밝혔다.[2] 해크니를 방문하기 며칠 전인 1839년 1월 29일, 그레이는 워드의 웰클로스 스퀘어 자택에서 저녁 식사를 했고 이곳에서 두 사람은 유리 상자를 살펴보며 많은 시간을 보냈다. 때는 런던의 한겨울로, 그레이는 "런던시 한복판, 런던 부두 근처에 자리한 워드의 집은 위치가 상당히 좋지 않았다"고 기록했다. 그레이는 식물 운반 시 포장에 관해 워드에게 많은 것을 배웠다. 이들은 그 후로 25년간 지속적으로 연락을 주고받는다.

해크니에서의 하루는 후커에게도 영향을 주었다. 해크니 종묘원을 방문한 직후 후커는 로스 탐사대의 일원으로 탐험길에 올랐다. 그는 워디언 케이스를 주요 수단으로 사용하여 외래 식물을 큐 식물원에 있는 아버지에게 보냈다. 항해 중 후커는 워드와 편지를 주고받았다. 남극 빙하에 두 번째로 발을 디디고 돌아온 직후, 해크니 방문 후 2년 넘게 지나 쓴 편지에서 후커는 종묘원에서 워드와 함께 보낸 그날을 회상했다. "저에게 관심을 가져주신 모든 식물학자 분들께, 특히 로디지스 씨께 안부를 전해주십시오. 저와 제 여동생에게 보내주신 당신과 로디지스 씨의 호의를 결코 잊을 수 없습니다."[3]

1838년과 1843년 사이 워디언 케이스를 싣고 항해를 시작한 첫 정부 지정 탐험대는 프랑스 뒤르빌d'Urville 탐사대, 영국 로스 탐사대, 미국 윌크스 탐사대였다. 프랑스와 미국은 해크니 종묘원을 통해 워디언 케이스에 대한 소식을 접했다. 후커는 로스 탐사대에서 식물학자로 활동했고, 그레이는 윌크스 탐사대가 채집한 컬렉션을 기록하며 평생 탐사대의 식물학적 성취에 관여했다.

자, 이제 탐사대와 식물 상자를 싣고 항해를 떠나기 전에 먼저 항해에 대해 한번 살펴보자.

바다에서, 상자의 운명을 맡기다

오랜 바다 항해에서 소금물은 살아 있는 식물에게는 저주와도 같았다. 워디언 케이스의 위대한 쾌거를 하나 들자면 배 갑판에 식물을 노출할 필요가 없어졌다는 점이다. 밀폐형 상자가 발명되면서 유리를 통해 태양 광선을 받고 바닷물 세례는 피할 수 있어, 식물은 선미 갑판에 편안히 자리잡을 수 있었다. 선원들 또한 밀폐된 상자에 별 신경을 쓸 필요가 없었고, 신선하고 귀한 물을 식물에 줄 필요도 없었다. 그러나 상자를 하염없이 방치해도 되는 것은 아니었다.

세심한 선장이나 정원사가 배에 탔을 경우 식물 운반이 성공적으로 이루어진 적이 많았다. 1833년 말라드 선장과 함께 페르시안호에 오른 최초의 워디언 케이스를 예로 들어보자. 말라드는 시드니에서 워드에게 두 번째 편지를 통해, 상자가 성공적으로 도착했음을 축하하고 영국 식물이 시드니 식물원에 이식되었다는 소식을 전했다. 그는 식물학계에 이 상자의 중요성을 입증할 "역할"을 했다는 점에 "자부심과 기쁨"을 느낀다고 말하며, 말미에 "추신. 항해 내내 식물에 물은 단 한 번 주었고, 적도 근처에서 바닷물이 약간 튀었다는 점을 언급합니다"라고 끝을 맺었다. 워드는 말라드의 편지를 적극적으로 활용해서 그가 만든 상자 덕분에 바다를 통한 식물 운반이 성공했다고 알렸지만, 1842년 완성된 저서나 1852년 내놓은 개정판에 위의 추신 부분을 포함하는 것은 생각하지 못했다. 사실 식물 운반에는 배에서 상자를 관리하는 사람의 역할이 중요했다.[4]

로디지스는 식물 운반에서 말라드의 공로를 다음과 같이 칭찬했다. "우리가 보내거나 받은 모든 식물 중 이 신사 '말라드'가 가져온 것만큼 좋은 상태로 도착한 식물은 없었다. 그 사람만큼 박물학에 애정을 가지고 있는 사람이 많아진다면, 또 사람들이 그만큼 식물에 정성을 들인다면 좋을 텐데 말이다." 실제로는 많은 식물들이 배 위에서 한 번도 적절한 손길을 받지 못해 항해 도중 죽었다. 선장들은 로디지스에게 큰소리를 치고는 했고, 갑판에 안전하게 상자를 실은 배가 출항하는 모습을 보여주면서 그에게 승낙을 얻어내기도 했다. 그러나 일단 바닷길에 오르면 상자는 갑판 아래에 처박히는 신세가 되었다. 로디지스는 이런 경험을 통해 "식물을 상자로 운반할 때 상자를 어둠 속에 방치하는 것보다 더 나쁜 경우는 없다"고 밝혔다. 이처럼 배와 그 안에서 일하는 선원은 식물을 성공적으로 운반하는 데 결정적인 역할을 했다.[5]

캘커타 식물원의 너새니얼 월리치도 식물 운반에서 선장의 중요성을 빼놓지 않았다. 그는 식물을 보낼 때 너무 크거나 무거운 상자는 보내면 안 된다고 경고하며, 상자에 너무 많은 식물을 넣지 말라고 주의를 주었다. 또 "선장은 보기 싫은 물건이 갑판을 차지하는 것을 꽤나 싫어하기 때문에" 상자 외양을 깔끔하게 해야 한다고 했다. 월리치는 자기의 식물을 무사히 운반한 선장에게 보상을 해주었다. 종종 런던까지 무사히 도착한 식물 상자 서너 개 중 하나를 선장에게 주기도 했다. 워디언 케이스 덕에 식물 운반 문제가 바로 해결됐다고 생각하는 이가 많지만, 식물 운반은 단순히 상자를 밀폐하는 것 이상으로 훨씬 복잡한 문제였다. 식물 운반은 바로 식물 전문가와 선원의 협동 작업이었던 것이다.[6]

1830년대 후반, 과학 탐사 여행에 대한 관심이 다시 일어났고, 이에 워디언 케이스는 갑판에 실려 중요한 역할을 하는 새로운 도구가 되었다. 1837년과 1842년 사이, 뒤르빌과 윌크스, 로스 탐사대는 모두 남극을 탐험하는 중이었고 운이 따라준다면 광활한 남쪽 대륙을 발견하여 지도 위에 올릴 참이었다. 각 탐사대가 세운 계획에는 각 국가의 이권이 동반되었다. 프랑스는 태평양 제도의 정보를 원했고 영국은 남반구에 지자기(지구가 가지는 자기-옮긴이) 관측소를 여러 곳 세우길 원했으며 미국은 북미 대륙의 서부, 특히 태평양 북서부 주에 해당하는 오리건주와 워싱턴주를 속속들이 알고 싶어 했다. 또한 프랑스와 미국은 태평양에서의 상업적 이권을 보호할 생각이었다. 이 탐사로 각국의 지리적 야망이 충족되었다. 하지만 무엇보다, 세 탐사대가 이룩한 가장 중요한 성과는 이들이 본국으로 가져온 보물 같은 식물이었다. 지금까지 많은 역사학자들이 세 탐사대의 여정에 관해, 특히 남극 빙하에 상륙한 성과에 대해 언급했지만, 이들이 탄 선박에서 워디언 케이스의 사용을 눈여겨 본 사람은 거의 없었다.[7]

여행용 온실: 프랑스 뒤르빌 탐사대

프랑스에 도착한 첫 워디언 케이스는 해크니 종묘원에서 사용하는 디자인 그대로 만들어졌다. 캘커타에서 월리치가 보낸 이 상자들은 바다에서 8개월을 보낸 후 1836년 파리에 도착했다. 상자를 받은 사람은 샤를 프랑수아 브리소 드 미르벨Charles Francois Brisseau de Mirbel로, 당시 파리 식물원의 관장이었다. 파리 5구 센강 왼편에 위치한 이 식물원은 프랑스 최고의 식물원이자 식물 및 원예 연구의 중심지였다. 파리에서 미르벨은 두근거리는 마음으로 생전 처음 본 유리 상자를 개봉했고, 그 안에서 15종의 식물을 발견했다. 식물들의 상태는 "꽃피는 봄이 왔을 때 온실에서 꺼낸 식물과 비교해도 조금치도 더 시들어 보이지 않았다."[8]

워디언 케이스에 감명을 받은 프랑스의 식물학자들은 이 상자의 디자인을 모방했다. 마치 식물 맞교환이라는 불문율의 법칙을 지키는 종묘상처럼, 이들은 월리치가 보내온 상자를 프랑스 식물로 가득 채워 다시 보냈다. 미르벨은 또한 상자에 대한 소식을 다른 이들에게 전했는데, 그중 유명한 종묘상인 셸Cel 가문은 외래 식물을 프랑스로 수입해 오는 것으로 명성이 자자했다. 셸 가문 역시 새로운 상자를 소개해 준 감사의 표시로 월리치에게 워디언 케이스를 보냈다. 이렇게 워디언 케이스는 해크니 종묘원에서 간접적인 경로를 통해 프랑스로 전해졌다. 즉 그 지난해에 로디지스에게 식물을 받은 월리치가 파리로 상자를 보내면서 그 존재가 알려진 것이다.

　미르벨은 새로운 워디언 케이스를 언급하면서 월리치뿐 아니라 "유럽에서 가장 풍부한 묘목 정원을 갖춘" 해크니 종묘원에도 지체 없이 감사를 표시했다. 자수성가한 당대 최고의 식물 생리학자인 미르벨은 프랑스의 과학 아카데미Academie des Sciences 식물 고문이기도 했다. 이곳 과학 아카데미는 국가 지원 탐사 활동에 밀접히 관여하는 기관으로, 사람들이 준수해야 할 과학적 방법론 지침을 발표하는 곳이었다. 1837년 여름, 프랑스 탐사대가 툴롱Toulon을 떠날 준비를 하고 있을 때, 아카데미는 탐사대가 달성해야 할 과학적 목표를 주지시켰다. 당시 프랑스를 이끄는 일부 과학자들은 탐사대의 장비가 열악한 데다 지나치게 탐사를 서두른 나머지 극지방에서 적절한 과학적 성과를 낼 수 없을 거라고 생각했지만, 과학 아카데미는 이에 굴하지 않고 천문학과 식물학·동물학·지질학·물리학에 관해 지침을 내려주었다. 이 중 식물학에 관한 지침이 가장 광범위했다. 미르벨은 유용한 농작물을 관찰하는 가장 좋은 방법은 지역 주민들의 생활을 살펴보는 것이라고 언급했다. "땅에서 경작 활동이 이루어지는 곳이라면 어디에서든, 인간의 필요에 적합한 곡물, 경작 도구의 형태, 농업, 재배되는 식물, 그리고 마지막으로 거두어들이는 농산물까지 모두 세심한 관찰 대상이 된다."[9] 미르벨이 만든 지침은 탐사대의 정보 수집 목적을 강조

그림 4-1 프랑스인들은 백 년 넘게 워디언 케이스를 사용했다. 위 사진의 워디언 케이스는 19세기 후반 파리 식민지 시험용 식물원의 온실에서 출발할 준비를 하고 있다.

했고, 토착 기술 및 농산물 입수에 대한 높은 관심을 드러냈다.

이밖에 미르벨은 식물 운반에 관해서도 명확한 지침을 제공했고, 이 목적을 달성하는 최고의 방법은 워디언 케이스를 이용하는 것이라 믿었다. 미르벨은 워디언 케이스를 '여행용 온실serres de voyage'이라 불렀다. 그는 바닥이 목재이고 상부가 유리 구조물로 되어 있는 워디언 케이스의 초기 디자인을 상당히 자세히 기술했다. 미르벨의 생각에 이 상자는 소형으로 제작할 필요가 있었다. 길이는 1미터 미만으로, 높이는 평균 키를 가진 선원의 둔부를 넘지 않도록 만드는 게 적당해 보였다. 물론 상자는 다양한 크기로 만들 수 있지만, "뱃일을 하는 선원에게 걸리적거리지 않도록 제작해야 간접적으로 식물을 보호할 수 있다"는 것이 그의 지론이었다. 그는 신체적으로 강인한 선원 한 명이 상자를 취급하도록 명시했다. 미르벨은 또한 각기 다른 종류의 식물을 보낼 때 상자 안의 조건, 특히 흙의 조건을 달리해야 할 필요성이 있다고 생각했다. 미르벨이 운송 지침을 발표한 직후 과학 아카데미는 탐사선인 아스트롤라베호와 질리호에 실릴 워디언 케이스를 툴롱으로 보냈다.

프랑스 탐사대를 진두지휘한 사람은 쥘 뒤몽 뒤르빌Jules-Sebastian-Cesar Dumont d'Urville로, 종종 프랑스의 제임스 쿡 선장으로 비유되는 인물이었다. 그는 당대 최고의 탐험가이자 숙련된 항해사였으며 식물학자로 직업 활동을 시작한 리더이기도 했다. 코키유호에 오른 뒤르빌의 태평양 첫 항해는 프랑스의 19세기 첫 탐사 활동으로 꼽힌다. 당시 일간지 〈르 모니퇴르 위니베르셀Le Moniteur universel〉의 표현을 빌리자면, 이 탐사 활동은 "프랑스 선박을 통해 문명과 그 혜택을 전할 수 있는" 새로운 땅이나 섬을 찾는다는 명

백한 목적 완수를 위해 이루어졌다. 뒤르빌은 이런 프랑스의 탐사 목적을 두 차례 완수하고 본국으로 귀환하여, 1837년에서 1840년까지 이어진 항해 여정의 정점을 찍었다. 1837년 9월 7일 탐사선은 태평양으로 항해를 시작했다.[10]

뒤르빌은 희망봉을 돌아나간 뒤 처음에는 배 두 척을 끌고 남극 대륙으로 향했다. 수개월 동안 얼음덩어리 및 지독히 추운 날씨와 사투를 벌였지만, 배는 10년 전 영국 바다표범잡이 어선인 웨델호가 갔던 것보다 더는 남쪽으로 내려가지 못한 채 정박했다. 탐사대는 이듬해를 내내 칠레와 태평양의 여러 섬을 탐험하며 보냈다. 이후 이들은 괌과 말루쿠 제도로 간 다음, 남극 탐사 시도를 준비하기 위해 호주에 도착했다. 이곳에서 남쪽으로 가기엔 너무 늦었다는 걸 깨달은 뒤르빌은 인도양을 거쳐 호바트로 복귀하기 전, 동인도제도의 중요한 항해 지점과 해안선을 조사하기로 마음먹었다. 두 번째 남극 항해는 첫 번보다 성공적이었다. 위도 66도에 도달해 처음으로 남극 대륙을 눈에 담을 수 있었다. 탐사대는 식민지를 향한 프랑스의 야욕을 장착한 눈으로 뉴질랜드로 가서 동부 해안을 조사했다. 이후 이들은 토레스 해협Torres Strait을 거쳐 본국으로 귀환한다. 바다에서 3년을 보낸 끝에, 탐사대는 과학적으로 가치 있는 상당한 양의 채집물을 가지고 툴롱항에 돌아왔다.

이들이 가져온 채집물 중, 동물과 관련된 표본과 토착민들의 석고 흉상이 프랑스 정치인들의 눈을 사로잡았다. 채집물 중에는 살아 있는 식물도 많았는데 이들은 모두 파리 식물원 온실로 보내졌다. 당시 해군 장관인 기 빅토르 뒤프리Guy-Victor Dupree 제독은 1841년 6월 28일 식물원에 전시된 탐사 물품을 보고 감명을 받았다. 프랑스 해군에서 발행했던 간행물 〈해양 및 식민지 연대기^{Annales maritimes et colonials}〉에서 한 논평인은 탐사대가 채집한 식물에 대해 다음과 같은 글을 남겼다. "탐사대가 방문한 모든 지역의 초목이 한데 모여 있었다."[11] 1842년 기차 사고로 뒤르빌이 불행하게 사망할 때까지 탐사 보고서는 두 권밖에 출간되지 않았다. 따라서 탐사의 식물 부분에 대한 기록은 다른 과학 탐사대원의 몫으로 넘어갔다.[12]

워디언 케이스의 역사에서 가장 중요하게 봐야할 점은 프랑스인들이 탐사에 상자를 가져갔다는 것이다. 워디언 케이스는 탐사대가 첫 항해에 나서기 수년 전, 월리치가 로디지스에게서 받은 식물 상자를 비공식적인 경로를 통해 파리로 보내면서 프랑스에 전해졌다. 즉 프랑스에서 워디언 케이스의 존재는 런던의 해크니 종묘원에 의해 처음 알려진 셈이다. 프랑스는 이후 수십 년 동안 워디언 케이스를 계속 사용한다.

남극 바다를 탐험한 후커와 로스 탐사대

조지프 후커는 식물 상자 안에 식물을 넣어 포장하는 방법을 알고 있었다. 워디언 케이스를 사용하는데 그만큼 준비가 잘 된 사람은 아마도 거의 없었을 것이다. 그는 아버지가 운영하는 글래스고의 식물 사업장에서 워디언 케이스로 작업을 했고, 워드의 자택에서는 상자를 직접 관찰했으며 해크니 종묘원을 둘러볼 때 상자를 직접 목격했다. 이런 풍부한 경험에도 불구하고 때때로 후커는 워디언 케이스로 식물을 운반하는 게 만만

치 않은 일임을 실감했다.[13]

제임스 클라크 로스James Clark Ross 선장은 특출한 과학자였다. 그는 초기 탐사에서 식물학자로 활약했으며 이번에는 탐사대 지휘를 맡았다. 로스는 지자기 연구에 몰두하느라 식물 연구는 모두 후커에게 맡겼다. 런던 왕립 학회는 프랑스 과학 아카데미와 마찬가지로 영국 최고의 과학 기관으로서 탐사에 관한 지침을 제공했고, 식물 부문에 대해서는 식물의 종자를 채취하라고 권장했다. 그러나 구과식물 같은 식물의 종자는 운반 시상했기 때문에, 종자 대신 묘목을 "워드의 유리 상자"에 넣어 본국으로 보내야 했다.[14] 런던 왕립 학회는 로스와 후커에게 상자를 단 한 개만 실으라고 조언했지만, 탐사선 에러버스호와 테러호에는 거추장스러운 대형 상자가 각각 두 개씩 실렸다.

상자를 한 개만 실으라는 학회의 지침에 워드는 기분이 좋지 않아 후커에게 불평했다. "왕립 학회에서 상자를 한 개만 보내라는 지침을 내렸지만, 실상은 배에 상자 50개를 싣거나 적어도 상자 50개를 만들 수 있는 자재를 실어야 한다고 생각합니다. 분명 아주 유용하게 쓰일 수 있을 텐데요."[15] 그는 계속 불평을 이어나갔다. "상자 일부는 먼 곳에 있는 영국 식민지에 쓸모 있을 목재용 나무나, 아직 그곳에서 자라지 않는 유용한 식물을 대량으로 보내는 데 사용할 수 있는데 말이죠." 그는 여기에서 멈추지 않고 젊은 후커에게 영향력을 행사해 상자를 사용하도록 부추겼고 이 정보를 로스 선장에게 전해달라고 부탁했다.

탐사대는 1839년 10월 출발했다. 처음 도착한 곳은 세인트헬레나로, 아프리카의 아굴라스곶Cape Agulhas으로 갈 때 들르는 작은 섬이었다. 후커의 식물 채집은 상대적으로 봤을 때 성공을 거두지 못했지만 그는 새로운 사람들과 계속 친분을 쌓아갔다. 그중 한 사람인 와일드^{Wilde}는 후커에게 영국에서 흔히 자라는 나무의 종자와 뿌리를 보내달라고 부탁했다. 와일드는 종자와 뿌리를 받으면 다시 이 워디언 케이스에 세인트헬레나에서 자라는 독특한 나무와 식물을 가득 채워 보내줄 계획이었다. 후커는 또한 로스 탐사에서 아버지의 인맥 확장을 위한 중개인 역할을 했다. 여러 중간 기착지에 머무르면서 로스 탐사대는 지자기 및 천체 관측소를 만드느라 분주했고, 후커는 식물을 채집했을 뿐 아니라 영국으로 식물을 보내줄 수 있는 아마추어 식물학자를 물색했다.[16]

1840년 5월, 탐사대는 아프리카와 호주 사이에 끼어 있는 남인도양의 작은 군도, 케르겔렌 제도^{Kerguelen Islands}에 도착했다. 탐사대가 강한 바람이 부는 이 섬을 떠날 즈음, 대형 워디언 케이스는 새로운 식물로 가득 채워졌고, 그중에는 선원들이 괴혈병과 싸우기 위해 종종 요리해 먹었던 이 섬의 자생종 케르겔렌 양배추(프린글레아 안티스코르부티카^{Pringlea antiscorbutica})도 있었다. 바다 날씨는 좋지 않았다. "긴 상의" 끝에 채집한 식물의 중요성을 깨달은 로스는 워디언 케이스를 창문과 가까운 대형 선실에 두는 게 가장 좋겠다고 판단했다. 그곳에서 상자는 태양빛을 받으면서도 바다의 여러 요소로부터 든든한 보호를 받을 수 있기 때문이었다. 케르겔렌을 떠난 탐사대는 호주 최남단의 호바트로 향했다.

워디언 케이스는 계속 선장 선실에 있었고, 상륙을 불과 며칠 남기지 않았을 때 날씨가 좋아지면서 거친 바다가 잠잠해졌다. 이때 로스는 워디언 케이스를 다시 갑판으로 옮기라고 명령한다. 그런데 그 무거운 상자를 힘겹게 옮기자마자 갑자기 대형 폭풍이 몰려왔다. 탐사대는 사흘간을 항로를 이탈해 움직였다. 설상가상으로 식물은 심각한 피해를 입었다. "뒤늦게 갑자기 강풍이 배를 덮쳤기 때문에 해치를 젖히고 상자를 갑판 아래로 옮기는 일은 완전히 불가능했다. 그 결과 배를 타고 넘어온 파도가 우리 선원들과 상자를 덮쳐 상자가 부서졌고, 상자 안의 식물이 모두 물에 잠겼다."[17]

케르겔렌 제도에서 가져온 식물은 오직 다섯 개체만 살아남았는데, 다행히 양배추가 그중에 있었다. 탐사대가 마침내 호바트에 도착했을 때 후커는 살아남은 식물을 옮겨 심어 이들이 잘 자라기를 기도했다.

워디언 케이스는 항해 중인 배의 갑판에서는 관리하기가 힘들었다. 후커는 호바트에서 아버지에게 편지를 보내 이런 어려움을 토로한다. "워디언 케이스는 바다로 운반하기에는 유감스럽게도 까다로운 물건입니다. 배의 해치가 너무 작아 완전히 열어젖혀도 상자를 아래로 들고 갈 수가 없어요. 저와 다행히 좋은 친구가 된 중위가 있는데, 그 친구에게 워디언 케이스는 골칫거리입니다. 제법 큰 파도가 몰아치면 단번에 상자의 유리가 부서집니다." 아마도 문제가 되었던 것은 로스 탐사대가 당시 가져간 상자의 크기였을 것이다. 해크니 종묘원이 사용한 수많은 상자보다 훨씬 큰 상자였기 때문이다. 그러나 이런 점을 감안해도 상자에 대한 후커의 관찰력은 예리했다. 그는 상자가 무겁고 배의 작업량을 감안하면 관리하기 어려우며 거친 파도가 닥쳤을 때 바람, 바닷물 등의 요소에 노출될 위험이 크다고 말했다.[18]

호바트는 후커에게 비옥한 기회의 땅이었다. 그는 지역 주민이자 아

그림 4-2 1840년 강풍 속에서 얼음덩어리에 휩싸인 로스 탐사대.

마추어 박물학자인 로널드 캠벨 건[Ronald Campbell Gunn]과 함께 식물 채집 활동을 하며 이곳에서 수개월을 보냈다. 이들의 인연은 평생 지속되어, 후커가 호바트가 있는 태즈메이니아[Tasmania]주의 식물을 연구했을 때 큰 도움이 되었다. 후커는 캠벨과 같이 채집한 식물 중 바닷말 표본을 웰클로스 스퀘어의 워드에게 비밀리에 보냈다. 원래는 채집한 식물을 아버지와 영국 정부에만 보낼 수 있었지만, 워드에게도 함께 보내 깊은 애정을 표시했던 것이다. 이에 대한 보답으로 워드는 장문의 편지를 많이 보냈는데, 어떤 편지에서는 식물 상자를 포장하는 자세한 지침을 담았고, 또 어떤 편지에서는 런던 박물학계의 가십거리를 얘기해 주기도 했다.[19]

로스 탐사대는 남극으로 세 차례 항해를 시도했고, 차례로 태즈메이니아, 뉴질랜드, 포클랜드 제도[Falkland Islands]에서 출발했다. 이때는 식물을 찾던 시기는 아니었다. 그래도 남극으로 두 번째 여정을 시도하던 중 탐사대가 47일간 얼음덩어리에 갇혀버린 적이 있었는데, 후커는 이 덕분에 충분한 시간을 가지고 뉴질랜드에서 채집한 식물을 분석했다. 최종적으로 로스 탐사대는 그 어느 때보다 남극 대륙에 한층 더 가까이 다가갈 수 있었다. 이들이 남위 78도까지 간 기록은 이후 58년 동안 깨지지 않았다.

처음 남극 항해를 시도했을 때, 탐사대는 뉴질랜드로 갔다. 후커가 아버지의 큐 식물원 관장 임명 소식을 공식적으로 들은 것이 이맘때였다. 1841년 후반 그는 이렇게 편지를 쓴다. "아버지가 큐 식물원 관장으로 임명되셨다는 소식에 한량없이 기쁠 따름입니다." 식물을 이식하기 적합한 계절은 아니었지만, 후커는 뉴질랜드에서 아버지에게 축하 선물을 보내고 싶은 마음을 억누를 수 없었다. 그는 아버지에게 식물 몇 개체를 특별히 보낼 수 있는지 로스 선장에게 물었고 로스는 "즉시" 승낙하며 "상자를 비우고 채울 일손도 제공"해 주었다. 곧 일꾼들이 대형 워디언 케이스를 에러버스호에서 가져왔고, 후커와 선원들과 함께 힘을 합하여 워디언 케이스에 식물을 채워 넣었다. 내용물은 주로 고사리였고, 이외 뉴질랜드에서 나는 다른 식물들도 있었다. "제 손으로 채집 식물을 모아 포장했고, 지금 보이는 대로 근사하게 살아남아 준다면 (…) 더 바랄 것이 없겠습니다." 상자는 1841년 11월 23일 아침 익스포터호에 실려 출발했다. 배는 시드니에 도착한 다음, 이곳에서 런던으로 향했다. 하지만 이 상자가 큐 식물원에 도착했는지에 관한 기록은 남아 있지 않다.[20]

두 번째 탐사에서 얼음덩어리에 갇힌 이후 후커에게는 행운이 많이 따랐다. 탐사대는 케이프 타운에서 잠시 멈춘 다음 포클랜드 제도로 이동했고, 그는 이 두 곳에서 식물을 채집한다. 특히 포클랜드에서 채집한 풀은 소의 사료로 쓰일 만하다고 여겼기 때문에 관심을 두었다. 그는 또 많은 식물종의 종자와 묘목을 채집했다. 이 중 터속 그래스^{tussock grass}(닥틸리스 카스피토사^{Dactylis caspitosa}, 현재는 포아 플라벨라타^{Poa flabellata})는 수입산 소가 가장 좋아하는 풀이었다. 후커가 귀국한 이후, 터속 그래스는 중요한 사료가 되어 영국 제국 전역에서 두루 쓰이게 된다. 포클랜드에서 후커는 워디언 케이스 두 개를 식물로 가득 채웠다. 이 중에는 양치류(로마리아^{Lomaria spp.})도 있었고, 윈터스 바크^{winter's bark}(드리미스 윈테리^{Drimys winteri})라는 가구와 기구 제작에 사용되는 칠레 자생종 나무도 있었다. 이외에도 "여러 가지 흥미로운 식물"이 있었는데, 강한 향이 나는 향모(히에로클로에 레돌렌스^{Hierochloe redolens}) 등 많은 품종의 풀도 포함되어 있었다. 다행히도 이들 식물은 배가 런던에 닿을 때까지 살아남아 1843년 3월 큐 식물원에 도착했다. 이 식물들은 큐 식물원이 워디언 케이스를 통해 세 번째로 받은 물품이었다.[21]

남쪽 대양에서 인맥을 넓히려는 후커의 시도는 4년간의 여정 내내 이어졌다. 세인트헬레나에서는 와일드, 태즈메이니아에는 로널드 건이 있었고 뉴질랜드에서는 윌리엄 콜렌소William Colenso가 있었다. 여정 말미에 탐사대가 케이프타운에 머물렀을 때도 후커는 식물학자와 만나 시간을 보냈는데, 맨 먼저 케이프타운에서 최초로 식물원 문을 연 칼 페르디난트 하인리히 루트비히 남작Carl Ferdinand Heinrich, Baron von Ludwig와 만났고 이후 종묘상인 조지프 업존Joseph Upjohn과 인연을 쌓았다.[22] 이 두 인물과의 인맥을 확보하기 위해 영국에서 먼저 워디언 케이스를 보냈는데, 이는 앞으로도 지속적으로 식물을 교환하고 싶다는 표시였다.[23]

로스 탐사대는 4년 반 만에 본국으로 돌아왔다. 이들은 지자기와 해양학에 관한 자료를 많이 수집했고 식물을 비롯한 박물 표본도 많이 가져왔다. 탐사 내내 조지프 후커는 훗날 중요한 식물 공급원이 되거나 향후 수십 년간 큐 식물원에 도움을 줄 많은 사람들과 인연을 맺었다. 탐사에는 워디언 케이스가 다수 사용되었다. 어떤 것들은 바다를 건너는 도중 소실되었고 어떤 것들은 울리치Woolwich 부두에 놓아 두었다가 안에 있는 식물이 다 시들어버렸고, 또 어떤 것들은 큐 식물원에 무사히 도착했다. 조지프 후커가 말했듯이 워디언 케이스는 다루기 "까다로운 물건"이었다. 그러나 포클랜드에서 보낸 케르겔렌 양배추와 중요한 풀을 무사히 지켜내는 등 인상 깊은 성과를 올렸다.

미국의 식물학계를 정립한 윌크스 탐사대

1838년에서 1842년 사이 활동했던 미국 탐사 원정대는 종종 '윌크스 탐사대'라고 불렸으며, 남극 탐험보다는 태평양 조사와 거대한 아메리카 대륙 건너편의 미국 이권을 탐색하는 데 훨씬 관심이 많았다. 그러나 아무래도 남극으로 떠나는 모험이 '야심찬 탐사 계획'에 잘 부합했기 때문에, 미국 탐사대는 남쪽으로 가서 남극 대륙을 한번 둘러본 다음 다시 북쪽으로 돌아왔다. 이들은 남극 대륙에서 시드니, 뉴질랜드, 피지, 사모아, 하와이로 갔다. 이후 오리건주·워싱턴주가 될 지역과 샌프란시스코만을 측량 조사했고, 컬럼비아강 내륙 지역 조사를 위해 탐험대를 파견했다. 탐사대는 필리핀, 싱가포르, 케이프타운을 경유하여 미국 동부 해안으로 다시 복귀했다. 윌크스 탐사대는 미국에서 파견한 최초의 탐사 원정대였으며, 역사상 마지막으로 해군 범선을 동원해 지구를 일주한 탐사였다. 미국 탐사대는 프랑스나 영국의 탐사대보다 규모가 훨씬 컸다. 선박 여섯 척과 아홉 명의 과학자를 포함한 인력 346명이 참여했으며, 역사상 가장 많은 과학 기구가 탐사 원정 목적으로 동원되었다.[24]

워디언 케이스는 바로 이런 과학 기구 중 하나였다. 윌크스는 다음과 같이 기록한다. 대부분의 식물은 "완벽하게 자신을 보호하는 로디지스 상자에 담겨 운반되었으며, 필연적으로 거쳐야 하는 다양한 지역을 통과했다."[25] 여기에서 그가 상자 이름을 워드가 아닌 로디지스라고 언급한 것은 주목할 만하다. 윌크스 탐사대는 살아 있는 식물을 많이 가지고 본국으로 돌아왔다.

월크스 탐사대의 식물 채집 성공 여부는 거의 전적으로 스코틀랜드
인, 윌리엄 던롭 브라켄리지William Dunlop Brackenridge의 든든한 어깨에 달려 있
었다. 그는 180센티미터의 키에 건장하고 박학다식했으며 종종 직설적으
로 말했지만 평상시엔 마음이 따뜻한 사람이었다. 브라켄리지는 많은 식
물을 채집하면서, 경험이 부족한 탐사대 수석 식물학자 윌리엄 리치William
Rich의 작업을 보완해 주었다. 그는 탐사대 그 누구보다 외래 식물을 능숙
하게 다뤘는데, 미국으로 이민 오기 전 에든버러에서 유명했던 캐논밀스
카티지Canonmills Cottage 식물원의 수석 정원사로 일한 경력 덕분이었다. 이곳
에서 브라켄리지는 아라우카리아araucarias 나무, 아카시아, 등나무 등 많은
외래 식물을 키웠다. 1834년에는 스코틀랜드를 떠나 베를린 식물원의 크
리스토프 프리드리히 오토Christoph Friedrich Otto 밑에서 일했고, 3년 후에는 필
라델피아로 진출하여 역시 스코틀랜드인이자 포인세티아(poinsettia: 중남
미 원산의 식물로 크리스마스에 장식용으로 흔히 쓰임—옮긴이) 재배로 유명한 종
묘상 로버트 부이스트Robert Buist 밑에서 일했다. 재미있는 것은 부이스트가,
워디언 케이스의 디자인을 완성하기 위해 웰클로스 스퀘어에 있는 워드
의 자택을 여러 차례 방문했던 제임스 맥냅과 친한 친구 사이였다는 사
실이다. 부이스트의 추천으로 브라켄리지는 탐사대가 채집한 식물을 돌
보기 위해 월크스 탐사대에 들어갔다. 강인한 성격과 탄탄한 경험 덕분에
그는 탐사대의 식물 관련 활동에서 상당히 굵직한 역할을 맡았다.[26]

브라켄리지가 가지고 돌아온 식물 중 사람들의 눈길을 가장 사로잡
은 것은 코브라 릴리California pitcher plant(달링토니아 칼리포르니카Darlingtonia californica)
였다. 1841년 10월 2일 밤, 에디산Mount Eddy을 오랜 시간 등반한 끝에 브라

켄리지와 내륙 탐사대의 탐험가들은 "몸가짐이 상당히 점잖은" 아메리카 원주민 집단을 만났다. 다음 날 브라켄리지는 새크라멘토강 상류의 습지에서 코브라 릴리를 채집한다. 탐사대가 이 서부의 식충식물을 워싱턴으로 가져갔을 때 이 식물은 사람들의 눈길을 끌었다.[27]

탐사대는 이밖에 종자, 말린 식물표본, 살아 있는 묘목 등 많은 채집물을 가지고 돌아왔다. 이런 식물학적 위업은 윌크스 탐사대의 가장 중요한 성과 중 하나로 평가되었다. 이미 미국에 들어왔던 식물이긴 했지만, 그래도 윌크스 탐사대의 공헌은 상당했다. 식물표본이 하나의 좋은 예로, 탐사대가 돌아오면서 국가 소유 식물표본의 양이 하룻밤 새에 두 배로 늘었다. 개별 종은 거의 만 가지로 늘었고 각 종마다 5점의 표본이 생겼다. 비슷한 표본이 많은 경우 미국 전역에 있는 기관에 분배하기도 하고, 전 세계 박물학자와 연락해 다른 식물의 표본으로 교환하기도 했다. 또한 684종의 식물은 종자로, 254종은 살아 있는 묘목으로 도착했는데, 실제로 도착한 식물 개체 수는 종수의 약 두 배에 달했다.[28] 살아 있는 묘목은 탐사 여정의 마지막 단계에서 워디언 케이스에 담겨 미국으로 보내졌다.

당시 미국은 탐사대가 가지고 온 대량의 채집물 컬렉션을 수용하기에는 영국이나 프랑스만큼 여건이 잘 마련되어 있지 않았다. 처음에는 컬렉션을 필라델피아 박물관에 보관할 생각이었지만 탐사대가 본국으로 귀환할 즈음 이런 국가적 과학의 상징은 수도에 전시되어야 한다는 쪽으로 계획이 바뀌었다. 결국 컬렉션은 수도 워싱턴 D.C.에 신축된 특허청에 보관되었다. '특허청'은 박물관과 과학 부서를 갖춘 기관이었지만, 아무래도 이름만 들어서는 오해의 소지가 있다. 미국의 경우 발명품 특허를 신청할 때는 발명품의 모델을 박물관에 전시해야 한다는 요건이 있었다. 특히 수도에 과학 기관이 거의 없었던 당시, 특허청은 정기적으로 간행물을 내고 연구원을 수용하는 도서관을 갖춘 유사 과학 학회의 기능을 했다. 탐사대의 컬렉션은 워싱턴의 명물이 되었다. 이들 컬렉션은 1842년부터 1957년까지 특허청에 전시되었고, 민속학 및 박물학 관련 수집품은 스미스소니언 협회Smithsonian Institution의 기반 소장품이 되었다. 협회의 많은 지부 중 하나인 미국 국립 식물표본관United States National Herbarium에는 탐사대가 가져온 수천 점의 압착된 식물표본이 현재에도 보관되어 있다.[29]

브라켄리지는 미국으로 돌아온 이후에도 계속해서 채집해 온 식물을 돌보았다. 식물이 워싱턴에 도착했을 당시에는 온실이 전혀 없었던 터라, 그는 특허청 뒤편 잔디밭에 온실이 완공될 때까지 식물을 손수 보살폈다. 그는 곧 살아 있는 식물 컬렉션을 관리하는 원예사로 임명되었고 이 일을 10년 동안 계속했다. 사실 많은 식물이 이미 소실되었기 때문에 그는 남아 있는 식물을 번식시키는 방법에 관해 엄격한 지침을 받았다. 잘라낸 가지를 상원 의원, 영부인, 아마추어 식물학자 들이 마음대로 가져가지 못하게 금해야 할 때도 있었지만,[30] 전 세계의 기관 및 종묘원과 동일한 잉여 식물을 교환하는 것은 허락되었다.[31] 이런 교환 활동으로 식물 컬렉션은 급격히 늘었다. 얼마 안 가 브라켄리지는 "식물을 심은 화분이 약 1천1백 개"라고 보고했다.[32] 1845년 〈원예 및 식물학Magazine of Horticulture and Botany〉의 편집자는 온실을 방문한 후 "브라켄리지의 부단한 노력 덕에 식물 컬렉션 수가 대폭 늘었다"고 발표했다. 이즈음 온실은 완공 당시보다 세 배로 커졌다. 〈데일리 유니언Daily Union〉은 1845년 6월 26일, "브라켄리지의 온실은 단언컨대 워싱턴의 자랑거리다"라는 기사를 냈다. 브라켄리지의 세심한 보살핌과 신중한 식물 교환을 통해 탐사대의 컬렉션이 미국의 국가적인 자랑거리로 등극한 것이다.[33]

1850년 미국 의회는 의회 의사당 부지 서편에 새로운 식물원을 조성하고 온실과 살아 있는 모든 식물을 이전하는 비용으로 5천 달러를 승인했다. 이 식물들이 워싱턴 D.C. 미국 식물원[United States Botanic Garden]에 처음 들어온 식물 컬렉션이었다. 이렇게 식물원이 창립되는 순간을 통해 워디언 케이스가 미국에 얼마나 대단한 영향을 끼쳤는지 엿볼 수 있다. 워디언 케이스는 외국에서 많은 식물을 들여올 수 있는 주요한 수단이었다.[34]

워디언 케이스의 영향은 워싱턴 식물원에서 그 진가가 확실히 드러난다. 당시 윌크스 탐사대가 가져온 식물이나 이들의 후손인 식물 중 적어도 네 개체가 여전히 이곳 워싱턴 식물원에 있다. 대추나무(지지푸스 주주베[Zizyphus jujube])는 안타깝게도 2011년 여름 뇌우에 소실되었지만, 바트홀디 파크[Bartholdi Park]에서 그 나무의 후손이 잘 자라고 있다. 나머지 세 식물은 브라켄리지가 키우던 것을 복제한 열대우림 식물 베슬 고사리[Vessel fern](안지오프테리스 에벡타[Angiopteris evecta]), 현재 식물원에 암수 나무가 모두 있으며 둘 다 탐사대와 함께 이곳에 도착한 소철[Queens sagos](키카스 키르키날리스[Cycas circinalis]), 브라켄리지가 마지막 탐사 여정에서 케이프타운의 식물원에서 가져온 험상궂게 생긴 블루 시카드[blue cycad](엔케팔랄라르토스 호리두스[Encephalartos horridus])이다.

1842년 11월 브라켄리지는 윌크스 탐사대의 '식물 부문'에 대해 보고서를 남겼다. 탐사대가 이룬 성취를 다시 기억하고, 그가 국가의 이익을 위해 그 혜택을 제기했던 '작은 온실'의 가능성을 기술하는 보고서였다.

그는 식물 교환에서 유리 상자가 펼칠 위대한 잠재력을 보았다. "미국이 식물 보유고를 점차 쌓아 가는 계획을 끈기 있게 지원해 일단 핵심 토대를 형성한다면, 그리 멀지 않은 미래에 이 분야에서 가장 각광받는 유럽 국가와도 어깨를 나란히 하게 될 것이다." 브라켄리지의 말은 실현되려면 그 후로 50년은 걸릴 이야기이긴 했지만, 선견지명을 담은 말이었다. 하지만 10장에서 앞으로 소개할 내용처럼, 워싱턴에 식물 수입 관리청^{Office of} ^{Plant Introduction}이 신설되면서 전 세계의 식물 이동은 20세기 기조로 접어들게 된다.[35]

미국 탐사 원정대는 미국 탐험의 역사에서 종종 망각되는 이야기다. 하지만 워디언 케이스로 살아 있는 식물을 운반한 윌크스 탐험대는 많은 미국 과학 기관의 발전에 실로 중요한 역할을 담당했다.

더 빨리, 더 많이, 더 자주

세 탐사대의 식물 채집 활동은 여러 해 동안 계속되었다. 워디언 케이스는 탐사 활동과 바다 건너 식물을 운송하기 위한 필수적인 도구였다. 이후 수십 년간 정부 지원 탐사대에 속한 많은 과학자들이 워디언 케이스를 성공적으로 사용했다. 첫 탐사 이후 조지프 후커는 인도로 갔고 이곳에서 상자를 이용하여 큐 식물원에 많은 종의 식물을 보냈다. 이 중 특히 서양 철쭉은 관상용 꽃에 대한 갈망에 불을 지폈다. 이 시기 미국에서는 다른 산업과 과학계의 연계 활동이 활발하게 이루어지는 중이었다. 워디언 케

이스는 이후 추가 탐사 활동에 계속 사용되었지만, 떠오르는 과학계 산업
에 자양분을 제공한 것은 윌크스 탐사대의 컬렉션이었다. 아사 그레이는
윌크스 탐사대의 방대한 식물 컬렉션을 다루는 간행물을 많이 출간하여
이 컬렉션의 종합 분석 프로젝트를 이끌었다. 이에 브라켄리지는 일곱 개
의 식물 상자를 워싱턴에서 케임브리지로 보냈다. 이때 보내진 식물 덕에
그레이는 출간 작업을 마무리할 수 있었고, 이 식물들은 이후 하버드의
새로운 식물원에 이식되었다.[37]

뒤르빌, 로스, 윌크스 탐사대의 워디언 케이스 사용을 시작으로 다른
선박에도 점차 워디언 케이스가 실렸다. 로스와 윌크스 탐사대는 오로지
범선으로만 세계를 여행한 마지막 탐사대였다. 1838년 이들 탐사대가 모
두 닻을 올린 직후, 증기선 그레이트 웨스턴호가 대서양을 불과 15일 만
에 횡단하는 기록을 세웠다. 이후 증기선은 정규 운항을 시작했다. 증기선
의 발전으로 사람뿐 아니라 식물도 예전보다 더 빨리, 더 멀리, 더 자주 움
직일 수 있게 되었다. 이와 동시에 종묘원과 식물원에서 필요로 하는 새
롭고 유용한 식물의 수요도 높아졌다. 워디언 케이스는 급속히 확장되던
세계 운송 시스템에서 중요한 기술의 격차를 메워주었다.[38]

5

제국의 팽창과 플랜테이션

우리가 먹는 음식에서 입는 옷까지, 식물에서 파생된 제품으로 삶을 유지한다는 사실은 간과하기 쉽다. 워디언 케이스는 유용하고 가치 있는 식물을 운반하여 프랑스와 영국 식민지에서 수많은 상업 작물 재배의 틀을 확립하는 데 도움을 주었다. 난쟁이 캐번디시Cavendish 바나나는 중국에서 영국을 통해 사모아 제도로 전해진 후 중요한 작물로 이 지역에 널리 퍼졌다.[1] 프랑스인 앙리 르콩트Henri Leconte가 아메리카의 프랑스 식민지에 구타페르카gutta percha(구타페르카 나무의 유액을 건조시킨 수지로 치과 시술 재료, 전기 절연 등에 쓰임—옮긴이) 플랜테이션을 설립한다는 책임을 지고 항해를 떠났을 때, 그는 워디언 케이스에 이 식물을 안전하게 넣어 가지고 갔다. 호주 퀸즐랜드Queensland의 중요한 과일, 망고 역시 워디언 케이스 덕분에 봄베이·캘커타·자바 지역에서 맛있는 종이 여럿 들어왔다. 종종 식물이 본래 자라던 지역 반경을 넘어 이동하면서, 도착한 지역의 농작물 생산에 경제적으로 상당한 영향을 미치기도 했다. 이번 장에서는 19세기 가장 중요한 농작물인 차^茶와 기나나무^{cinchona}에 초점을 맞춰보기로 한다.

식물의 이동은 그 과정이 상당히 복잡하다. 특히 차와 기나나무의 경우에서 확연히 드러나는데, 이들은 19세기 중반부터 다른 지역으로 운반되기 시작했다. 로버트 포춘^{Robert Fortune}은 워디언 케이스를 사용하여 차나무 묘목을 인도에 보낸 사람인데, 이 사례를 계기로 가치 있는 작물을 이식하는 데 워디언 케이스가 유용하다는 사실이 처음 회자되었다. 남미에서 아시아로 기나나무가 이식된 과정은 이보다 훨씬 복잡하며, 농작물을 해당 지역에서 성공적으로 번식시키는 데는 자연을 잘 다루고 어느 정도 시간을 들이는 일도 필요하다는 사실을 보여준다. 중요한 농작물을 성공적으로 운반한 워디언 케이스는 식물 이동 수단으로서 그 유용성을 더욱 확고히 했으며, 이렇게 이동된 많은 작물은 여전히 농업적으로 중요한 위치를 차지하고 있어 그 영향이 장기적임을 입증했다.

차: 채집 여행이 산업이 되기까지

18세기 유럽에서는 중국산 물품에 대한 갈증이 커지기 시작했다. 이런 욕구와 맞물려 중국 시장에서도 영국산 물품이 점점 활개를 치고 있었다. 커져가는 유럽 시장에 중국 제품을 대준 이들은 광저우와 마카오에 주둔하던 무역상, 외과 의사, 선장 들이었다. 모든 중국산 제품 중 가장 인기가 높은 것은 차였다. 제1차 아편 전쟁(1840~1842) 이후 중국의 항구 다섯 곳이 영국과의 교역을 위해 개방되었고, 홍콩은 영국의 식민지가 되었다.[2]

전쟁 이후 중국과의 무역 개방을 통해 외국인들은 훨씬 자유롭게 교역을 즐겼다.

영국 왕립 원예 학회Royal Horticultural Society는 이런 기회를 맨 먼저 포착하고, 중국으로 보낼 식물 채집가를 재빨리 물색했다. 여기에서 선발된 로버트 포춘은 지식이 풍부한 젊은 정원사로, 당대 잘나가던 많은 정원사와 마찬가지로 스코틀랜드 사람이었다. 포춘은 노련한 식물학자이자 여행을 즐기는 건장한 사람으로 자신의 여행 경험을 재미있게 풀어가는 재주가 있었다.[3] 중국으로 제일 처음 여행을 갔을 때부터 포춘은 워디언 케이스를 열렬히 홍보했다. 그가 워디언 케이스를 묘사한 부분은 그가 집필한 여행기의 핵심으로, 그가 여행한 거리는 물론 식물 채집가들이 겪는 어려움이 무엇인지 속속들이 보여준다. 마지막 여정을 끝낸 1860년대 이후에도, 그는 식물 채집을 시작한 지 거의 20년이 흘렀지만, 외딴 지역을 가는 일이 어려운 것이 아니라 "살아 있는 식물을 운반하는 일이 여전히 어렵다 못해 진을 빼는 일이다"라고 독자들에게 전했다.[4]

포춘은 1843년 첫 채집 여정을 위해 중국으로 떠날 준비를 하던 중, 당시 항해 감독 위원회에 속해 있던 조지 로디지스와 존 린들리를 통해 워디언 케이스에 대해 세세하게 알게 되었다.[5] 그는 영국을 떠나면서 "도움이 될 만한" 사람들에게 줄 선물로 워디언 케이스 세 개에 과일나무와 관상식물을 가득 채워 가져갔다.[6] 첫 여행에서 포춘은 광저우, 샤먼, 푸저우, 닝보, 상하이 등 당시 갓 개방된 중국 항구 주변에서 관상식물을 채집했다. 거의 3년간의 여정 끝에 포춘은 홍콩에서 존쿠퍼호에 워디언 케이스 18개를 싣고 영국으로 돌아갈 준비를 하고 있었다. 상자는 중국 현지에서 측면에 미닫이 유리를 달아 특별 제작한 것이었다. 포춘은 돌아오는 내내 손수 식물을 보살폈다. 그는 종종 상자 문을 열어 식물에 신선한 공기를 공급했다. 식물은 포춘과 함께 무사히 돌아와 대부분 건강한 상태로 원예 학회의 치직^{Chiswick} 식물원에 도착했다. 상자 안에는 여러 가지 종의 서향, 목련, 서양철쭉, 장미, 재스민, 등나무 등 이제 막 재배되기 시작한 아름다운 식물이 많았다.[7]

첫 여행 이후 포춘은 워디언 케이스에 관해 상세한 보고서를 제출했고, 이는 나중에 원예 학회 저널에 실렸다. 식물 운반이 아주 중요하다고 생각한 포춘은 이 보고서를 본인의 인기 저서, 《3년간의 중국 북동부 지역 여행*Three Years' Wanderings in the Northern Provinces of China*》(1847)의 재판에 부록으로 추가했다. 포춘이 보기에 긴 여행에서 상자 속 식물을 보살피는 일은 "즐거움"을 주었을 뿐 아니라 "다른 나라의 식물로 한 나라를 풍요롭게" 할 수 있는 기회도 주는 활동이었다.[8]

첫 중국 여행에서 포춘은 중국의 차 생산 과정을 관찰했다.[9] 당시 서양인 대부분은 녹차와 홍차(당시 각각 테아 비리디스^{Thea viridis}와 테아 보헤아^{Thea bohea}로 알려졌다)가 다른 식물에서 생산된다고 믿었다. 중국 북부와 남부 지방을 돌며 관찰한 포춘은 이들이 사실 차나무^{Camellia sinensis}라는 동일한 식물에서 생산된다는 것을 밝혀냈다. 이 둘에 차이가 있다면 바로 제작 공정이었다. 녹차는 녹색의 바삭거림이 남을 때까지 찻잎을 가열된 대형 냄비에서 재빨리 속까지 건조시킨 것이지만, 홍차는 찻잎이 산화되어 그 특유의 색이 나올 때까지 수분을 소량 남긴 상태로 방치한 것이다.[10] 녹차와 홍차를 놓고 식물학 문헌에서 많은 혼선이 있었지만, 서양인 그 누구도 제작 과정을 상세하게 목격한 이는 없었다. 포춘은 다양한 지역에서 차나무를 모아 표본집으로 만들어 이들이 결국 같은 종임을 보여주었다.

런던으로 돌아온 후 포춘은 약제사 명예 협회Worshipful Society of Apothecaries의 공식 식물원이자 영국에서 가장 오래된 식물원인 첼시 피직 가든의 큐레이터로 채용되었다. 첼시 피직 가든에서 포춘은 당시 이 식물원의 위원회 회원이었던 워드와 친분을 쌓았다. 이들의 관계는 이후 20년간 계속되었다.[11] 포춘이 첼시 피직 가든에서 일하는 동안 세간에 인도 차 산업에 대한 장밋빛 전망이 피어올랐다. 첼시 피직 가든에서 겨우 18개월 일한 포춘은 영국 동인도회사와 계약을 맺고 중국으로 가서 차를 수집해 이를 인도로 가져가는 임무를 맡게 된다.

당시 많은 평론가들은 만약 차를 식민지 땅에서 재배할 수 있다면 중국의 차 독점을 피할 수 있을 거라 믿었다. 이미 인도 아삼 고지대Upper Assam 지역에서 자생종 차나무가 발견되어, 이 지역이 인도 차 산업의 적합지로 선정되었던 차였다.[12] 차나무의 종자는 기름 성분이 많아 빨리 부패하기 때문에 운반하기 매우 어려워서 살아 있는 묘목을 운반하는 것이 최선책이었다. 포춘은 이미 워디언 케이스를 사용해 본 경험이 있었기에, 차나무 묘목을 새로운 플랜테이션 지역으로 옮기는 데는 상자만한 것이 없다고 생각했다.

1848년 8월 홍콩에 도착한 포춘은 즉시 상하이로 향했다. 포춘의 중국 내륙 지방 여행에 대해서 많은 기록이 남아 있는데, 특히 그의 변장에 관한 이야기가 유명하다. 그는 중국 전통 의상인 치파오를 완벽하게 차려입고 머리를 민 채 여행을 했다. 상하이에서는 황푸강을 거슬러 올라가

항저우를 거쳐 차 공급지로 명성이 높은 황산黃山까지 갔다. 상하이로 돌아
오는 길에는 차 재배와 제조로 유명한 진탕(일명 실버 아일랜드Silver Island)에 들
렀다. 이때 포춘이 채집한 차는 홍콩에서 운반되었다. 다음 여정은 우이산
武夷山에서 홍차 생산지로 유명한 지역으로 잡았다. 차나무 탐사 여정에서
포춘은 많은 워디언 케이스를 인도에 보냈다.

처음 몇 번 식물 운송에 실패한 후, 포춘은 여러 가지 다른 방법으로
워디언 케이스를 채워 보기로 결심한다.[13] 한번은 항저우에서 채집한 뽕
나무를 상자에 넣은 다음, 흙 위에 차 종자를 뿌리고 2.5센티미터 정도 두
께의 흙으로 종자를 덮은 후 여기에 물을 주고 상자 뚜껑을 덮었다. 캘커
타에 도착한 직후 뽕나무는 싱싱한 상태였고 흙 표면 전체에 차나무 순이
파릇파릇 돋아 있었다. 캘커타에서 식물을 받은 정원사는 포춘에게 이렇
게 편지를 쓴다. "땅을 차고 올라올 정도의 두께인 어린 차나무 순이 뽕나
무 주위로 돋아나고 있습니다."[14]

포춘은 향후 차를 보낼 때 항상 이 방법을 사용했다. 그러나 이 방법
은 그가 생각해 낸 아이디어가 아니었다. 그가 실행하기에 앞서 이미 수
차례 시도된 방법이었고, 워드가 얘기해 주었을 가능성이 가장 높다.[15]

1851년 초, 포춘은 마지막으로 14개의 워디언 케이스를 가지고 인도
로 간다.[16] 차 종자로 상자를 가득 채웠지만 그래도 남은 종자가 있었다.
종자를 버리는 건 싫었던 그는 동백나무를 넣으려고 했던 다른 상자 두
개에 남는 공간이 없나 찾아보았다. 그는 흙과 종자를 넉넉히 1 대 2로 섞
은 다음 상자 바닥에 깔고, 흙과 종자를 섞은 혼합물 안과 그 주위에 동백
나무를 심었다.[17] 놀랍게도 많은 종자가 싹을 틔웠다. 차 채집 여행에서 포

그림5-1 세 명의 인부가 중국 민산 산맥에 위치한 쑹판松潘 시장을 향해 차를 지게에 지고 가고 있다.

춘은 거의 2만 그루의 차 묘목을 16개 이상의 워디언 케이스에 실어와 인
도에 이식했다.

차 묘목 운반만큼 찻잎 가공에 관한 지식도 중요했다. 포춘은 상하이
에서 중국 측 대리인과 계획하여 차 노동자들이 히말라야 차 생산 구역에
서 고용 계약을 맺을 수 있도록 주선했다. 이들은 차 제조업자인 후웬퍼
Hoo Yuen Fuh의 인솔로 3년 계약을 맺었으며 한번 계약하면 중간에 그만둘 수
없었고, 3년 후 계속 일할지 중국으로 돌아갈지 선택할 수 있었다. 임금은
한 달에 15달러였고 인도로 가는 교통비로 60달러를 선불로 받았다. 이곳
에는 여섯 군데의 차 생산업체와 두 군데의 차 용기 제조업체가 있었다.[18]
16개의 워디언 케이스가 인도로 보내지면서 중국 노동자도 함께 인도로
파견되었다. 이들 중국 장인들은 수많은 "차 생산 도구"를 챙겼다. 대형 및
소형 건조 바구니 여섯 개, 둥근 바구니 네 개, 깔개 여섯 개, 채 열 개, 대
형 채 아홉 개, 스퉁 처우Stung Chou 지역에서 사용하는 냄비 세 개, 돌로 된
평평한 판, 이외 다양한 도구를 가져갔다.[19] 아무리 식물을 운반한다 해도
이를 원하는 상품으로 만들 능력이 없다면 다 무용지물이 되었을 것이다.
중국 인부들은 차 생산에 필요한 전문 기술과 지식을 제공해주었다. 인도
에 도착한 식물과 인부들은 모두 아삼에서 유명한 차 플랜테이션 지역으
로 실려갔다.

동인도회사는 1853년에서 1856년까지 포춘과 또 한 차례 차 채집 계
약을 체결했다. 포춘은 많은 중국 지인을 활용하여 여러 지역에서 종자를
획득했다. 이번에도 포춘은 흙과 종자 혼합물을 워디언 케이스에 깔고 이
안에 식물을 넣어 보냈다. 총 30개의 워디언 케이스가 이 채집 여행을 목

적으로 제작되었고, 묘목 수만 그루가 인도 북부 플랜테이션 농장으로 운송되었다.[20] 이듬해 포춘은 훨씬 많은 묘목을 보냈다. 1854년과 1855년 사이 포춘이 차 생산 구역으로 차나무 묘목을 보내는 데 동원된 워디언 케이스는 131개로,[21] 상자 제작에 드는 노동력은 물론 여기에 필요한 유리와 흙의 양을 봐서도 엄청난 투자였다. 중국에서 인도로 차가 이식되면서 워디언 케이스를 통한 역사상 최대의 식물 운송이 이루어졌다.

포춘이 보낸 차는 인도 토종 차나무만큼 잘 자라지 않았다. 이와 동시에 인도의 식물학자들은 중국과 인도의 차나무 종이 두 가지 변종*Camellia sinensis var. assamica*으로 분류될 정도로 차이가 뚜렷하지만, 실은 인도 종과 중국 종이 같은 식물이라는 사실을 발견했다. 게다가 포춘이 들여온 차나무보다 카멜리아 아사미카*Camellia assamica*가 인도에서 재배하기에 알맞은 차나무 종이었다. 하지만 포춘의 차 도입 프로젝트는 장기적으로 중요한 영향을 미쳤다. 중국 차 제조업체는 그들의 도구 및 방식과 함께 이 신생 산업에 필요한 지식 기반을 제공했다. 사실 최초의 차 플랜테이션 조성은 포춘이 중국에서 차를 들여오기 훨씬 전에 이미 시도된 바 있다. 그러나 포춘의 열정으로 차 산업이 외국 투자자들에게 새로운 관심 대상으로 떠올랐고, 그로 인해 인도에 대규모 차 플랜테이션 농장을 조성한다는 비전이 제시된 것이다. 오늘날 캉그라*Kangra Valley*의 플랜테이션 농장은 녹차로 유명하며, 그 첫 시작은 중국에서 포춘이 채집한 차나무로 거슬러 올라간다. 다르질링의 특별한 홍차 역시 포춘이 워디언 케이스를 이용해 보낸 중국 자생 차에서 생산된다.[22]

1850년경에 인도의 차 제조 산업은 아삼 지역 너머까지 확산되었다.

가르왈Garhwal과 쿠마온Kumaon, 치타공Chittagong(현재는 방글라데시에 속함), 다르
질링, 카차르Cachar, 실렛Sylhet 등 히말라야 이남 지역에서 차 제조가 이루어
졌다.[24] 포춘이 보낸 많은 식물을 받은 지역 중 사하란푸르 식물원Saharanpur
Botanical Gardens 부근의 가르왈 히말라야 산맥Garhwal Himalaya에서는 1844년과
1880년 사이, 차 재배 면적이 28헥타르에서 4천 헥타르 이상으로 확장되
었다. 1870년대에 차 재배는 실론까지 확산되었다. 오늘날 인도와 스리랑
카는 세계 주요 차 생산국이다.[25]

포춘은 15년 넘게 중국에서 일하면서 중국 차 전문가로 명성을 떨쳤
다. 1857년 미국 특허청 청장인 찰스 메이슨Charles Mason은 로버트 포춘과 차
채집 계약을 맺었다. 메이슨은 양철통에 차 종자를 담아 갈 계획이었지만,
포춘은 워디언 케이스에 살아 있는 묘목을 실어 보내는 것이 가장 좋다고
조언했다. 이 프로젝트의 중계 회사로 활약했던 종묘업체인 찰우드 앤드
커민스Charlwood&Cummins는 메이슨에게 이렇게 말한다. "포춘 씨가 (종자를 흙
에 뿌려 워디언 케이스에 넣어 가져가는) 이 방법만이 성공할 수 있는 길이라고
확고하게 말씀하십니다."[26]

1858년 포춘은 중국으로 네 번째 탐사 여행을 떠났다. 중국에서 쌓
은 인맥 덕분에, 한때 여러 해 걸리던 일이 이제 한 계절이면 끝이 났다.[27]
그는 상하이에서 종자를 상자에 포장해 워싱턴으로 보냈다. 포춘은 거
의 20개의 워디언 케이스에 3만 개체 이상의 식물을 넣어 보냈다. 1859년
4월, 식물은 "훌륭한 상태"로 워싱턴에 도착했다.[28]

차나무를 받기 위해 미국인들은 미주리 애버뉴 4.5번가와 6번가 사이
공용 택지 2헥타르에 대형 온실 두 채를 만들었다. 당시 미국에서는 특히

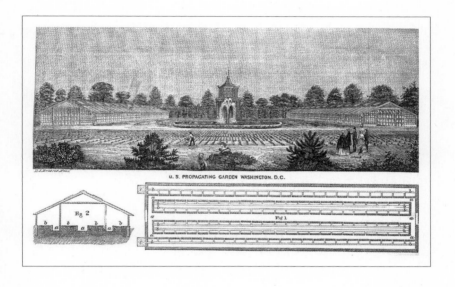

그림 5-2 1859년 워싱턴 D.C. 미국 번식 식물원Propagating Garden. 그림 왼쪽과 오른쪽의 온실
은 로버트 포춘이 워디언 케이스를 통해 미국에 보낸 차나무를 받기 위해 지어졌다.

남부 지방 농부들의 차 묘목 요구량이 많았고, 이에 따라 많은 묘목이 미국 각지로 유통되었다. 그러나 얼마 안 가 남북 전쟁 발발로 차 도입 사업은 중단되었다.

포춘에게 워디언 케이스는 식물 운반을 위한 중요한 도구였다. 식물은 장거리로 운반해야 하는 일이 많았지만 자생 인도 차나무 종의 경우에서 알 수 있듯, 때로는 바로 코앞에 필요한 식물이 있기도 했다. 포춘의 워디언 케이스 사용에서 가장 돋보이는 점은 실제 식물을 운반할 수 있게 되면서, 차와 관련된 중요한 지식 전파가 중국과 인도 사이에서 함께 이루어졌다는 것이다. 상품과 상품을 제작하는 사람이 모두 움직이면서 인도 차 산업의 기틀이 마련되었다.[29]

기나나무: 가장 악명 높은 생물학 첩보전

말라리아는 수백 년 동안, 1천 년 가까이 재앙거리였다. 이 질병은 열대와 아열대 지역에서 가장 맹위를 떨쳐 아프리카뿐 아니라 중국·인도·남미·동남아시아까지 피해를 주었다. 유럽의 해안 삼각주와 늪 지역도 주요 발병 지역이었다. 17세기에 시도된 많은 치료법 중 가장 관심을 모은 것은 퀴나*quina*였다.[30] 오늘날 이 약물은 퀴닌*quinine*으로 알려져 있다. 지역 주민이 발견해서 처음 사용한 알칼리성의 퀴닌은 안데스 고지대 숲에서 자라는 기나나무 몸통의 껍질 가루에서 채취했다. 곧 퀴닌이 열이 오르는 것을 방지한다는 치유 특성이 널리 알려졌다.

19세기 중반 기나나무는 당시 지구상에서 가장 수요가 높은 경제 작물이었던 것으로 보인다. 차, 바나나를 비롯한 다른 작물 대부분보다 그 가치가 훨씬 높았다. 영국과 네덜란드는 남미에서 기나나무를 가져오기 위해 열을 올렸고, 워디언 케이스는 이러한 시도에서 없어서는 안 될 도구였다. 포춘이 중국에서 차를 운반해 온 과정을 통해 제국주의자들은 가치 있는 식물을 대량 운반하는 일이 가능하다는 것을 목격했다. 이로부터 몇 년 후 기나나무의 영국 이식을 이끄는 클레먼츠 마컴Clements Markham은 포춘과 한자리에 앉아, 그에게서 워디언 케이스를 사용하여 남미에서 인도로 기나나무를 가져오는 최적의 방법을 습득한다.[31]

제국이 팽창하면서 기나나무의 중요성은 급격하게 커졌다. 영국, 네덜란드, 프랑스에서 선택한 말라리아 예방책이었기 때문이다.[32] 기나나무는 열대 지역을 여행하는 탐험가와 말라리아 지역에서 근무하는 군인, 무역상, 정부 관리 등이 복용했고, 추후에는 지역 주민에게 예방책으로 공급되었다. 일정 분량의 퀴닌 가루 복용은 열대 지역의 식민지 개척자에게 일상사가 되었다. 하지만 맛이 너무 쓴 나머지 이를 종종 스피릿이나 와인에 섞어서 섭취하는 사람들도 있었다.

영국 및 네덜란드 정부는 기나나무 원산지인 남미 지역에서 자국 식민지의 플랜테이션 농장으로 기나나무를 가져오기로 결정을 내렸다. 이는 세계 역사상 가장 악명 높은 생물학 첩보전으로 평가된다.[33] 사업에 모집된 정원사와 식물 채집가들은 기나나무를 구해 이를 아시아 식민지로 보냈다. 남미에서 기나나무는 종자와 묘목으로 운반되었고, 후자는 주로 워디언 케이스를 통해 이동했다. 워디언 케이스는 기나나무 이식을 위해 고용된 두 명의 대표적 인물인 영국의 마컴과 네덜란드의 유스투스 카를 하스카를[Justus Karl Hasskarl]이 사용했다. 1860년대 제국주의 세력이 기나나무를 자국 식민지에 이식한 직후, 남미 국가는 원산지 기나나무 방출을 금했지만 이미 때는 늦고 말았다. 기나나무 종자가 이미 자바와 인도 땅에 뿌려졌기 때문이다.

하스카를은 독일 태생의 식물학자로 네덜란드 정부를 위해 일한 사람이다. 1852년 그는 네덜란드령 동인도에서 플랜테이션을 시작하려는 네덜란드 정부와 계약을 맺고 남미로 가서 기나나무 종자와 묘목을 채취해 오기로 했다. 1853년에 남미에 도착한 그는 리마[Lima]에서 안데스 산맥으로 가 이곳에서 많은 종류의 기나나무 묘목을 채집한다. 그는 가명으로 여행하면서 볼리비아 국경에서 수많은 식물을 채집했고, 채집한 기나나무 묘목을 21개의 워디언 케이스에 담았다. 1854년 후반 그는 워디언 케이스와 많은 양의 종자를 배에 싣고 자바로 향했다.[34]

기나나무 묘목은 여행에서 살아남았다. 이때 당시 알려진 기나나무 종이 많이 건너왔는데, 그중 신종 기나나무인 신코나 파후디아나[Cinchona pahudiana]는 네덜란드령 동인도의 총독, 찰스 페르디난트 파후트[Charles Ferdinand Pahud]의 이름을 땄다. 1860년, 자바 플랜테이션 농장에는 신코나 파후디아나가 거의 백만 그루 가까이 자라고 있었다. 그러나 기나나무 종마다 그 껍질에 함유된 퀴닌의 양이 달랐고, 특히 신코나 파후디아나의 경우 껍질을 검사해보니 퀴닌이 사실상 거의 들어 있지 않은 것으로 나타났다. 이 때문에 기나나무 도입 사업 전체가 낭패를 보았고, 1860년대 초반 네덜란드 의회는 사업이 실패했다고 발표한다. 1865년 네덜란드는 기나나무 플랜테이션 사업을 거의 접고 말았다. 실패의 요인은 많았지만, 결국 그 모두가 식물이나 이들이 자라는 지역에 대한 전반적인 지식의 부재로 인해 발생한 것으로 결론이 났다.[35]

네덜란드가 기나나무 사업에 실패한 지 5년 후, 이번에는 마컴이 영국의 기나나무 도입 사업을 이끌었다. 여러 가지 기나나무 종을 수집하기 위해 지역 세 곳에 걸쳐 사업이 이루어졌다.[36] 마컴은 아내 미나Minna와 함께 볼리비아로 가서 당시 베이치Veitch 종묘원이 소개한 로버트 위어Robert Weir의 도움과 피땀 어린 수고로 기나나무 묘목을 채집했다. 리처드 스프루스Richard Spruce와 로버스 크로스Robert Cross는 에콰도르 현지 채집을 위해 파견되었고, 프리쳇G.J.Pritchett은 페루에서 발견되는 모든 종을 채집할 수 있는 광범위한 허가권을 받았다. 남미에서 기나나무가 채집되는 동안, 인도 남부 마드라스Madras, 우타카문드Ootacamund(현재는 우다가만달람Udhagamandalam)부근이 플랜테이션 지역으로 선정되어 개간되었다. 동시에 많은 식물이 남미에서 인도로 가는 도중에 쉬어갈 수 있는, 중간 기착지 역할을 할 새로운 번식 하우스가 큐 식물원에 만들어졌다. 이렇게 기나나무 도입 사업을 위해 대대적인 기반 작업이 이루어졌다.

30개의 워디언 케이스는 큐 식물원에서 만들어져 납작하게 부피를 줄이는 플랫팩 형태로 포장된 다음, 칠레 혼곶 주변 남미의 여러 항구로 운송되어 채집가들에게 전해졌다(그림 5-3). 상자의 길이는 약 95센티미터, 폭은 55센티미터, 높이는 95센티미터였다. 흙과 식물로 채워진 상자의 무게는 152킬로그램이었다. 스프루스가 채집한 식물을 담을 상자 15개가 에콰도르로 보내졌고, 마컴이 있던 페루 남부에도 15개가 보내졌다. 프리쳇은 원래 종자 수집을 위해 파견되었지만, 종자 외에도 그가 채집한 살아 있는 식물이 꽤 있었다. 이를 인도로 가져가기 위해 리마에서 목수가 상자를 여섯 개나 만들어야 했다.

마컴은 정원사 위어와 함께 아일레이^{Islay}(현재는 페루의 모엔도^{Mollendo})에서 안데스 산맥을 거쳐 볼리비아 라파스$^{La\ Paz}$ 주변의 기나나무 산지에 도착해 종자와 묘목을 채집했다. 이들은 15개 상자를 빽빽이 채울 정도의 식물을 가지고 아일레이로 돌아왔다. 상자는 신코나 칼리사야$^{C.calisaya}$ 묘목 458그루로 채워졌다. 항구를 출발하기 전 기나나무의 상태는 더할 나위 없이 좋아 보였다. 워디언 케이스는 증기선에 실려 파나마를 거쳐 상당히 더운 홍해를 통과했다.

마컴은 기나나무가 운반된 경로와는 다른 길로 오긴 했지만, 인도에 도착해서 기나나무를 확인했다. 그는 항구 도시 캘리컷(현재는 코지코드$^{Kozhi-kode}$)에 도착해서 이후 곧 카누를 타고 강 상류로 약 53킬로미터를 거슬러 올라가 산으로 갔다. 이곳 우타카문드에 플랜테이션 농장이 새로이 조성되는 중이었다.

상자 15개는 인도 인부 150명의 손에 비와 추위 속에서 옮겨졌다. 미나 마컴은 이것이 힘든 작업이었다고 일기장에 기록한다. "저지대에서부터 상자를 들고 온 불쌍한 인부들은 심히 추위하며 떨면서 몸을 움츠렸고 불을 지핀 나뭇가지를 들고 몸을 보온했다."[37] 우타카문드에 도착한 기나나무 묘목은 상태가 좋지 않았다. 처음에는 페루에서 기나나무를 포장한 위어에게 비난이 돌아갔다. 미나 마컴은 일기장에 이렇게 기록한다. "맥이버 씨는 이런 진흙 속에서는 버드나무 가지 하나라도 살아남지 못했을 거

그림 5-3 세계 최초 플랫팩 형태의 워디언 케이스.

라 말했다."[38] 후에 마컴은 기나나무가 홍해를 통과할 때 겪었던 고온을 실패의 원인으로 꼽았다. 비록 마컴은 실패했지만 다른 채집인들이 성공한 덕분에 전체 프로젝트의 성과는 그의 공으로 돌아갔다.

스프루스와 크로스가 채집한 식물은 에콰도르 리몬Limón 근처의 기나나무 삼림 지대에서 채취되었다. 이곳에서 스프루스와 크로스는 껍질이 붉은 신코나 수키루브라C.succirubra에서 잘라낸 접목용 가지를 번식시켰다. 1860년 8월 기나나무에서 꽃이 피자, 현지인 인부 한 명이 키 큰 나무 위에 올라가 기나나무의 종자를 채취했다. 인부는 꽃이 달려 늘어진 가지 더미를 부러뜨려 땅에 깔아 놓은 종이 위로 떨어뜨렸다. 스프루스와 크로스는 지역 인부들의 많은 도움으로 수개월 안에 채집 양을 어느 정도 채웠다. 이들은 수집한 기나나무를 항구로 실어 보낼 수 있도록 일단 강으로 가져갔다. 강에는 플랫팩 형태의 워디언 케이스가 대기 중이었다. 때는 1860년 11월, 스프루스는 현지인 목수와 함께 워디언 케이스를 조립했다. "흑인 목수를 한 명 구해서 상자를 같이 조립했는데, 그는 거친 일에만 익숙하고 아주 큰 구경의 못만 박아본 사람이라 내가 일일이 손으로 대부분의 못을 박지 않았다면 워디언 케이스는 제대로 조립되지 않고 산산조각이 났을 거다"라고 그는 기록했다.[39] 당시 식민지 지배자들은 현지 노동자들의 도움이 없었다면 애당초 식물을 상자에 포장하지도 못했을 거라는 생각은 아예 하지도 못했던 것 같다.

조립된 상자에는 야산에서 가져온 기나나무 637그루가 채워졌다. 크로스는 여기에다 강둑에서 채취한 재미있게 생긴 흰점박이 난초를 끼워넣기까지 했다. 크로스가 채취한 종자와 묘목은 잘 포장되어 여행에 대비해 서늘한 곳에 보관되었고, 크로스는 인도까지 직접 이들을 가져갔다. 종자와 묘목은 큐 식물원에 잠시 머물렀고, 이곳 식물원은 기나나무 묘목 여섯 그루와 난초를 빼낸 후 나머지는 플랜테이션 경작을 위해 인도로 보냈다. 무사히 살아남은 기나나무 묘목 463그루는 우타카문드 도착 즉시 사진으로 촬영되었다(그림 5-4). 이 사진은 워디언 케이스가 찍힌 사진 중에서도 꽤 초기의 것이다.

신코나 수키루브라는 우타카문드의 기나나무 플랜테이션을 관리하던 윌리엄 그레이엄 맥이버William Graham McIvor가 가장 좋아하는 기나나무 종이었다. 모든 종 중 가장 강인한데다 인도 환경에서 잘 자라는 듯 보였기 때문이다. 이런 특성은 수십 년이 지나자 훨씬 더 중요해졌다. 최초의 기나나무 플랜테이션을 시작으로 인도 전역에 기나나무 농장이 만들어졌다. 기나나무가 갈수록 잘 번식하면서 워디언 케이스는 점점 많이 사용되었고, 기나나무 플랜테이션 설립을 원하는 사람들에게 상자 수백 개가 보내졌다.[40] 1862년의 한 이식 행사에서 맥이버는 시킴Sikkim에게 워디언 케이스 13개를 보냈다. 이 여정은 고난의 길과 같았다. 한 구간에서는 38킬로미터를 가는데 이틀이 걸리기도 했다. 당시 이식을 감독했던 식민지 감독관이 런던의 인도 관리 부서 상관에게 보고했던 말을 빌리자면, 운반이 지연된 것은 "비효율적인 인부들" 때문이었다. 그는 계속해서 인부들이 왜 그렇게 굼뜨게 행동했는지에 대해서 설명했다. "많은 인부들이 12세에서 14세 사이의 아이들이었는데, 이들은 바닥에 있는 상자를 들어 올릴 만한 키가 되지 않았다." 즉 맥이버는 무게 150킬로그램의 상자를 옮기는데 아이들을 동원한 것이다. 상자 두 개는 그리 멀리 가지도 못한 채 탈 듯

그림 5-4 1861년 4월 9일 인도 남부 우타카문드 식물원에 도착한 신코나 수키루브라의 묘목. 워디언 케이스가 찍힌 사진 중 초기의 사진으로 알려져 있다.

이 뜨거운 한낮 길가에 방치되었고, 어린 인부들은 "그 옆에 완전히 탈진한 상태로 누워 있었다."[41] 이렇듯 워디언 케이스는 언제나 노동의 불평등한 분배와 새로이 떠오르는 농업 경제의 소름끼치는 실상을 보여주었다.

수십 년 후 수백만 그루의 기나나무가 인도와 실론 전역에 퍼졌다. 스프루스와 크로스가 워디언 케이스로 들여온 기나나무 품종인 신코나 스키루브라는 인도 아대륙에서 흔히 볼 수 있게 되었다. 하지만 이 사업은 전반적으로 실패로 끝났다. 신코나 수키루브라에는 제약 회사에 유용한 알칼리성 물질이 함유되어 있기는 했지만 퀴닌 함량이 너무 낮아 상업적인 가치가 없었기 때문이다. 시장은 보다 순수한 퀴닌 공급원을 찾아 다른 나무로 눈을 돌렸다. 영국은 수십 년간 기나나무 사업을 조성하기 위해 노력했지만, 기나나무 플랜테이션은 수익을 올리지 못했다. 1880년대에 가서는 인도에서 기나나무 수백만 그루가 잘려나갔고 나무껍질은 시장에서 폐기 처리되었다. 기나나무 시장은 붕괴했고 인도의 식물 재배업자들은 차 재배로 눈을 돌렸다. 영국의 실패는 초기 네덜란드의 경험과 비슷했다. "그러나 인도에서 영국 정부는 영국 특유의 집착으로 오래전에 효과 없다고 판명난 기나나무 종 재배와 사업에 고집스럽게 매달렸다." 기나나무 전문가인 노먼 테일러Norman Taylor는 이렇게 평가한다.[42]

재미있게도 영국과 네덜란드는 기나나무의 과학적인 면을 탐구하기 위해 정기적인 접촉을 가졌다.[43] 1861년 당시 캘커타 식물원 관장인 토머스 앤더슨Thomas Anderson은 기나나무 묘목 교환을 위해 자바에 파견된다. 그는 자바에서 캘커타로 돌아오면서 워디언 케이스 7개에 기나나무를 가득 채워 가져 왔다.[44] 상자는 티자네로이아Tijaneroian 플랜테이션 농장에서 바타

비아(현 자카르타)까지 273킬로미터를 이동했고, 상자를 들고 간 자바 현지 인부들은 밤에 일하고 낮에는 이동 중간중간 마을에 들러 무화과나무 아래에 상자를 놓고 쉬었다. 그 이듬해 남아메리카에서 가져온 신코나 스키루브라 종이 인도에서 잘 자라자, 영국은 이 신종 기나나무를 보내 네덜란드가 보유한 기나나무 품종 목록에 신코나 스키루브라를 추가시켜 주었다. 영국과 네덜란드 간의 종자와 상자, 지식의 교환은 향후 10년간 지속되었다. 다시 말해, 기나나무와 그에 관한 지식이 두 나라 과학자들 사이에서 자유롭게 오고 갔던 것이다.

영국이 신코나 수키루브라를 고집하는 동안 네덜란드는 다른 종으로 눈을 돌렸다. 그리고 이 기나나무가 드디어 시장을 점유하게 된다. 이 기나나무에 얽힌 이야기는 그동안 네덜란드나 영국이 기울인 노력에 비하면 실험 정신이 훨씬 약해 보이지만, 여전히 그 자체로서 구미가 당기는 이야기이다.

영국 상인이자 페루 고산 지대에 오래 거주한 찰스 레저Charles Ledger는 기나나무 껍질을 거래하며 어느 지역에서 기나나무가 자라는지 대부분 파악하고 있는 사람이었다. 그가 시도한 첫 번째 악행은 호주로 알파카를 수출하는 것이었지만 이는 실패로 끝났다. 알파카를 찾으러 다닌 많은 여정에서 그는 지역 가이드이자 25년지기 친구인 마누엘 잉크라 마마니Manuel Incra Mamani의 도움을 받았다. 함께 알파카 탐험에 나선 어느 날, 마마니는 레저에게 껍질이 최고 등급인 기나나무가 자라는 지역을 알려주었고 그 종자를 채취해 놓겠다고 약속한다.[45]

1865년 어느 날, 마마니는 껍질이 최고 등급인 기나나무가 나는 지역에서 수거한 기나나무 종자를 160그램 넘게 가지고 레저의 문 앞에 나타 났다. 레저는 종자를 포장해 런던에 있는 동생 조지에게 보내 식민지 상 품을 거래하는 상인들에게 팔라고 지시한다. 조지는 잘나가는 식물 쪽 지 인과 왕실 관련 지인을 수소문하여 판매를 시도했지만, 이 기나나무는 상 대적으로 영국에서 관심을 거의 받지 못했다. 당시 기나나무 사업에 관여 하던 영국인 대부분은 마컴이 이끄는 팀이 이미 플랜테이션을 시작하기 에 충분한 기나나무를 채취했다고 생각했기 때문에 레저의 종자를 무시 했던 것이다. 그들은 또한 신코나 수키루브라가 인도 기후에 더 적합하 다고 믿었다.[46] 그러나 조지는 결국 형이 보낸 종자를 런던 주재 네덜란드 총영사에게 판다.

　네덜란드가 작은 종묘원에서 키울 기나나무 종자를 자바에서 기다리 는 동안 레저는 마마니에게 종자 탐사를 또 한 차례 떠나자고 부탁했다.[47] 그러나 종자 수확 철이 끝나고 돌아가는 길에 마마니는 당국에 검문을 당 하고 만다. 종자가 발견되고 그는 투옥되었다(영국이 기나나무 종자와 묘목을 채취해 간 직후, 기나나무 종자를 수출하는 일은 볼리비아에서 불법이 되었다). 감옥 에서 심하게 구타당한 마마니는 3주 후 풀려났지만, 상처로 인해 며칠 후 사망하고 말았다.

　자바에 작은 종묘원이 만들어졌고, 이곳에 마마니가 채취한 약 1만 2천 개의 종자가 뿌려졌다. 이즈음 식물 재배업자와 퀴닌 생산업자의 요 구를 잘 파악하고 있던 실용적인 농업과학자, 카를 반 고르콤Karl van Gorkom 이 자바의 네덜란드 정부 소유 플랜테이션을 인수했다. 기나나무가 자라 면서 이 새로운 기나나무 종에는 신코나 레저리아나Cinchona ledgeriana라는 이름이 붙었다. 몇 년 후 네덜란드에서 온 젊은 화학자 한 명이 껍질의 품질을 검사했는데, 놀랍게도 퀴닌의 함량이 13퍼센트나 되었다. 그동안의 장애를 돌파한 상업적 쾌거였다. 그 전에는 껍질에 퀴닌의 함량이 3퍼센트만 되어도 상업적으로 가치가 있다고 간주되었고 5퍼센트가 되면 상당히 좋은 등급으로 분류되었다. 높은 퀴닌 함량으로 이 신종 기나나무는 퀴닌 시장을 점유하게 된다.[48] 그러나 이 기나나무를 플랜테이션으로 재배하기에는 많은 제약이 따랐다.[49]

고콤은 이내 신코나 레저리아나가 새로 개간한 원시림의 비옥한 토양에서만 잘 자란다는 것을 알게 되었다. 이들을 덜 비옥한 토양에 심으면 병이 생기고 잘 자라지 않았다. 이 문제는 한 원예가의 제안으로 신코나 레저리아나의 어린 가지를 강인한 신코나 수키루브라의 대목臺木에 접붙이면서 해결된다(그림 5-5).[50] 신코나 레저리아나는 이런 식으로 계속 번식했고, 이 교배종 묘목이 자바 전역의 플랜테이션 농장에 배급되었다.

1930년대경 네덜란드는 매년 90만 킬로그램 이상의 기나나무 껍질을 수출해 퀴닌 시장의 거의 90퍼센트를 점유했다. 네덜란드 식민지 농업 경제에 있어 어마어마한 가치였다. 영국은 전반적인 관심을 차 재배에 돌렸으나, 네덜란드는 불굴의 노력 끝에 자체 기나나무 플랜테이션 농장을 보유하게 된 것이다. 제2차 세계대전 때 일본이 자바를 점령할 때까지 퀴닌 생산은 네덜란드가 독점했다. 네덜란드의 플랜테이션에서 생산된 기나나무처럼, 접붙이기를 통해 생겨난 이종 교배 작물에 식물학자들은 '키메라chimera'라는 분류명을 붙인다. 이 네덜란드 농장에서 생산된 키메라는 볼리비아 고산지대에서 마마니가 채취한 퀴닌 고함량 기나나무와, 여러 번의

그림 5-5 서酉자바의 티자네로이아 플랜테이션 농장에서 신코나 레저리아나의 어린 가지를 신코나 수키루브라에 접붙이는 모습.

여정을 통해 워디언 케이스로 들여온 신코나 수키루브라를 접붙이기하여
나온 품종이다.

　이 복잡한 이야기에서 보는 바와 같이 워디언 케이스는 식물을 운반
하는 중요한 수단이었다. 대부분의 이식은 실패로 돌아갔다. 마컴이 채취
한 기나나무는 남미에서 시작한 여정을 견뎌내지 못했고, 하스카를과 스
프루스가 채취한 기나나무는 퀴닌의 함량이 낮았다. 네덜란드가 기나나
무 플랜테이션을 시작하게 된 계기는 궁극적으로 마마니와 레저가 거둔
종자였지만, 우연한 기회에 강인한 종인 신코나 수키루브라를 이식한 것
이 네덜란드가 플랜테이션에 성공한 중요한 요소로 작용했다. 하지만 이
로 인해 과거에 운반된 기나나무 종과 그와 관련된 지식은 이제 잊힌 이
야기가 되었다. 인간이 농업과학을 통해 자연을 통제하고 그 생산 능력을
표준화한 것은 다양한 종의 식물을 운반할 수 있게 되면서 비로소 가능해
진 일인데 말이다.

6

워디언 케이스라는 네트워크

너새니얼 워드의 집 문은 항상 열려 있었다. 로버트 포춘 같은 식물 채집가나 조지프 후커 같은 당대 제일가는 식물학자에게 워드의 집은 박물학자들의 성역이었다. 그 집에서라면 항상 식사 한 끼를 들며 즐거운 대화를 나눌 수 있었다. 새롭고 신기한 많은 식물을 현미경으로 관찰하거나, 유리 상자 안에서 식물이 자라는 모습을 볼 수 있는 곳이기도 했다. 워드의 친구와 지인은 수년 동안 꾸준히 그에게 식물을 보내왔다. 조지프 후커는 워드의 집을 이렇게 묘사한다. "그를 알고 나서부터, 아니 그를 알기 오래 전부터, 인심 후한 워드의 집(처음에 웰클로스 광장에 있다 나중에 클래펌라이즈로 옮긴)은 조지프 뱅크스 경 시대 이래 전 세계 박물학자들이 문턱이 닳도록 드나드는, 대도시의 리조트와도 같은 곳이다."[1] 워드의 식물 운반용 발명품이 성공할 수 있었던 건 이런 그의 인맥과 떼어놓고 생각할 수 없다. '워디언 케이스'라는 그 이름은, 넉넉한 인심을 지닌 그의 집을 방문하지 않고서는 의미가 완전히 와닿지 않았다.

1849년 워드는 런던 중심부, 웰클로스 스퀘어의 작고 어두침침한 집을 떠나 신선한 공기를 마실 수 있는 클래펌 라이즈에 새 둥지를 틀었다. 런던 남서부에 위치한 클래펌은 런던에서 5.6킬로미터 떨어져 있었고 런던교에서 마차로 30분 거리에 있었다. 워드의 아들 스티븐Stephen Ward은 결혼해서 아버지의 병원과 웰클로스 자택을 물려받았다. 워드 역시 본인의 단골 환자 일부를 여전히 진료했고 심지어 클래펌 인근에 사는 환자도 새로 받았다.

이사 후 그는 식물 연구와 채집에 시간을 더 들였다. 이곳 클래펌에서 그가 원래 품고 있던 소박한 계획은, 세계적으로 수집한 식물을 아낌없이 보여주겠다는 근사한 꿈으로 바뀌었다. 그는 즉시 정원 조성 작업에 착수했다. 워드가 신경 쓴 첫 번째 요소는 당시 유행에 따른 바위 조경이었다. 보스턴의 아사 그레이가 보내온 북미석송North American ground pine(리코포디움 덴드로이데움L. dendroideum)이 정원에 처음 들어온 식물이었다.[2] 그는 온실을 짓고 더불어 호주, 인도, 북미, 심지어 북극 식물을 키울 수 있는 특수 상자를 만들기도 했다. 워드는 클래펌 자택을 본인이 가장 좋아하는 식물의 이름을 따서 '더 펀즈The Ferns(고사리)'라고 불렀다(그림 6-1).

정원은 야생의 모습을 띠어갔다. 클래펌으로 이사 온 지 10년 후 워드는 이렇게 자랑한다. "내 정원은 그야말로 식물들로 무성하다. 내 친구 윌리엄 하비는 이곳을 야생의 숲이라고 부르는데 내 생각에도 그렇게 불릴 만하다."[3] 워드의 정원은 항상 식물로 가득했고 계속 규모가 커졌다. 새 둥지를 튼 지 15년이 지나서야 정원 작업이 거의 마무리되었다고 선언할 정도였다. 그러나 대부분의 정원과 마찬가지로, 작업은 해도 해도 끝이 나

MR. WARD'S FERN-HOUSE.

그림 6-1 1851년 클래펌 라이즈에 위치한 워드의 온실 내부 모습.

지 않았다. 워드는 정원 조성 작업을 계속 해 나갔고, 그의 친구들은 계속 해서 그의 집을 오가며 워드의 환대를 즐겼다. 한 친구는 워드의 집을 활기차고 재미있는 곳이라 하면서 식물이 사방에서 자라 방문객과 식물 재배가를 즐겁게 해주었다고 묘사했다.[4]

워드는 접대 행사를 집에서 자주 열었고, 가장 빈번한 시기에는 매주 열기까지 했다. 이런 행사가 열리면 많은 과학계 지인이 그와 식물을 보러 찾아왔다. 연회에서 "여러 나라와 식민지에서 활동하는 박물학자들이 그 자리에 참석한 유럽의 가장 저명한 박물학자들에게 처음 소개되거나, 인생에서 마지막으로 소개될 기회를 잡는 경우도 상당히 잦았다."[5] 19세기 중반, 워드의 집은 이렇게 아마추어와 전문가들이 모두 방문할 수 있는 곳이었다. 모두 이곳에서 식물에 대한 열정으로 하나가 되었다.

클래펌에 있는 워드의 집에 꽃이 피자 워디언 케이스의 사용도 꽃을 피웠다. 1853년 워드는 그레이에게 편지를 쓴다. "밀폐 상자는 진화 중인데, 만약 내가 좀 더 많은 시간과 수단을 투자한다면 보기에 아주 흡족한 방식으로 개선될 것 같네."[6] 19세기 중반, 워드의 응접실 상자는 중상류층의 빅토리아 양식 주택에서 한창 인기를 끌었다. 특히 양치식물 열풍 *pteridomania*이 일어나 영국과 유럽을 휩쓸었다. 이들은 워디언 케이스 덕분에 귀중한 식물을 집 안으로 들여올 수 있었다. 런던의 한 부유층 여인은 행사에서 기부할 목적으로 상자 50개 제작을 의뢰했는데, 다른 많은 이들과 마찬가지로 상자 안에 식물을 배치하기 위해 워드에게 조언과 도움을 구했다. 이런 의뢰를 받는 워드와 마찬가지로, 큐 식물원의 윌리엄 후커도 인기 있는 외래 식물의 요청 쇄도로 눈코 뜰 새가 없었다. 그는 "배 한 척

분의 양치식물 물량으로는 현재의 수요가 전혀 감당이 안 된다"고 워드에게 털어놓았다.[7]

전문가를 끌어모으다

워드는 아마추어 박물학자와 폭넓게 인맥을 맺었다. 가장 가까운 지인 중에는 큐 식물원의 후커 부자, 보스턴의 아사 그레이, 트리니티 대학의 윌리엄 헨리 하비, 인도 식물학의 개척자 로버트 와이트Robert Wight, 유명한 삽화가 에드워드 쿡Edward Cooke이 있었다. 워드의 인맥에서 가장 인상적인 면모는 그가 수십 년에 걸쳐 인맥 관리에 정성을 들였다는 점이다. 1839년에 청년 아사 그레이를 만나 이 미국인과 거의 30년 동안 편지를 주고받았고, 조지프 후커와도 같은 관계를 이어나가 30년에 걸쳐 서신 왕래를 계속했다. 워드의 클래펌 자택은 조지프 후커와 찰스 다윈의 아들이 다녔던 남학교와 멀지 않았다. 이들의 어린 아들들은 자주 워드의 집에서 환대를 누리며 그에게서 식물학 지도를 받았다.[8]

　워드는 저명한 과학자뿐 아니라 모든 부류의 사람들에게 시간을 할애했다. 그는 상자를 처음 호주에 가져갔던 선장, 찰스 말라드와도 좋은 관계를 지속해 나갔다. 말라드가 호주 북부 브리즈번의 내륙 목초 지대인 달링 다운스Darling Downs에 상륙했을 때 워드는 말라드 부인에게 식물을 채집해달라고 부탁했다. 이에 응답해서 말라드 부인은 눈길을 끌 만한 호주 식물을 상자에 넣어 워드에게 보내주었다. 호주 식물을 훑어본 워드는 수

많은 신종 식물을 발견했고, 이들을 보스턴에 사는 그레이에게 포장해서 보내 식별을 요청했다. 식물을 보내면서 워드는 다음과 같은 메모를 같이 남겼다. "(신종 식물이 발견되면) 말라드 부인에게 그 공을 돌려주게. 나에게는 더할 나위 없이 기쁜 일이네."[9] 워드는 이 넓은 인맥을 통해 전 세계 지인들과 연락을 주고받았고 식물 또한 연락망을 따라 전 세계를 이동했다.

워드와 서신을 주고받은 사람을 한데 모으면 19세기 박물학 인명사전이 한 권은 나올 것이다. 오귀스탱 피람 드 캉돌Augustin Pyrame de Candolle은 스위스의 식물학자이자 식물지리학자로, 현대 생물지리학의 기반을 닦은 사람이다. 1816년에 워드는 그와 저녁을 함께 했고, 이후 서로 편지를 주고받으며 제네바에 사는 그를 방문하기도 했다. 나중에 워드는 클래펌으로 캉돌의 아들을 초대했다. 독일인 테오도어 포겔Theodor Vogel은 1841년 나이지리아 탐사에서 식물 채집 활동을 하다 젊은 나이에 이질로 사망한 사람이었다. 워드는 포겔과 함께 아프리카를 여행했지만 털끝 하나 다치지 않고 귀환한 윌리엄 스탠저William Stanger와도 친구 사이였다. 포겔과 스탠저는 둘 다 워드의 자택에서 워드가 마련해준 파견 기념 연회에 참석했고, 워디언 케이스를 아프리카 탐사에 가져가는 데 중요한 역할을 했다. 스탠저는 이후 남아프리카 등을 여행할 때 식물 채집 활동을 계속 이어나가며 워디언 케이스로 워드에게 식물 표본을 보냈다. 워드는 미국인과도 친분이 있었다. 예일대의 대니얼 캐디 이튼Daniel Cady Eaton, 미국 현미경의 개척자인 뉴욕 시민 제이콥 휘트먼 베일리Jacob Whitman Bailey, 워드와 관계를 지속하며 그에게 많은 식물 표본을 보낸 오하이오의 선태 전문 식물학자 윌리엄 스탈링 설리번트William Starling Sullivant가 그들이다. 워드는 미국 중서부에서 오는 식물을 기쁜 마음으로 받았지만, 설리번트가 과학자들에게 나누어 주는 식물 표본이 너무 많다며 염려하기도 했다. 한번은 아사 그레이에게 이런 질문을 했다. "설리번트가 너무 많은 종을 나눠주는 거 아닌가?"[10] 호주에 둔 인맥의 경우, 워드는 멜버른에 사는 페르디난트 폰 뮐러Ferdinand von Muller처럼 당대 제일가는 과학자뿐 아니라, 금광에서 일하는 의사이자 젊은 학생 시절 런던 워드의 집에서 많은 시간을 공부하는 데 쏟은 토머스 르 게이 홀트하우스Thomas Le Gay Holthouse 같은 인물과도 연락했다. 거의 독학으로 공부한 지질학자이자 화석·채집가로 당시 영향력이 대단했던 샬럿 머치슨Charlotte Murchison 역시 워드의 집을 방문했다.[11]

물론 직업이 과학자라면 이런 인맥을 갖는 게 특이한 일은 아니었다. 그레이와 조지프 후커의 인맥은 이보다 훨씬 넓었다. 그러나 직업이 의사인 아마추어 식물학자 워드가 전 세계에서 이런 친분을 쌓았다는 것은 인상적인 일이었다. 그는 적극적이고 사교적인 성격 덕에 본인이 발명한 워디언 케이스를 다른 이들에게 효과적으로 홍보할 수 있었다. 1853년 워드는 그레이에게 이렇게 편지를 쓴다. "자네와 다른 지인들 덕분에 내 정원과 상자는 식물학자들에게 많은 관심을 받기 시작했네."[12] 워드와 친분을 맺은 지인들은 그가 발명한 상자가 계속적으로 사용되도록 홍보를 이어갔다. 이 지인들 중 거의 모두가 어느 시점에 워드의 집을 방문해서 그가 발명한 상자를 직접 눈으로 확인했다.

바나나에 투영된 제국주의

워드는 다양한 지인을 통해 가치 있는 식물종을 운반하는데 중요한 성과를 올렸다. 선교사였던 존 윌리엄스$^{John Williams}$ 목사와 친분이 있던 워드는 그에게 식물을 운반하는 최적의 방법을 알려주었다. 1839년, 태평양 지역으로 또 한 차례 선교 여행을 떠날 준비를 하고 있던 윌리엄스는 난쟁이 캐번디시 바나나$^{dwarf Cavendish banana}$(워드가 살던 시대에는 무사 캐번디시$^{Musa cavendishii}$라고 불렸지만 오늘날 이 바나나는 무사 아쿠미나타$^{Musa acuminata}$의 한 품종으로 알려져 있다)가 잠재적으로 가치가 있다는 이야기를 듣게 된다. 그는 워드에게 이 바나나나무를 유리 상자에 담아 태평양으로 가져갈 수 있는지 물었고, 이에 워드는 바나나나무를 이식해보라고 부추겼다.[13] 본래 수천 년간 아시아와 뉴기니의 열대 지방에서 원주민이 재배하던 난쟁이 캐번디시 바나나는 1829년 모리셔스에서 영국으로 건너왔다. 이 중 나무 한 그루는 채츠워스에 있는 윌리엄 캐번디시의 온실에 이식되었고 그의 수석 정원사인 조지프 팩스턴이 이 나무를 정성스럽게 가꿨다. 1838년 팩스턴은 배분할 묘목이 백 그루는 된다고 보고했다. 팩스턴에게 바나나를 받은 윌리엄스 목사는 이를 워디언 케이스 두 개에 포장해 남태평양으로 가져갔다. 이 소식에 흥분한 워드는 윌리엄 후커에게 이렇게 편지를 쓴다. "방금 무사 캐번디시가 유리 상자에 담겨 남태평양 제도의 한 섬에 도착했다는 소식을 들었습니다. 그곳 토착 식물과 함께 최고의 가치를 발휘하리라 기대합니다." 바나나 이식 소식에 전율을 느낀 후커는 워드에게 자세한 소식을 추가로 전해 달라고 부탁했다.[14]

런던을 떠난 지 6개월 후, 바나나는 오늘날 사모아 제도의 일부인 남태평양의 작은 섬, 우폴루Upolu 연안에 도착했다. 윌리엄스가 워디언 케이스를 열었을 때 이 식물은 거의 죽어가 살아날 가망이 없을 것 같았다. 당시 우폴루 섬에 살던 선교사 윌리엄 밀스William Mills가 이 중 하나를 얻어 교회의 작은 정원에 심었는데, 다행히 이 바나나가 잘 번식해 1840년에는 3백 그루 이상의 묘목과 30개 이상의 흡근으로 늘어났다.[15] 윌리엄스는 사실 운이 좋은 사람은 아니었다. 남태평양 제도 원주민들이 외국인에게 적대적이라고 이미 소문이 파다하게 났는데도, 윌리엄스는 아랑곳하지 않고 우폴루에 도착한 지 수개월 후 뉴헤브리지섬New Hebrides(바누아투Vanuatu)으로 떠났다. 결국 그곳에서 그와 그를 도와주던 조수는 원주민에게 매를 맞아 죽고 말았다. 이들이 오기 전에 단향sandalwood을 채집하러 온 사람들한테 당한 보복이었다. 이 죽음으로 윌리엄스는 '순교자'가 되었고, 그와 바나나 이식에 대한 이야기가 종종 사람들 입에 오르내렸다. 그러나 선교사들이 즐겨 얘기하듯이, 이들이 선교지에 도착한 후 '문명화'가 이루어지고 '경제적 이득이 창출'되기도 했다.[16]

바나나는 영양분이 많고 풍미도 좋은데다 번식을 통해 쉽게 재배된다. 이 말은 선교사들이 처음 가져온 바나나나무의 흡근만 옮겨 심으면 다른 섬에서도 바나나를 재배할 수 있었다는 뜻이다. 바나나는 타히티에서 토레스 해협, 심지어 멀리 하와이까지 태평양 전역에 퍼져나갔다. 오늘날 난쟁이 캐번디시 바나나는 슈퍼마켓에서 구입할 수 있는 가장 흔한 바나나다.[17]

워드는 윌리엄스와 바나나 이식에 관한 이야기에 애착을 느끼며 자주 얘기했다. 바나나 이야기는 워드의 집에 초대받은 윌리엄스의 부인, 메리 초너^{Mary Chawner}가 해 주었으며, 이 이야기를 통해 워드는 바나나 이식 과정에서 워디언 케이스가 큰 몫을 했다는 것을 알게 되었다. 워드는 태평양 지역에서 활동하는 다른 선교사들과도 가까운 관계를 유지했다. 그는 이들에게 토착민들을 시켜 식물 표본을 모아 런던으로 보내달라고 부탁했다. 워드가 보기에 한 지역의 자연물을 이해하는 것은 그 실용성과 필요성 면에서 "물질적으로 선교사와 토착 원주민 모두에게 심리적 안도감을 더해줄 뿐 아니라, 유아적이고 미개한 마음을 위대하고 정당한 대의를 아는 상태로 이끌기에 아주 효과적"이었다.[18] 바로 이런 생각이 19세기 중반의 사고방식으로, 식물 연구는 '위대하고 정당한 대의'였을 뿐 아니라 식민지를 개척하는 한 방법이었다.

유리세 폐지를 이끈 워디언 케이스

워드는 많은 과학자 및 의료계 종사자와 합심하여 유리세^稅를 폐지하는 데 중요한 역할을 했다. 18세기 중반부터 유리는 그 중량에 따라 세금이 부과되었다. 유리세는 이런 식으로 거의 한 세기 동안 유지되었다. 1840년대, 과학자에서 의료계 종사자들을 아우르는 대규모 전문가 집단이 유리세에 반대하기 시작했다. 잡지 〈가드너스 크로니클〉의 대다수 독자가 집에 온실을 가지고 있었다는 점을 감안하면, 이 잡지의 발행인 존 린들리가 유리세 문제에 특히 목소리를 높인 것은 당연한 일이었다.

1844년과 1845년에 걸쳐 잡지는 유리세의 종식을 주장하는 기사를 길게 실기도 했다. 대도시 및 인구 밀집 구역에 대한 진상 조사 위원회The Commission of Inquiry into the State of Large Towns and Populous Districts는 바로 이런 문제에 관해 의견을 듣는 정부 기관이었다.

워드는 이곳 진상 조사 위원회에 증거를 제시하라는 요청을 받는다. 그는 어둡고 더러운 런던의 인구 밀집 지역인 이스트 엔드East End에서 의료 종사자로 활동하면서 느낀 점을 자세히 진술했다. 그는 만약 가난한 사람들의 주거지에 빛이 더 많이 들어올 수 있다면 그들의 위생 환경이 크게 개선될 거라고 위원회에 주장했다. 위원회의 질문은 워디언 케이스에도 집중되었다. 워드는 유리세가 폐지된다면 빈부에 상관없이 모든 사람들이 집안에 워디언 케이스를 둘 수 있을 것이라고 했다. 내친 김에 워드는 위원회 앞에서, "런던에서 위생적으로 가장 불결한 곳에서도 제일 키우기 까다로운 식물을 키울 만한 빛은 충분히 들어옵니다"라고 운을 뗀 뒤, 킬라니 고사리Killarney fern(트리코마네스 스페키오숨Trichomanes speciosum)를 예로 들었다. 전에는 이를 런던에서 키울 수 없었지만 이제 "유리 상자 안에 두면 런던 대장간에서도 자랄 겁니다"라고 장담했다.[19] 워드는 유리세 폐지가 빈민층에 가져다 줄 긍정적인 효과를 주장하면서 본인의 상자도 홍보할 수 있는 기회를 얻은 셈이다.

위원회의 권고에 따라 로버트 필Robert Peel 수상이 이끄는 영국 정부는 유리세를 폐지했다. 1845년 2월 22일, 필 수상의 영국 하원 연설 직후 〈가드너스 크로니클〉은 맨 먼저 린들리의 사설을 실어 이 이슈를 논했다. "정치인들이 로버트 필 경의 재정 정책에 관해 어떤 의견을 내놓든, 존경하는 필 수상은 정원을 가지고 있는 모든 사람들에게서 진심 어린 감사의 인사를 받을 만하다."[20] 이제 더는 유리에 중량에 따라 세금이 매겨지지 않았기 때문에, 수익성과 가격 단가를 고려하더라도 충분히 유리를 두껍게 제작할 수 있었다. 따라서 온실에서 워디언 케이스까지 모든 유리 제품의 내구성을 향상시킬 수 있었다. 유리세 폐지는 기술적으로 중요한 전환점이 된 정책으로, 이 덕분에 가정 및 장거리 식물 운반에서 유리를 훨씬 보편적으로 사용할 수 있게 되었다.

대영 만국 박람회를 사로잡다

1850년 가을, 워드의 집에 데번셔 공작의 정원사 한 명이 찾아와 그의 식물 상자를 관찰하고 있었다.[21] 캐번디시 공작의 젊은 정원사 존 깁슨이 인도로 건너간 후 워디언 케이스 가득 신종 식물을 채워와, 채츠워스에 위치한 팩스턴의 야자 온실을 꾸민 지 10년이 넘게 흐른 시점이었다. 이번에 찾아온 정원사는 워드가 처음 만든 식물 상자와 그가 요즘 사용 중인 새로운 형태의 상자에 대해 질문했다. 당시는 만국 산업 제품 대박람회Great Exhibition of the Works of Industry of All Nations(이하 만국 박람회)에 대한 관심이 급속도로 달아오르던 시기였다. 여기에 팩스턴이 본인의 채츠워스 자택에 있는 온실에서 일부 영감을 받아 설계한 수정궁이 당시 하이드 파크에 건축되는 중이었다. 이곳에서 전 세계 국가의 산업 및 경제적인 위업이 전시될 터였다.

만국 박람회는 워디언 케이스에 있어서 중요한 기회였다. 먼저, 박람회 측은 대영제국이 달성한 흥미로운 수많은 산업적 위업 중 하나로 워디언 케이스를 선정했다. 둘째, 수정궁 건축 과정에서 유리를 상업적 규모로 저렴하게 생산하고 구입할 수 있었다. 수정궁은 당대 건축의 자랑거리였다. 거의 7.2헥타르의 부지를 차지한 이 건물은 본관의 길이가 563미터, 너비는 124미터, 최고 높이는 33미터였고 대부분 유리로 지어졌다.[22] 구조물 전체에 총 30만 장의 유리가 사용되었다. 이런 대규모의 공사는 앞서 수년 전 유리세 폐지가 시행되지 않았더라면 엄두도 못 낼 일이었다. 수정궁의 유리 제작 계약을 따 낸 유리 제조업체인 찬스 브라더스[Chance Bros.]는 작업이 한창 진행 중이던 1851년 1월, 하룻밤 새에 유리 6만 3천 장을 생산하기도 했다. 수정궁 건축으로 유리의 대량 생산이 가능해졌고, 이는 곧 새로운 워디언 케이스의 지속적인 생산에 영향을 미쳤다.

1851년 개장하고 같은 해 10월 막을 내린 만국 박람회에는 6백만 명 이상이 방문했다. 이 유리 구조물은 전 세계에서 제조된 상품이 모인 최대 규모의 전시장이었을 뿐 아니라 초목의 무성함을 볼 수 있는 곳이기도 했다. 하이드 파크에 있던 큰 느릅나무들도 건물 안에 일렬로 심어져 유리의 보호를 받았다. 역사가 데이비드 앨런[David Allen]은 수정궁 때문에 "나라 전체가 유리 속 초목에 관해 지나치리만큼 잘 알게 되었다"라고 말했다.[23] 워디언 케이스는 전시장 곳곳에서 모습을 드러냈다. 관람객들은 멀리 타국에서 가져온 경제성 있는 관상식물을 구경할 수 있었다. 또한 18년 동안 물 한 번 주지 않고도 식물이 잘 자라는 워드의 유리병 같은 신기한 물건도 볼 수 있었다.[24]

건물 안에는 많은 나라의 제품력을 보여주는 수만 가지 물건이 전시되어 있었다. 이 중에는 틀니, 수압프레스, 가황 처리된 타이어(vulcanized tires: 고무의 질을 높이기 위해 황을 넣고 가열해서 만든 타이어―옮긴이), 독특한 태피스트리(tapestry: 여러 색실로 무늬를 짜 넣은 직물―옮긴이) 등이 있었다. 어떤 방문객들은 이런 각양각색의 물건들과 함께 워디언 케이스가 전시되어 있다는 사실에 사뭇 놀라는 눈치였다. 잡지 〈일러스트레이티드 런던 뉴스 Illustrated London News〉의 한 기자는 만약 방문객이 "왜 이런 평범한 물건이 만국 박람회에 보내졌냐는 질문을 받으면 뭐라 답할지 어쩔 줄 몰라하는 게 당연하다"고 에둘러 표현했다.[25] 박람회에는 각종 다양한 워디언 케이스가 많이 전시되었다. 물론 잘 꾸며진 응접실용 상자 몇 개는 꽤 눈길을 끌었지만, 동편 갤러리의 여행용 상자는 보기에 평범했다. 그러나 이 기자는 워디언 케이스, 특히 여행용 상자가 영국의 산업과 전 세계 연결 수단으로서 증기 기관차나 가황 처리된 고무만큼 중요하다고도 평했다. 워디언 케이스를 통해 영국은 식민지 통치자들이 즐길 만한 유용한 식물을 식민지로 보낼 수 있었고, 그 보답으로 식민지 측에서 보낸 다른 식물이 영국으로 들어올 수 있었다. 1851년, 매주 영국에 도착하는 선박은 전 세계 "머나먼 오지의 생태계" 식물로 가득한 상자를 한 주도 빠뜨리지 않고 싣고 왔다. 기자는 워디언 케이스가 다른 방법으로는 불가능했을 "외래 식물 관련 생산물을 확보할 수 있는 길을 열어주었다"라고 이어서 평가했다. 박람회는 또한 수많은 관상식물을 워디언 케이스에 넣어 선보였다. 상자 안에 전시된 식물로는 호야 카르노사*Hoya carnosa*와, 이와 가까운 종이자 전시에 맞게 꽃이 활짝 핀 호야 벨라*Hoya bella*가 있었다. 박람회의 북쪽 회랑에

서는 양치류와 선인장을 같이 넣은 워디언 케이스도 볼 수 있었다.[26]

　워디언 케이스는 누구나 소유할 수 있을 정도로 경제적인 물건이었다. 〈일러스트레이티드 런던 뉴스〉의 기자는 마지막으로 워디언 케이스 덕분에 자연이 집안으로 들어왔다고 평가하며 기사를 끝냈다. "식물 재배는 그 자체로 즐거운 일이고, 인생의 재미를 추구하는 사람에게 대단한 기쁨을 선사하는 일이다." 이 기자는 런던의 모든 아이들에게 워디언 케이스가 필요하다고 제안하면서, 그래야 성장과 함께 식물을 키우는 즐거움도 커질 수 있다고 말했다. 워디언 케이스가 만국 박람회에 전시된 일은 상자가 더 많이 쓰이는 획기적인 계기가 되었다. 주로 장식용, 특히 아마추어 원예가들이 응접실 중앙에 놓을 장식으로 사용하는 경우가 많았다. 이렇게 워디언 케이스는 식물 애호가들에게 심미적인 이유로 환영받았지만, 언론인들은 식물을 바다 건너로 옮기는 데 있어 워디언 케이스가 얼마나 중요한 기술인지를 빠뜨리지 않고 언급했다.

워드의 황금기

패터노스터 로Paternoster Row와 존 반 부르스트John Van Voorst 등 당대 권위 있는 출판인들은 워드의 집에서 시간을 보내거나 현미경 렌즈를 들여다보는 일이 꽤 많았다. 워드와 반 부르스트는 1839년 어느 날 저녁 웰클로스 스퀘어의 저택에서 만들어진 현미경 협회Microscopical Society의 창립 회원이었다. 만국 박람회에서 워디언 케이스가 성공적으로 전시된 후, 워드는 반 부르스트의 권유로 본인의 저서인《밀폐된 유리 상자에서의 식물 성장*One the Growth of Plants in Closely Glazed Cases*》의 개정판을 남는 시간에 손보기 시작했다.[27] 이는 어찌 보면 당연한 수순이었다. 1852년 8월, 워드는 마침내 개정판을 반 부르스트에게 넘긴다. 그는 그레이에게 쓴 편지에서 집필의 어려움을 토로했다. "내게 작가로서의 필력이 있다면 주제가 주제인 만큼 아주 재미있는 책을 만들 수 있었겠지. 그래도 나는 최선을 다했고 부디 초판보다는 나아졌다고 여겨달라는 헛된 바람을 해본다네."[28] 워드는 인맥을 만드는 능력은 나무랄 데가 없었지만, 글 쓰는 데는 영 소질이 없었다. 그는 유명한 아프리카 탐험가 데이비드 리빙스턴*David Livingstone*이 한, "여행기를 쓰는 노고는 여행을 하는 수고보다 훨씬 고되더라"라는 말을 종종 입에 올리곤 했다.[29]

워드의 개정판은 초판과 비교해 달라진 게 거의 없었지만, 흥미로운 부분이 두 가지 추가되었다. 워드는 서문을 새로 쓰면서 응접실 상자를 언급하는 데 많은 지면을 할애했는데, 이 부분에서 어느 정도 자신감이 묻어났다. "선박을 통한 식물 운반에 대해 언급하자면, 이 방안은 이제 전 세계적으로 채택되고 있다. 또한 지구상에서 문명화된 곳이라면 워디언 케이스 사용으로 어느 정도 혜택을 보지 않은 곳은 없다."[30] 4장에서는 식물 운반을 위한 상자 사용에 관해 서술하면서, 식물 채집가들이 상자를 배에 싣고 가 작업을 성공리에 마쳤다는 내용을 자세히 덧붙였다. 물론 가장 먼저 예로 든 것은 로버트 포춘의 중국 현지 차나무 채집이었다. 부록에 실린 서신도 개정판에 더 많은 내용이 추가되었다. 상자에 대해 추가로 생긴 지원책으로 무엇이 있는지 보여주었고, 지원 대상이 주로 병원

과 요양소라는 얘기를 다뤘다. 개정판이 초판과 가장 눈에 띄게 다른 점
은 삽화로, 워드의 며느리, 조지아나 에글린턴 워드$^{Georgiana\ Eglinton\ Ward}$(결혼
전 성은 쿡^{Cooke})가 맡았다. 조지아나는 유명한 삽화가 집안의 딸로, 동생인
에드워드 윌리엄 쿡 역시 개정판에서 삽화에 참여했다. 그는 조지 로디지
스의 딸 제인과 결혼한 사람이기도 했다.[31]

　워드는 초판 때와 마찬가지로 영국과 유럽 전역의 지인은 물론 호주,
북미, 아프리카 등 먼 나라 친구에게까지 책을 많이 보냈다. 워드의 친구
들 역시 책에 좋은 평가를 내렸다. 보스턴에서 워드와 편지를 주고받는
믿음직한 친구 아사 그레이는 바다 건너 식물 운반용으로 워디언 케이스
를 사용하는 것은 "워드의 발명을 가장 실용적으로 이용하는 중요한 면
모"라고 주장하며 워드와 뜻을 같이 했다.[32] 그레이는 더 나아가 "이런 이
동 방식은 이제 전 세계적으로 운용되며, 상자를 잘 관리하기만 하면 아
주 성공적인 방법임이 입증되었다"라고 본인의 견해를 덧붙였다.

　수정궁과 저서의 개정판 출간으로 1850년대 초반은 황혼기를 맞은
워드가 최고 주가를 달리던 시기였다. 1856년 그의 친구들은 워디언 케
이스가 개인 및 국가에 기여한 공헌을 인정해 워드를 예술가 J. P. 나이트
$^{J.P.Knight}$의 작위를 받도록 추대했다. 그의 아들 스티븐이 후에 말했듯이, 이
일은 "아주 다양한 각계각층의 친구들의 사랑과 우정"으로 이루어졌다.[33]
오랫동안 린네 협회에는 워드의 초상화가 걸려 있었다(그림 1-1 참고).

가장 오래된 정원의 부활

1850년대 워드가 지속적으로 공을 들인 일이자, 그가 가장 자랑스러워하고 시간과 돈을 아낌없이 투자한 일은 바로 폐허가 된 첼시 피직 가든을 살려내는 과업이었다. 오늘날 대부분의 영어권 국가에서는 약을 조제하는 사람을 약사pharmacist라고 부르지만, 19세기에는 약제사apothecaries라 불렀다. 지금도 독일에서는 약국을 '아포테케apotheke'라고 부른다. '약제사apothe-cary'는 그리스어 'apothēkē'에서 유래했으며, 와인, 약초, 양념 등을 보관하는 창고를 가리켰다. 워드가 살던 시대에 약제사들은 최음제부터 방부제까지 온갖 약을 유통했으며, 이를 위해 식물에 능통해야 했다. 19세기 후반의 내과 의사 역시 처방하는 약품의 기본적인 자연 성분을 이해해야 했다. 의학 교육 과정을 성공적으로 마치기 위해 의사들은 식물학 시험(1895년에 가서야 필수 요건에서 폐지됨)을 통과해야 했다. 워드와 조지프 후커, 워드의 아들 스티븐까지 모두가 이 시험을 통과했고, 이후 세 명 모두 약제사 협회의 시험관이 되었다.

약제사들은 약용 식물을 식별하고 이들을 효과적인 약으로 조제할 줄 알아야 했다.[34] 런던에 위치한 첼시 피직 가든은 13세기 이래로 약제사들이 사용할 유용한 식물이 한데 모여 있는 곳이었다. 첼시 피직 가든은 의료계 종사자에게 자격증을 주는 공식 단체인 약제사 명예 협회의 실습 장소이기도 했다. 1673년에 만들어진 이 정원은 런던에 현존하는 식물원 중 가장 오래된 곳이다. 필립 밀러Phillip Miller가 운영하던 18세기 후반부터 첼시 가든은 외래 식물을 광범위하게 보유한 덕에 당시 유럽에서 가장 유

명한 식물원이었던 것으로 추정된다. 로버트 포춘은 1846년 중국을 오가
던 사이, 첼시 가든의 큐레이터로 활동했고, 1833년 워드는 첼시 가든 이
사회의 회원이 되었다. 이후 워드는 재빨리 영향력을 넓히더니 1836년에
는 첼시 가든의 큐레이터를 통해 유리 상자 두 개를 인도로 보내기도 했
다.[35] 워드가 가진 의사로서의 활동과 식물에 대한 열정 모두가 첼시 가든
에서 조화롭게 어우러졌기에, 워드는 30년간 이곳이 과학적으로 발전할
수 있도록 지원했다.[36]

　　1854년 9월 4일, 워드는 약제사 협회장으로 선출되었다.[37] 이 자리에
임명된 직후 그는 과학과 교육을 약제사 협회의 중요 부문으로 내세우기
위한 두 차례의 대규모 간담회를 계획하기 시작했다. 1855년 3월 7일과
이로부터 5주 후인 4월 11일, 워드는 런던 역대 최대의 현미경 간담회를
두 차례 개최했다(그림 6-2). 워드의 딸과 클래펌 자택의 시중들은 초대장
을 거의 8백 장이나 쉴 새 없이 발송했다. 간담회 저녁 행사의 중심인 현
미경은 백 대가 설치되었다. 그는 친구들에게 현미경에 쓸 흥미로운 물체
와 슬라이드를 거의 "무제한" 기부해 달라고 부탁했고, 테이블 가운데에
둘 장식으로 워디언 케이스를 준비했다.[38] 두 차례의 간담회는 블랙프라
이어스에 위치한 약제사 협회 강당에서 열렸고 현미경, 워디언 케이스, 의
료 과학 등 워드가 품은 열정을 모두 보여주었다.

　　첫 간담회에는 5백 명 이상이 참가했고, 두 번째 간담회에는 거의 7백
명이 참석했다. "런던 과학계의 거의 모든" 저명한 인사가 이 간담회에 참
석했다.[39] 잉글랜드 은행의 은행권 발행장인 매슈 마셜[Matthew Marshall]도 참석
했는데, 당시 영국의 은행권에는 그의 사인이 찍혀 있었다. 〈일러스트레

그림 6-2 1855년 블랙프라이어스에 위치한 약제사 협회 강당에서 7백여 명이 참석한 과학 간담회.

이티드 런던 뉴스〉가 보도한 것처럼 이날 저녁은 "최고의, 가장 순수한 지적 만족감"을 선사해주었다.[40] 초대받은 유명 인사 중 많은 이들이 현미경을 통해 물체를 "새의 눈으로 내려다볼 수 있게" 해준 워드에게 찾아와 개인적으로 감사를 표했다. 간담회 이튿날 아침에는 4백 명 이상의 여성과 아이들이 강당을 방문했고, 모두들 과학 발명품을 보느라 여념이 없었다. 두 차례에 걸쳐 열린 간담회는 얼마나 크고 웅장했는지 말로 표현하기 벅찰 정도였다. 총 1천 6백 명이 이 행사에 참석했다.

워드는 약제사 협회장이라는 본인의 지위를 이용하여 협회뿐 아니라 본인의 관심사, 특히 워디언 케이스를 홍보했다. "두 차례의 간담회가 성공해서 너무 뿌듯했습니다." 워드는 이렇게 소감을 밝혔다. "제 모든 지인들이 합심해서 저를 응원해주었고 훈훈한 지원을 아끼지 않았던 덕분입니다."[41] 워드가 주최한 파티는 당시 참석한 많은 과학자들을 통해 회자되었으며, 그 중 몇몇 인사는 수년 후에도 워드의 업적을 되돌아보면서 이 행사를 특별히 언급하기도 했다. 이 행사에 견줄 수는 없지만, 워드는 협회장 자리에서 물러나고 나서도 이후 10년간 협회 일을 계속하며 회계 및 첼시 가든 위원회 등에서 다양한 역량을 발휘했다.

1850년대 내내 약제사 협회는 부채에 시달렸다. 한 가지 탈출구는 첼시 피직 가든을 포기하는 것이었다. 설상가상으로 템스강 새 제방 공사 계획으로 첼시 가든 부지가 거의 없어질 위기에 처했다. 워드는 젊은 의사를 위한 중요한 수련장이었던 첼시 가든을 살리기 위해 지지 단체를 꾸려 이끌었다. 워드는 첼시 가든의 중요성을 사람들에게 보여주었을 뿐 아니라, 새로 온실을 짓고 설계하며 식물원 전체에 외래 식물을 담은 워디언 케이스를 배치하는 등 첼시 가든 부활 프로젝트를 진두지휘했다. 워드는 당시 큐레이터인 토머스 무어^Thomas Moore와 합심하여 그들이 보유한 식물종 잉여분을 전 세계 다른 식물원과 교환하며 식물 보유 수를 늘리기 시작했다. 첼시 피직 가든은 350년 역사 동안 존폐를 가르는 위기의 순간을 많이 겪었다. 1860년대 이루어진 이 부활 프로젝트에서 워드는 첼시 가든을 살려내는 데 중요한 역할을 했다.

그러나 시대는 서서히 변화하고 있었다. 잘 조직된 아마추어 식물 애호가들의 변화 주도 능력이 전문가와 관료가 내놓는 지침에 조금씩 주도권을 뺏기고 있었다. 더욱이 이 시기에는 워드의 건강이 무너지고 있었다. 한쪽 손 감염에서 폐렴까지 그는 수많은 질환을 앓으며 고생했다. 하지만 식물은 그가 계속 추구해 온 열정이었다. 어느 한 시기라도 본인의 자택인 '더 펀즈'를 3개월 이상 비울 수 없었다. 워드는 즐거움을 느끼기 위해 조지프 후커가 티베트와 인도의 시캄에서 식생지 고도별로 보내 준 고산 식물을 잘 꾸며놓았다. "식물이 주는 즐거움이 없다면 저는 곧 무너지고 말 겁니다." 워드는 지인에게 보내는 편지에 이런 글귀를 남겼다.[42]

아마추어 식물학자의 죽음

1860년대 워드는 첼시 가든과 클래펌 자택의 정원에서 연구를 계속했다. 이제 살날이 얼마 남지 않았기 때문에 식물은 더는 들여놓지 않기로 결심했다. 그는 북미산 양치류를 추가 구입하는 문제에 대해 이렇게 말했다.

"이제 식물을 더는 구입하지 않기로 마음먹었지만, 사고 싶은 유혹이 너무 컸습니다."[43] 수집가들이 다 그러하듯이 워드 역시 새로운 식물에 대한 욕망, 외래 식물을 보유해서 이식하고 그 자라는 모습을 지켜보고 싶은 욕망을 가눌 수 없었다. 그는 먼 타지의 비슷한 관심사를 공유한 사람들과 친분을 유지했지만, 그들을 직접 만날 기회는 갖지 않았다. 워드는 로버트 와이트가 보낸 모든 식물을 받은 후 항상 인도에 가고 싶어 했고, 그레이 역시 그에게 보스턴을 방문해달라고 끊임없이 부탁했다. 하지만 기껏해야 유럽 대륙이 워드가 여행한 가장 먼 지역이었다. 그는 전 세계에서 온 식물과 시간을 보내며, 식물 이야기와 이들을 채집한 사람들의 사연을 듣고 본인에게 오기까지의 여정을 헤아리면서 클래펌 자택 정원에 있는 것에 만족했다. "나의 가장 큰 기쁨은 이 작은 정원이니 (…) 덕분에 좋은 친구들이 많이 생각난다."[44] 워드는 조지프 후커가 인도에서 보내준 서양철쭉, 그레이가 워디언 케이스에 완벽하게 포장해서 보내준 양치류, 노르웨이에서 한 지인이 보내준 북극 식물, 폰 뮐러가 멜버른에서 보내준 조류, 스탠저가 케이프 식민지에서 보내준 소철로 주변을 장식했다.

말년에 워드는 갈수록 삶에 불만이 많아졌다. 이미 아내와 자녀 여럿이 먼저 세상을 떴고 며느리마저 남편과 3개월짜리 딸을 두고 세상을 떠났다. 그의 설득으로 의료계로 들어선 다른 아들 역시 런던 병원의 업무를 이기지 못하고 신경쇠약을 앓았다. 경제적인 문제도 걸림돌이었다. 평생 쉴 새 없이 일했지만 자식들에게 물려줄 재산은 거의 없었다. 은퇴하기 전에 했던 투자가 기대한 수익을 내지 못해 거의 빈털터리가 되었기 때문이다. 게다가 1865년에는 그보다 훨씬 큰 명성을 떨쳤던 친구, 윌리엄 후커와 존 린들리, 조지프 팩스턴이 모두 사망했다.

결국 워드의 마지막 기쁨은 정원이었다. 그토록 열정적으로 알리고 사람들에게 나누어주었던 워디언 케이스는 말년에 그에게 특히 실망으로 남았다. 1866년 크리스마스에 워드가 써 내려간 심경 고백을 여기에 전부 올려본다.

> 뉴홀랜드New Holland(호주)에 첫 워디언 케이스가 도착한 지 30년이 흘렀다. 그 이후 상자가 끼친 영향을 모르는 사람은 없을 터. 그동안 나는 이 나라의 공공 기관으로부터 조금이라도 인정을 받거나 작은 감사의 말조차 들어본 적이 없다. 답변할 편지만 수백 통, 아니 수천 통을 받았고 내 모든 여가 시간을 무엇보다 수많은 방문객을 맞는데 쏟았다. 이들은 일상에 지쳐 뭔가 할 거리를 찾는 게으르고 무지한 사람들이었다. 그래도 다시 태어난다면, 끝없는 노동이 따를지라도 내 인생의 가장 큰 즐거움이라 여겨지는 바로 그 일만 하련다.[45]

30년간 워드는 자택에서 사람들을 접대했지만, 이 우울한 크리스마스에 '도대체 무엇을 위해?'라는 회의가 들었다. 일찍이 1839년 워드는 윌리엄 후커에게 상자에 관한 질문에 답변하거나 집에 방문한 손님을 맞느라 너무 많은 시간이 든다고 불평했다. 워드는 또한 원망의 화살을 정부에게 돌렸다. 비록 불만의 어조였지만 노년에 죽음을 맞이하면서 군더더기 없는 명쾌함이 생겼다. 워드는 바로 이런 명쾌한 어조로 가깝게 편지를 주고받는 또 다른 친구에게 편지를 썼다. "정부가 인도에 차와 기나나무를 들여오는 것만큼이나 노동자 복지에 관심을 기울였더라면 우리가 영국 하원으로부터 그런 보고서는 받지 않았을 것입니다."[46]

바로 노동자 계급이 처한 가혹한 조건을 고발한 하원 보고서를 말하는 것이었다. 그는 문제점을 잘 꼬집었다. 워디언 케이스를 통한 차와 기나나무의 운반은 그가 평생 의사로서 치료한 노동자 계급에게는 그 혜택이 거의 돌아가지 않는 것 같았다. 먼 식민지 땅에서의 플랜테이션 농업은 식민지 개척자와 부유층, 나라의 경제만 배부르게 했다.

워드의 태도는 식물에 대한 열정으로 누그러졌다. 그는 자존감이 높았고 식물 수집에 물불을 가리지 않았으며 독실한 신앙인이면서도 종종 불평도 잘 했다. 그러나 워드는 선의의 일을 많이 하는 좋은 사람이기도 했다. 여성 의사를 옹호했고 첼시 가든에서는 여성 정원사를 훈련시키기도 했다.[47] 그는 아사 그레이나 많은 친구의 아이들을 포함한 젊은이들에게 힘과 용기를 주었다. 무엇보다 워드는 본인의 기술이 모든 이들을 이롭게 하리라 믿었고, 특허를 내어 그 혜택에 제한을 두는 일을 하지 않기로 했다.

워드의 개인 서명이 들어간 저서, 《밀폐된 유리 상자 안에서의 식물의 성장》은 전 세계에 많은 부수가 배포되었다. 현재 멜버른 왕립 식물원의 페르디난트 폰 뮐러Ferdinand von Mueller와 하버드의 그레이 식물 표본관Gray Herbarium, 큐 식물원에 보낸 서명본이 각각 한 권씩 남아 있다. 그러나 워드의 개인 소장본에 새겨진 문구는 이 책의 맥락에서 볼 때 시사하는 바가 크다. 그는 본인의 소장본에 주간지 〈스펙테이터Spectator〉의 옛 기사에서 따온 문구를 다음과 같이 새겨 넣었다.

"한 사람을 인류의 은인으로 받아들이는 사회적 인식은 그 행위에 대한 가장 숭고한 보상이다."[48] 워드는 유리세 반대에 앞장서서 가난한 사람들도 워디언 케이스를 사용할 수 있도록 했고, 고집스럽게 상자의 개선 가능성을 관철해나갔다. 이 모든 행위는 그의 독실한 신앙으로 인해 이루어지긴 했지만, 그래도 남을 돕기 위해 본인의 발명품을 사용한다는 워드의 고집을 엿볼 수 있다.

워드는 불평을 했지만 결국 자기의 숙명을 받아들였다. 박물학에 대한 애정으로 워드는 많은 부를 거머쥐고 동시에 잃었다. 그는 보스턴의 아사 그레이에게 이런 편지를 보낸다. "사실 박물학에 대한 애정과 부의 획득은 (…) 양립할 수 없는 거라네."[49] 워드는 계속 말을 이어갔다. "그렇다고 내가 그동안 걸어온 길을 후회한다고 생각하지는 말게나. 세상의 모든 부를 (…) 더는 거머쥘 수는 없었을 걸세." 그는 본인이 소장한 식물과 함께 친구들을 추억하면서 주어진 생을 마감했다.

너새니얼 워드는 1868년 6월 4일, 세인트레너드 해변 휴양지에서 눈을 감았다. 유족은 딸 둘과 아들 한 명이었다. 일간지 〈모닝 포스트Morning Post〉는 "워디언 케이스 발명가"라는 단순한 헤드라인으로 워드의 죽음을 알렸고,[50] 짤막한 부고란은 겨우 몇 마디 말로 워드의 생을 정리했다. 워디언 케이스와 약제사 협회 관련 활동, 남녀 젊은이들을 의료계와 자연과학계로 이끈 일, 마지막으로 그의 집에 관한 언급이 전부였다. "런던 과학계의 호기심 많던 탐구자로, 식물이 작은 공간 안 또는 대도시에서 얼마나 많이 번식하고 잘 자랄 수 있는지 보여주다." 연이어 사망 기사가 쏟아져 나왔고, 워드와 친분이 있던 사람들이 워디언 케이스와 그의 지칠 줄 모르던 노력을 기리는 찬사를 쏟아냈다. 조지프 후커는 그를 가리켜 "가장 도움이 되고 유쾌하게" 편지를 주고받은 지인이라고 묘사하며 "현재 영국에서 재배되는 경제적으로 가장 가치 있는 작물과 열대식물 중 상당수는 워디언 케이스가 없었다면 아직 이 땅에 들어오지도 않았을 것"이라고 평했다.[51]

그러나 석연찮은 의문점이 여전히 저변에 남아 있기는 하다. 대부분의 발명품에는 발명가의 이름이 붙지 않는데, 왜 이 상자에만 워드의 이름이 붙었을까?

워디언 케이스는 단순히 식물을 운반하는 상자가 아니라, 상자가 이동하는 네트워크의 이름이었다. 누가 너새니얼 워드보다 이 점을 더 잘 설명할 수 있을까. 그는 분명 식물 상자의 밀폐 시스템을 알리는 촉매 역할을 했다. 하지만 워드는 책을 많이 출간한 사람이 아니었고, 살면서 단한 번 저서를 냈을 뿐이다(그리고 10년 후 개정판을 출간한 정도다). 심지어 워디언 케이스의 기본 구조는 18세기 후반에 이미 완성되었다는 것이 기정사실이다. 대신 넓은 친분과 영향력이 있어 그가 명성을 날리게 된 것이다. 비록 워드는 무일푼으로 사망했지만, 사람들에게 상자를 보여주기 위해 노력을 기울인 그를 애도하는 과정에서 워드라는 이름은 후세로 이어져 내려와 상자에 밀착되었다.

과학은 그렇다. 네트워크 중심에 있는 사람들만 기억된다. 대부분의 시대에 그들은 남자였고, 대부분의 시대에 그들은 백인이었으며 대부분의 시대에 그들은 유럽인의 후손이었다. 그러나 워드처럼 지원을 거의 받지 못했던 아마추어가 기억되는 경우는 거의 없다. 대부분의 과학자들이 대의를 뒷받침해 줄 대형 식물원과 식민 권력을 등에 업고 있던 시절, 워드가 지닌 것은 권력이 아닌 특이한 집이었다.

그러나 발명가가 사망했다고 그 기술도 사망하는 것은 아니다. 워디 언 케이스의 이야기가 워드의 사망으로 끝이 났다면 그 영향력과 범위에 서 극적인 면이 훨씬 덜했을 터이다. 워디언 케이스는 워드의 사망 이후 50년 넘게 실용적으로 폭넓게 사용되었다. 이제부터는 그 이야기를 하려 고 한다.

19세기 후반 두 차례의 커다란 변화가 일어나면서 클래펌에 사는 아 마추어 원예가가 영향력을 휘두르던 시대는 사실상 끝이 났다. 우선 상업 적 식물 거래가 급속히 성장하면서 외래 식물의 수요가 종류와 수량 면에 서 증가했다. 또 만국 박람회 이후 중산층 사이에서 원예가 급격하게 인 기를 끌었다. 이런 상업적 이익이 크게 개입하면서 종묘원이 한층 중요해 졌다. 둘째, 특정적으로는 제국주의가 말기에 접어들면서, 좀 더 일반적으 로는 제국의 환경 자원 관리가 끝나가기 시작하면서 경제성 있는 식물이 제도화되었고 이로 인해 제국의 요구를 채워주는 전문 과학자가 필요했 다. 비록 아마추어의 역할은 서서히 사라지고 있었지만, 워디언 케이스는 향후 50년간 활약하며 중요한 역할을 했다.

2부

파노라마

Panoramas

7

아름다움의 이동

너새니얼 워드가 사망한 지 겨우 2년이 지났을 때 교활한 종묘상 윌리엄 불William Bull은 '개선된 식물 운반 상자An Improved Case for the Conveyance of Plants'의 특허를 출원했다. 사실 이 상자는 기존 워디언 케이스에 몇 가지 변화를 준 게 전부로, 태양빛을 차단하는 루버창과 공기 순환을 위한 공기 구멍을 추가한 것에 불과했다. 1870년경 불의 종묘원은 외래 식물의 탁월한 공급업체로 명성을 얻었다. 종묘업을 시작한 지는 10년이 채 안 되었지만 이미 단골손님이 많았고, 그의 사업체는 런던에서 유명한 식물 거래 지구 한복판인 첼시 킹스 로드King's Road에 자리 잡아 번성하고 있었다. 워드가 거의 무일푼 상태로 무대에서 사라진 후, 불은 특허 출원한 개선 상자를 "적당한 로열티"를 내고 사용해 달라고 요청했다.[1] 상업적 식물 거래는 식물 분야의 개척자와 중개인, 식물 운반 인력이 함께 어우러져 이루어졌고, 워디언 케이스는 이 사업에서 중요한 도구였다. 1860년대와 1870년대에는 종묘업 회사가 워디언 케이스의 혁신을 이끄는 데 중요한 역할을 했다. 윌리엄 불은 워디언 케이스로 식물을 운반한 중요한 회사였지만, 영국 종묘업체만 이 상자를 사용한 것은 아니었다. 유럽의 경우 프랑스의 고드프루아 르뵈프Godefroy-Lebeuf, 독일의 하게 운트 슈미트Haage & Schmidt, 호주의 토머스 랑Thomas Lang 같은 회사들도 상자를 사용했다. 당시 식물을 성공적으로 운반하는 일은 전 세계 종묘업 회사에게 상업적인 이익이 걸려있는 문제였다. 19세기 원예는 상당히 인기 있는 취미 생활이었고, 농업은 식민지 지배자들이 대대적으로 이익을 추구하는 분야였다. 원예와 농업이라는 두 분야에서 종묘업체는 공급자 역할을 했다.

상업적 종묘업체가 워디언 케이스를 어떻게 이용했는지는 식물 상자의 역사에서 중요한 주제다. 이들은 상자를 사용한 것은 물론, 어마어마한 양의 식물을 유통했다. 상업적 식물 거래는 전 세계적으로 광범위하게 진행되었으며, 워디언 케이스는 이들 식물을 운반하는 데 도움이 되었다. 우리가 아는 바와 같이 이러한 식물의 이동은 20세기 환경에 큰 영향을 끼쳤다. 하지만 우선은 식물 거래로 들여온 아름다운 식물과 이로 인해 파견된 식물 채집자들, 또 어마어마한 식물 교역량에 대해 살펴보자.

난초 열풍과 식물 상자의 진화

윌리엄 불은 외래종 식물 거래를 주도하는 사람 중 하나였으며, 대단한 위세를 떨치던 첼시 종묘상의 마지막 세대였다.[2] 그는 아프리카, 인도, 일본, 북미에서 식물을 조달해서 이들을 여왕과 프린스 오브 웨일스prince of

Wales(영국 왕세자에게 주는 칭호-옮긴이)뿐 아니라 오스트리아 및 프랑스, 독일, 러시아, 스웨덴의 왕가, 또 "원예에 관심이 있는 대부분의 영국 귀족"[3]에게도 공급했다. 여러 회사에서 식물 채집가로 몇 년간 활동하던 불은 1863년, 원예계 첨단 유행이 주도하는 첼시 지역에 본인의 종묘상을 내고 사업을 운영하기 시작했다. 초기에는 온실 식물에 집중했는데 특히 푸크시아, 버베나, 펠라르고늄pelargoniums을 전문적으로 거래했다. 마지막으로 언급한 펠라르고늄은 둥근 잎에 크림색과 핑크색을 이중으로 띠는 꽃이 달린 식물로, 불은 행복을 안겨주는 이 '첼시의 보석'을 영국 원예시장에 들여온 사람으로 기억되고 있다. 그는 또한 시대를 잘 읽는 노련한 사업가로, 아주 희귀한 최상급 식물을 조달해 와 원예 열풍을 주도하고 그 유행을 이끌었다.[4] 이어서 그는 관심을 난초에 돌려 베이치Veitch 종묘원과 손을 잡고, 19세기 후반 원예계를 주름잡았던 난초 열풍의 선봉 주자가 되었다.

불의 식물 상자는 수십 년을 걸쳐 이루어낸 혁신이었다. 그동안 원예가, 종묘상, 식물 채집가 들이 여러 실험을 하며 상자의 형태를 개선하려 노력했지만 마땅한 디자인이 나오지 않았다. 불은 이런 현실 사용 기반의 혁신을 모두 활용해 본인의 식물 상자를 만들었고, 이렇게 해서 나온 상자에 특허를 출원했다(그림 7-1). 그의 디자인이 공개되었을 때 〈가드너스 크로니클〉은 워드의 상자가 "위대한 행보"를 취하면서 종묘상이 전 세계로 새로운 식물을 운반할 수 있도록 해주었지만, 결함이 없지는 않았다고 발 빠른 반응을 보여주었다.

앞에서도 언급했지만 상자가 목적지에 도착했을 때 안에 죽은 식물

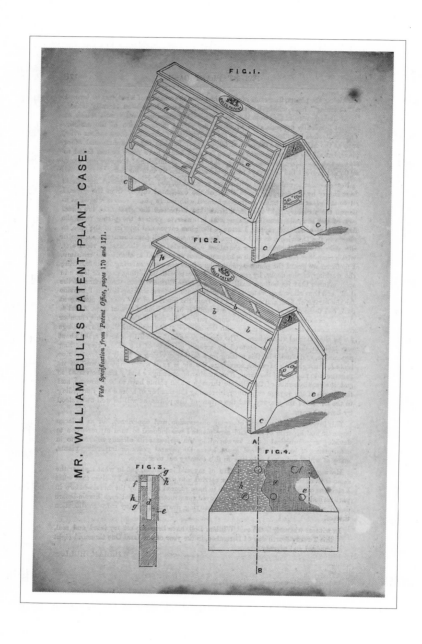

그림 7-1 윌리엄 불이 1870년에 특허 출원한 '개선된 식물 운반 상자'.

만 가득 들었던 적이 종종 있었다. 이런 결과는 식물원에서도 탐탁지 않았겠지만, 종묘업 회사에게는 천문학적인 손실이었다. 불이 개선한 식물 상자는 "치밀한 관찰과 경험"의 결과였다. 식물을 대량으로 수입하고 수출하는 업자로서 불은 워디언 케이스의 큰 문제점을 두 가지 발견했다. 첫째는 "유리로 들어오는 태양 광선의 직접적인 작용"으로, 식물이 더위에 고사하는 일이 벌어졌다. 둘째는 유리의 "빈번한" 파손으로, 식물이 유해한 바다 공기의 영향에 그대로 노출되었다.[5]

불은 수많은 해결책을 고안했다. 그런데 이 개선책 중 다수는 앞서 언급했듯이 이미 18세기에 알려진 것들이었다. 그는 우선 상자의 경사진 지붕에 끼워 넣은 유리 위에 보호용 프레임으로 루버를 가로로 덧대었다. 루버가 달린 창은 태양빛을 걸러줌은 물론 유리를 강화해주는 구실을 했다. 두 번째, 상자 내부 경사진 덮개 아래에 물길을 따로 내고 습기를 흡수할 물이끼나 숯을 채워, 유리에서 나가는 물방울이 내부로 모일 수 있도록 했다. 세 번째, 불은 상자 바닥에 발을 덧대어 상자 밑면이 배 갑판에서 떨어지도록 해서 갑판에 바닷물이 들어왔을 때 피해를 보지 않도록 조치했다. 네 번째, 상자 양쪽에 2.5센티미터의 공기구멍을 내고 고운 철사 망으로 덮어서 "상자 안의 오염되고 과열된 공기"가 빠져나가도록 했다.[6]

하지만 불이 개선한 상자는 그 말고도 수많은 원예가들이 수십 년에 걸쳐 개발한 생각을 토대로 이루어진 결과였다. 워디언 케이스는 무수한 제작자와 사용자가 내놓은 변화와 혁신 덕분에 오랜 세월에 걸쳐 진화한, 실제 사용을 기반으로 만들어진 기술이었다. 불이 추가로 덧댄 루버는 새롭고 독특한 기능이었고 향후 50년 동안 식물 상자의 구조에서 중요한 역할을 담당할 터였다. 작은 공기구멍은 공기 순환의 중요성을 다시금 부각시킨 것으로 18세기에 이미 널리 알려진 기술이었다. 물방울을 모으는 물길은 상자의 작은 공기구멍으로 물방울의 영향이 줄어들기 때문에 곧 무용지물로 전락할 신세였고, 상자 바닥에 발을 덧대는 작업은 1840년대 로버트 포춘이 상자를 이용한 이후부터 많이 알려진 방법이었다. 종묘업체와 관련 기관은 재빨리 불이 고안한 새로운 디자인을 채택했다. 큐 식물원과 파리 식물원, 미국 농무부 같은 기관은 이후 오랫동안 비슷한 디자인의 상자를 사용했다. 불은 식물 상자의 디자인을 현대화하는데 적극 앞장섰지만, 상자에 그의 이름은 결코 붙지 않았다. 식물 상자는 그 후로도 여전히 '워디언 케이스'라는 이름으로 불렸다.

　불은 그의 고객에게 외래종 정원 식물과 커피, 포도, 과일 나무 같은 경제적으로 중요한 종을 모두 공급했다. 1869년 병해로 인해 실론과 인도의 커피 산업이 붕괴한 이후, 노련한 불은 해결책을 간구했다. 1872년 그는 서아프리카에서 첫 라이베리아 커피를 수송받았고 큐 식물원도 같은 해 라이베리아 커피나무를 받았다. 불은 이 나무에 리베리카 커피*Coffea liberica*라는 이름을 붙여 카탈로그에 광고했고, 식물을 절박하게 찾는 식민지 농장주들에게 나무를 팔았다.[7] 리베리카 커피는 기존 플랜테이션 농업을 망쳤던 곰팡이 균에 훨씬 강했고 회복력도 좋았다. 1880년 불은 새롭게 특허 출원한 상자에 커피 신종을 가득 채워 실론, 인도, 자바, 브라질 및 중앙아메리카의 플랜테이션 농장에 보낸다. 한 보고서에 따르면, "튼튼한 묘목 수만 그루가 첼시 종묘원에서 대다수의 커피 플랜테이션 농장으로 보내졌다."[8] 종묘업 회사는 경제적으로 유용한 식물을 대량으로 보내 식민지 농장주의 욕구를 채워주는 데 대단히 중요한 역할을 했다.

19세기 후반, 상업적 종묘업 회사는 전 세계 식물 운반의 선두 주자였다. 반복적으로 식물을 실어 보내다 보니 긴 여정에서 살아 있는 식물에 무엇이 필요한지 잘 알게 되었다. 무엇보다 이런 회사의 사활이 식물을 무탈하게 공급한다는 신용에 달려 있기 때문이기도 했다. 그러므로 식물 상자를 통한 운반의 성공은 회사의 교역에 결정적인 요인일 수밖에 없었다. 이들은 지구 오지까지 식물 채집가를 두었고, 신종 식물을 재배하기 위해 대규모의 온실을 따로 마련했으며, 외래 신종 식물을 보급할 수 있는 수많은 단골도 확보했다. 이들이 계절마다 내놓는 카탈로그에는 "최초로 공급되는 신종 식물" 부분이 따로 있었다. 단골 고객들이 워디언 케이스를 통해 들어온 식물에 관해 정보를 얻을 수 있는 곳도 이런 카탈로그였다.[9] 식물 사랑은 상류 계층에만 국한된 현상이 아니었다. 당시 떠오르던 중산층 역시 정원을 가꾸는 데 열정적으로 매달렸다. 더불어 제국의 팽창으로 전 세계적으로 경험이 풍부한 정원사들이 사회에서 부상하게 되었다.

원예업계의 거물

불의 종묘원은 첼시 킹스 로드 536번지에 자리했다. 불이 킹스 로드에 사업장을 연 이후, 이 종묘원은 런던 종묘업의 중추 역할을 했으며, 같은 길을 따라 25곳 이상의 종묘업 회사가 쭉 늘어서 있었다. 이곳에는 주요 외래 식물 종묘원이 모두 모여 있었는데, 그중에 킹스 로드의 크리스토퍼 그레이즈 종묘상Christopher Gray's Nursery와 콜빌Colvill이 있었다.[10] 많은 종묘업 회사가 영국 전역 각지에서 운영되었지만, 명성을 유지하기 위해 킹스 로드에도 매장을 임대했다. 킹스 로드는 워드와 무어가 그 부활을 위해 부단히 노력했던 첼시 피직 가든과도 걸어서 얼마 안 되는 거리에 있었다. 무어는 당시 원예 잡지의 선두 주자였던 〈가드너스 크로니클〉의 편집자로 일했던 터라, 런던으로 들어오는 최신의 가장 귀한 외래 식물을 살펴보기에 더할 나위 없이 좋은 위치에 있었다. 19세기 온실 식물은 당대 원예의 꽃이었다. 각 나라 기후에 적합한 강인한 식물은 1914년 전까지는 인기가 없었다.

당시 제임스 베이치 앤드 선즈James Veitch & Sons에서 운영하는 왕립 외래 식물 종묘원Royal Exotic Nursery은 킹스 로드에서 가장 유명세를 떨쳤던 종묘원이다.[11] 영국 엑서터Exeter 출신인 이곳 운영자들은 만국 박람회 이후 1852년에 킹스 로드 544번지에 매장을 열었고, 사업은 순식간에 최대 규모로 성장하면서 명성을 얻게 되었다. 중요한 사실은 이 시기, 로디지스의 해크니 종묘원이 문을 닫던 중이라 보유했던 다양한 식물 컬렉션을 정리하고 있었다는 것이다. 베이치 앤드 선즈는 로디지스의 많은 식물, 특히 난초를 구매해서 첼시에 위치한 새로운 사업장으로 가져갔다.

베이치 앤드 선즈는 원예업계의 거물이었다.[12] 19세기, 세 명의 중요한 원예가가 당시 원예업계를 이끌었다. 제임스 베이치 시니어James Veitch Sr.는 정원사의 기술과 과학자의 능력, 사업가로서의 통찰력으로 시골 엑서터에서 원예업을 크게 일으켰으며, 그의 아들 제임즈 베이치 주니어는 아버지가 성공했던 많은 부분을 이어받아 첼시에 왕립 외래 식물 종묘원을 성공적으로 설립했고, 해리 베이치^{Harry Veitch}는 1870년대에 아버지와 형이 사망한 후 첼시의 사업장을 물려받아 20세기 초까지 잘 운영했다. 해리는 사업을 극적으로 확장하며 왕립 원예 학회에 깊이 관여했다. 해리가 이룩한 장기적인 업적 중 하나는 제1회 첼시 플라워 쇼^{Chelsea Flower Show}(세계에서 가장 권위 있는 원예 행사─옮긴이)를 감독한 일이었다. 이들 베이치 부자는 모두 사업에 워디언 케이스를 아주 효과적으로 이용했다.

베이치 종묘원이 워디언 케이스를 처음 사용한 것은 제임스 베이치 시니어가 식물 채집가인 윌리엄 로브^{William Lobb}와 토머스 로브^{Thomas Lobb} 형제를 처음 파견했을 때이다. 윌리엄 로브가 먼저 출발했는데, 그는 1842년 윌리엄 후커의 권유로 남미에 갔고 조지 가드너의 여정을 일부 따라갔다. 이후 로브는 안데스 산맥을 넘었고 에콰도르에서는 현지인 목수를 시켜 워디언 케이스를 현지에서 직접 제작했다. 그는 3년을 해외에서 보내며 워디언 케이스에 많은 희귀 식물을 담아 영국으로 돌아왔다.[13] 이어서 토머스 로브가 동남아시아에 파견되었고, 형과 똑같이 희귀 식물을 찾는데 성공했다. 형과 마찬가지로 토머스는 채집한 식물을 영국으로 보내는 일이 만만치 않음을 깨달았다. 1844년 꽁꽁 얼어붙은 겨울 한가운데에, 토머스가 영국 베이치 종묘원으로 보낸 식물은 모두 죽고 말았다. 베이치는 윌리엄 후커에게 보낸 편지에서 이렇게 탄식한다. "내 집 앞까지 무사히 도착했다 싶었는데, 정성 부족으로 그 식물들을 다 잃었으니 실망스럽기 그지없습니다."[14] 그러나 다음 번 선적에서는 좀 더 운이 따랐다. 이때 워디언 케이스에서 나온 귀한 식물 중 하나가 난초 종류인 키프리페디움 바르바툼*Cypripedium barbatum*이었다.[15] 이후 20년에 걸쳐 로브 형제는 전 세계를 누비며 식물을 채집했다. 이들이 채집한 식물은 대다수가 워디언 케이스에 담겨 영국에 도착했다.

식물 채집가 파견 건으로 베이치 부자는 과학자들과 긴밀한 연락을 취했다. 로브 형제와 같은 많은 채집가들은 윌리엄 후커를 위해 식물 표본집을 준비했다. 그 보답으로 후커는 식물 채집가들이 알아야 할 귀중한 채집 장소 정보를 베이치에게 알려주었고, 새로 발견한 식물의 이름을 지어주었으며, 또 〈커티즈 보태니컬 매거진*Curtis' Botanical Magazine*〉 같은 삽화가 풍부한 간행물에 채집한 식물을 홍보해주었다. 저명한 잡지의 지면에 온갖 화려한 색상으로 식물을 선보여야 비로소 그 식물의 이름이 정해지고 판매가 되는 경우도 종종 있었다.[16]

이외에 과학과 제국, 종묘업 회사에 득을 준 사람들이 또 있었다. 동남아시아의 토착민이 천연 라텍스 물질인 구타페르카의 가치를 보여주었지만, 이 물질이 어느 식물에서 나왔는지 아는 유럽인은 거의 없었다. 토머스 로브는 베이치에게 식물을 보내기 위해 채집 활동을 하던 도중 현재 싱가포르 주변에 사는 말레이 토착민의 조언을 따라 이 식물을 채집해서 큐 식물원에 보냈다. 윌리엄 후커는 이 식물의 이름을 이소난드라 구타*Isonandra gutta*(현재는 팔라퀴움 구타*Palaquium gutta*)라고 짓는다. 구타페르카의 발견 이후 이 식물은 워디언 케이스를 통해 전 세계로 유통되었다. 구타페르카는 19세기 후반 매우 중요한 상업 제품이었으며, 용도가 다양했지만 특히 전 세계에 설치되어 있던 해저 전신 케이블의 코팅제로 요긴하게 사용되었다. 하지만 이 식물의 채취로 싱가포르 주변의 많은 삼림이 파괴되

는 일이 벌어지기도 했다.[17] 로브 형제 이후 베이치는 다른 채집가들을 외
국으로 많이 파견했으며, 이들 모두 워디언 케이스를 영국으로 보내 희귀
하고 유용한 식물이 영국에서 재배되도록 했다.

요코하마에서 보스턴까지, 70일간의 식물 여행

미일화친조약(1854) 이후 일본이 교역의 문을 개방하자 종묘업 회사에
서 일하던 식물 채집가들은 처음 보는 외국의 식물을 찾기 위해 속속들이
일본에 도착했다. 제임스 주니어의 아들인 존 굴드 베이치John Gould Veitch는
1860년에 일본으로 떠났다. 하지만 타고 간 배가 스리랑카 연안에서 난파
되는 바람에 워디언 케이스를 포함해서 가지고 간 소지품을 모두 잃고 말
았다. 간신히 일본에 도착한 존 굴드는 후지산 정상까지 갔다 오는 등 탐
사를 꽤 많이 감행했지만, 정작 그가 찾은 식물 중 다수는 현지 종묘원에
서 조달한 것이었고 현지 가이드의 도움으로 식물을 채집하기도 했다. 그
는 나가사키에 정원을 만들어 자신이 수집한 모든 식물을 돌보았다. 이곳
식물들은 워디언 케이스에 담겨 첼시로 보내졌다.

　　존 굴드는 일본 목수와 계약을 맺고 현지에서 워디언 케이스를 제작
했다. 그가 첼시로 보내는 편지에서 밝힌 것처럼, 일본 목수들은 식물 상
자라는 개념 자체를 이상하다고 생각했다. "그들은 유리 상자를 꽤 황당
하게 생각합니다. 이 상자를 진짜 주문 제작하는 게 맞다고 믿게 하느라
고생을 좀 했습니다. 이 상자로 식물을 영국으로 보내려 한다고 하니 저

를 미친 사람으로 생각하더군요."[18] 이런 의심에도 불구하고 일본 목수들은 워디언 케이스를 많이 만들어주었다. 존 굴드는 그의 정원에서 상자를 보관할 "최적의 장소"를 발견했다. 식물을 상자 안으로 옮긴 그는 대나무 발을 쳐서 식물에 드리우는 햇빛을 가려주었다.[19] 다음 단계는 홍콩이나 상하이로 바로 가는 배를 기다려 이곳으로 상자를 옮기는 일이었다.

당시 로버트 포춘은 중국 여행 이후 일본에 체류 중이었고, 존 굴드는 배그샷Bagshot에 위치한 존 스탠디시John Standish 종묘원에 댈 식물을 탐색하던 중이었다. 포춘은 요코하마 현지에서 워디언 케이스를 제작했지만 일본 목수들이 상자에 유리를 끼워주지 않아 결국 네덜란드 목수에게 유리판 끼우는 작업을 부탁했다. 포춘은 이렇게 기억한다. "외국에서는 (…) 워디언 케이스마저도 수월하게 만들 수 없다."[20] 일본 전역을 이곳저곳 누빈 포춘은 가치 있는 식물을 많이 찾아냈다. 그는 요코하마에 정원을 가지고 있던 미국인 무역업자 조지 로저스 홀George Rogers Hall에게 자신이 수집한 식물을 대부분 맡겨두었다.

포춘과 존 굴드 베이치는 일본에서 서로 만난 적이 없지만, 포춘은 떠날 준비를 하기 위해 SS잉글랜드호에 올랐을 때 선미 갑판에 워디언 케이스가, 즉 베이치가 보내는 상자가 가득한 것을 발견했다. 포춘은 이곳 선미 갑판에 자기가 보낼 상자를 끼워 넣으면서 무사히 도착하길 빌었다. 그는 나중에 자신의 저서 《에도와 베이징Yedo and Pecking》(1863)에서 이렇게 밝힌다. "그 어느 선박 갑판에 이리 흥미롭고 귀한 식물이 가득한 적이 있었을까. 그리고 우리의 귀한 식물이 잔잔한 바다에서 순풍을 맞으며 되도록 소금물을 맞지 않고 무사히 도착하기를 그토록 간절히 바랐던 적이 있었을까."[21] 식물은 아주 양호한 상태로 도착했고 사흘 후, 포춘이 가져온 많은 식물은 런던 왕립 원예 학회에 모습을 드러냈다.

  존 굴드는 많은 식물과 종자를 영국으로 보냈다. 일본을 떠날 즈음에는 이미 적어도 13개의 상자를 보낸 후였다. 가장 놀랄 만한 일은 그가 집으로 보낸 편지에 나와 있다. 이 편지는 〈가드너스 크로니클〉에 공개되기 전 편집되었는데, 그가 상자의 절반을 기관과 고위급 인사에게 선물로 보냈다고 기록되어 있다. 그는 상자 네 개는 큐 식물원에, 한 개는 일본에서 자기를 도와준 프랑스 목사에게 보냈다. 차나무 묘목으로 가득한 또 다른 상자는 봄베이의 HMS베레니스호 선장에게로 갔고, 나머지 한 상자는 홍콩 주지사에게 보내 새로운 식물원 설립을 도와준 것에 대한 감사를 표시했다. 그는 선물에 대해 이렇게 밝혔다. "이런 소소한 일들은 시간이 많이 소요되지만, 그동안 많은 도움을 받았던 터라 내가 할 수 있는 감사를 표할 수 있어 기대되고 기쁘다."[22] 식물 채집과 관련된 행정 일을 완만하게 처리하기 위해서는 이런 선물과 도움이 많이 필요했다.

  일본에서 거의 2년을 머무른 후 베이치는 첼시에 워디언 케이스를 여섯 개 더 보냈다. 베이치 종묘원이 처음 유통시킨 가장 유명한 일본 식물로는 자목련*Magnolia liliiflora*과 별목련*M. stellata*이 있었고, 이 밖에 베이치가 보낸 일본 식물 중 가장 흔히 볼 수 있는 것은 담쟁이덩굴이었다.[23] 금송(스키아도피티스 베르티킬라타*Sciadopitys verticillata*)은 가장 각광받은 일본 식물로, 이를 처음 가져온 사람이 존 굴드 베이치인지 포춘인지 논란이 좀 있었고 서로 날선 주장을 주고받았지만,[24] 둘 다 이 식물을 요코하마 근처 지역 종묘원에서 발견했을 가능성이 크다. 수년 후 존 굴드는 다시 항해에 나섰고, 이

번에는 남태평양으로 향해 그곳에서 다시 워디언 케이스를 이용해 첼시
의 외래 식물 종묘원으로 식물을 보냈다.

　　포춘은 존 굴드 베이치와 선박의 갑판을 같이 썼지만, 요코하마에서
는 조지 로저스 홀과 정원을 공유했다. 원래 의학 교육을 받았던 홀은 골
동품 거래에 관심을 돌려 중국과 일본 여행 이후 어마어마한 이익을 챙겼
지만, 줄곧 식물에 열정을 품은 사람이었다. 그는 요코하마의 정원에 많
은 일본 식물을 갖다놓았고, 일본을 여행 중이었던 포춘은 본인이 채집한
식물을 홀의 가든에서 자라도록 맡겼다. 포춘이 워디언 케이스를 만들어
영국으로 식물을 보내자 홀 역시 상자를 만들어 미국으로 식물을 보냈다.
포춘의 식물은 스탠디시 종묘원으로 가게 되었지만, 홀은 뉴욕의 종묘원
에 식물을 팔 작정으로 이들을 실어 보냈다.

　　1862년 3월 홀은 뉴욕 플러싱Flushing 지구의 유명한 외래 식물 종묘원
인 파슨스 앤드 코Parsons & Co. 사무실을 돌아다니며 본인의 식물 컬렉션을
팔겠다고 제안했다. 긴 협상 끝에 홀과 파슨스는 일본 식물의 매매 가격
에 합의했다. 이튿날 홀은 많은 식물이 들어 있는 워디언 케이스를 가지
고 사무실로 들어섰다. 희귀한 식물을 기다리는 뉴욕 사무실에는 기대감
이 잔뜩 감돌았다. 파슨스는 후에 당시 최고의 미국 원예 잡지인 〈원예가
Horticulturalist〉에 그때의 흥분을 표현했다. "주옥같은 미술 작품이 공개되는
장면을 지켜보는 그림 감정가들이 '혹시 라파엘로나 무리요의 진품이 있
을지도 모른다'라는 기대감에 들떠 있는 모습을 본 적이 있다면, 워디언
케이스가 열리는 동안 상자 주위에 몰려든 종묘원 경영진과 보급자들의
흥분이 어떠했을지 짐작이 될 것이다."[25] 상자 안에는 새롭고 독특한 종이

많았고, 대부분 미국 동부에서는 결코 볼 수 없는 것들이었다. 〈원예가〉의 편집자는 이렇게 평가한다. "그 많은 진귀한 식물들은 그 전에 한 번도 이곳에 소개된 적이 없다. 우리 영국 동지들이 세계 각 지역에서 진귀하고 아름다운 식물을 수집하는데 힘써 주었으니 그들이 자부심을 느낄 만하다. 우리는 상대적으로 한 일이 별로 없다."

홀이 보유한 식물은 다양하고 아름다웠다. 1862년, 홀이 파슨스에서 보여준 컬렉션 중에는 국화, 단풍나무, 일본매자나무Japanese barberry, 목련, 대나무, 매발톱꽃columbines, 참나무, 등나무 등 많은 종이 있었다. 일본밤나무 역시 뉴욕 땅을 처음 밟았다.

그 전년도에 홀은, 아널드 수목원Arnold Arboretum 부지에서 그리 멀지 않은 보스턴의 자메이카 연못Jamaica Pond에 위치한 프란시스 파맨Francis Parkman 소유의 1.2헥타르짜리 작은 여름 별장 부지에 식물을 보낸 적이 한 차례 있었다.[26] 당시 워디언 케이스에는 금송, 층층나무dogwoods, 서양철쭉, 사과나무crabapples, 사이프러스 소나무cypress pines가 있었다. 모두 요코하마에서 보스턴까지 70일간의 여행에서 살아남은 식물들이었다.[27]

첫 구매 후 파슨스는 홀에게서 워디언 케이스 여섯 개를 추가로 구매했다. 상자가 뉴욕에 도착했을 때, 많은 식물 중 인동덩굴Japanese honeysuckle(로니케라 자포니카Lonicera japonica) 신종이 파슨스의 눈에 띄었다. 이 식물은 향긋한 꽃으로 영국과 미국의 정원사들 사이에서 인기가 매우 높았다.[28] 〈원예가〉의 편집자는 홀의 풍성한 컬렉션에 격찬을 보내며 글을 마무리했다. "이 화려한 컬렉션이 이제 우리 신사들의 손 안에 들어가길 희망해본다. 이런 점에서 파슨스는 우리 역사에서 신기원을 이룩할 것이다."[29]

워디언 케이스로 들어온 많은 식물들은 북미 전역을 휩쓸었다. 금송 같은 식물은 조경과 정원에 아름다움을 더해 주었지만, 인동덩굴 같은 식물은 미국 동부 전역의 삼림 지대에 퍼져나가 아메리카에서 가장 강력한 침입종이 되었다. 홀이 일본 식물 일부를 정선하여 심어 놓은, 브리스톨에 위치한 그의 정원 로드아일랜드에도 1920년대에 인동덩굴이 급격히 번식하며 침엽수의 성장을 방해하면서 "많은 해를 끼쳤다."[30] 처음에 인동덩굴은 일찍이 1806년에 처음 큐 식물원에 들어왔지만, 일본이 개항한 후 홀이 채집한 종이 식물 거래를 통해 북미뿐 아니라 영국과 유럽 전역에 급속히 퍼져나갔다. 인동덩굴은 남극을 제외하고 지구상 모든 대륙에 뿌리를 내렸다. 이는 식물 거래의 결과로 워디언 케이스를 통해 침입종이 퍼져나간 수많은 사례 중 하나에 불과하다.

양치류 열풍과 식민지 종묘원 설립

1850년대 이래 양치류는 빅토리아시대 영국에서 선풍적 인기를 끌었다. 양치류 열풍은 워드의 발명품과 떼려야 뗄 수 없는 관계에 있다. 응접실용 워디언 케이스 유리 아래 진열된 양치류는 세련미 그 자체였고, 실내 장식으로서 감각 있는 생활공간을 완성해 주었다. 만약 응접실용 워디언 케이스를 쉽게 구할 수 없었다면 이런 양치류 열풍은 시작되지도, 그렇게 오래 이어지지도 않았을 것이다. 식물 열풍이 계속되면서 외래 식물을 찾는 사람들이 점점 더 많아졌다. 사람들은 새로 나온 희귀종을 보러 종종 종묘원을 찾았는데, 당시 가장 유명한 양치류 공급업체는 요크^{York}의 제임스 백하우스 앤드 선즈^{James Backhouse & Sons}(이하 백하우스)였다. 이 업체는 영국 제일의 외래 양치류 재배 업체로 명성이 높았다.[31]

백하우스의 요크 종묘원에는 수많은 온실이 식물 진열실로 꾸며져 있었고, 고객들은 열대 오지 환경이 재현된 이곳에서 이국적인 풍경을 즐길 수 있었다. 길이가 21m 이상 되는 한 온실은 호주-뉴질랜드산 양치류로 채워져 있었다. 〈가드너즈 크로니클〉의 한 기자는 이를 두고 "야생의 자연을 매혹적으로 모방했으니 (…) 마오리족도 호주와 뉴질랜드의 자연을 통째로 옮겨 왔다고 믿을 정도의 광경이 연출되었다"고 묘사했다.[32] 이들 양치류는 지구 먼 지역에 펼쳐있는 무성한 녹색의 자연 풍광을 그대로 보여주어 각광을 받았지만, 다시 생각해보면 자연을 인위적으로 조작하는 당시 빅토리아시대의 특징을 나타내기도 했다.[33]

이렇게 양치류가 아름답게 진열되어 고객에게 팔리기 위해서는 이 식물을 운반해 와야 했다. 백하우스의 진열실에는 호주, 뉴질랜드에서 온 희귀한 양치류가 많았다. 그중 인기가 많은 종은 영국 가정의 정원에서 키울 만한 것들이었다. 이에 백하우스는 양치류 종의 하나인 글레이체니아^{Gleichenia}가 영국 기후에 충분히 견딜 수 있도록 강인하게 만드는 풍토 적응 작업을 했다. 그중 호주 태즈메이니아주 자생종인 글레이체니아 알피나^{Gleichenia alpina}는 희귀종이었지만 영국 기후에 잘 맞았다.

세계 각지의 희귀 식물 조달을 위해 애쓰는 모든 종묘원이 그러하듯, 백하우스를 운영하는 데에도 지인과의 연줄이 중요했다. 식물 채집가를 파견하는 일은 비용이 많이 들었기 때문에, 그 대신 식민지에 파견된 사람에게 돈을 지불하고 식물을 조달하는 쪽이 수지 타산이 맞는 경우가 종종 있었다. 그러나 이런 방식에도 어쨌든 비용은 들었다. 요크로 보내진 워디언 케이스 중 태즈메이니아의 양치류가 든 상자 한 개의 경우, 배에 실리기 전 물을 지나치게 많이 주었고 선원이 상자를 거칠게 다룬 데다 가는 데 9개월이 넘게 걸린 바람에 형편없는 상태로 도착했다. 백하우스가 그토록 기다리던 글레이체니아 알피나는 모두 죽고 말았다. 1860년 백하우스는 집안과 가까운 지인인 열정적인 젊은 변호사 제임스 워커James Walker에게 글레이체니아 알피나 신종을 구해달라고 부탁했다. 백하우스는 이 양치류 종을 특정 지역, 즉 호주의 호바트시가 내려다보이는 눈 덮인 웰링턴산Mount Wellington의 정상에서만 채취해 달라는 조건을 제시했다.[34]

당시 워디언 케이스를 멀리 있는 식민지 개척자에게 보내는 일에는 여전히 많은 어려움이 따랐다. 제임스 백하우스 주니어는 워커에게 편지를 써서, 채집가를 통해 워디언 케이스 두 개를 호바트 현지에서 제작해 달라고 부탁했다.[35] 이후 백하우스와 젊은 식민지 파견인 워커 사이에는 자세한 상자 제작 방법과 식물 포장 방법에 관한 서신이 오갔으며, 편지 안에는 만들어질 상자의 스케치도 담겨 있었다. 많은 종묘업체와 마찬가지로 백하우스는 상자 안에 적체될 습기가 매우 걱정스러웠다. 미숙한 정원사들은 식물에 물을 과하게 주는 경향이 있었기 때문이다. 백하우스는 배수를 위해 상자 바닥에 구멍 두 개를 뚫으라고 제안했다. 식물을 채운 상자는 적어도 12시간 동안 열어두어 남은 수분이 증발되도록 해야 했다. 이밖에 상자 양쪽에 검은색 철제 손잡이를 달아 상자를 갑판에 고정시킬 수 있도록 했다. 상자는 약 2.5센티미터 두께의 목재로 만들기로 했고, 두

꺼운 유리판은 철사망으로 덮어 파손되지 않도록 조치했다. 상자 안에 식물을 포장할 때는 빈 공간이 없도록 **빽빽**하게 채웠다(경제적인 면은 물론 안전을 위한 조치였다). 백하우스는 상자 제작과 식물 조달에 수반되는 비용을 지불했을 뿐 아니라, 워커에게도 수고비로 5파운드를 지급했다. 흥미롭게도 워커는 상자를 운반할 선장에게 상자를 맡기면서 식물을 보살펴 준다는 전제하에 최대 20실링을 준다고 약속했다. 이 전략은 통했다. 워디언 케이스 두 개는 1861년 여름 요크에 도착했고, 안에 든 양치류는 최상의 상태는 아니었지만 곧 상태가 회복되었다.[36]

영국과 유럽의 대형 종묘원의 경우, 필요한 식물을 조달하기 위해 수시로 식민지와 긴밀한 연락 체계를 유지해야 했다. 더불어 식물 채집인들에게 상자 제작 방법과 식물 포장 방법 등 식물을 운반하는 최적의 방법도 주지시켜야 했다. 양치류 열풍은 식물을 향한 열정이 장기간 지속된 결과물이자, 종묘업 회사가 수익을 올리는 수단이었다. 백하우스 종묘원은 윌리엄 불과 베이치 앤드 선즈는 물론 랭커셔Lancashire의 스탠스필드, 서리Surrey의 제임스 아이버리 앤드 선James Ivery & Son, 해머스미스Hammersmith의 리 앤드 케네디Lee & Kennedy, 클랩튼 종묘원 로 앤드 선즈Low & Sons, 투팅Tooting의 윌리엄 롤리슨 앤드 선즈William Rollison & Sons 등 열정적인 지역 정원사들에게 양치류를 전문적으로 공급하는 대표적인 대형 종묘원이었다.[37]

사회사학자 데이비드 앨런이 보기에 빅토리아시대의 양치류 열풍은 아마도 "가장 요란하고 결국 가장 파괴적인 박물학 동향이었다."[38] 영국에서 사람들은 양치류를 얻기 위해 숲을 파괴했고, 지구 전역의 숲은 새로운 양치류를 찾아 영국과 세계 곳곳의 종묘원에 보내려는 채취 활동으로 짓밟혔다.

19세기, 식물 운반은 전 세계적인 산업이었다. 호주를 비롯한 식민지의 종묘업 회사 역시 베이치와 윌리엄 불 같은 런던의 대형 외래 식물 종묘원과 긴밀하게 연락을 유지했다. 종묘업 회사는 사업을 급속도로 확장해갔고, 세계적인 연락망을 건설해 험난한 오지에 있는 매우 특별한 종이라도 주문만 하면 효과적으로 배달되는 시스템을 갖추고 있었다. 거래는 항상 쌍방으로 이루어지는 법. 식민지의 종묘업 회사 역시 현지에서 판매할 만한, 정선된 최고의 외래 식물을 영국에 주문할 수 있었다.

1860년대 호주에서 가장 잘나가는 종묘상 중 한 명은 빅토리아주의 토머스 랑Thomas Lang이었다. 랑은 1856년 밸러랫Ballarat(호주 빅토리아주 중부의 금 채굴 중심지―옮긴이)에 종묘원을 설립했다.[39] 처음에는 타임이나 세이지 같은 흔한 약초를 팔다 이후 수년에 걸쳐 화려한 외래 식물을 수입하기 시작했다. 당시 호주의 작은 시골 마을이었던 밸러랫은 금광 발견 이후 경제적, 사회적 변화를 극적으로 경험하던 중이었다. 이곳에는 원예를 전문으로 하는 단체를 포함해서 각종 협회가 많이 있었다.

1862년 4월 초, 랑은 밸러랫 원예 협회에 〈식물 상자, 워디언 케이스에 관해서On Wardian, or Plant Cases〉라는 제목으로 강연을 했다.[40] 그는 먼저 에든버러에 있는 제임스 맥냅의 집에서 워디언 케이스와 처음 마주한 경험을 이야기했다. 안에 물을 주지 않아도 상자 속 식물이 12개월 동안 살아 있다는 데 놀라움을 금치 못했다고 했다. 이 긴 강연은 원예가들에게 워디언 케이스의 '유용성'을 주장하기 위한 시간이었다. 랑은 로버트 포춘과 차에 얽힌 이야기를 소개하면서 워디언 케이스를 보여주었다. 그러나 반

응이 가장 좋았던 부분은 랑이 워디언 케이스를 통해 직접 호주로 가져온 캘리포니아 거삼나무giant Californian redwood 같은 식물을 소개하는 시간이었다. 그는 "영국에서 자라던, 질이 가장 좋은 푸크시아 최신 품종 18그루"를 담은 워디언 케이스 두 개를 강연 직전에 영국에서 밸러랫으로 가지고 왔는데 이 상자에는 동백나무와 양치류, 난초도 들어 있었다.

이 강연에 모인 사람들은 워디언 케이스를 직접 봄으로써, 식민지를 '쓸모 있는 아름다운 땅'으로 탈바꿈하기 위한 과업이 어떤 것인지 실질적으로 파악할 수 있었다. 랑의 발표대로 식민지 개척자들은 "인간의 안락과 즐거움, 상업적인 이익과 행복이 워디언 케이스 사용으로 증진될" 앞날을 그리며 흥분했다.[41] 이렇듯 식민지 종묘원 설립은 유럽이 외국 땅을 길들이기 위한 의미심장한 정책 중 하나였다.

1860년대, 랑은 첼시의 베이치 앤드 선즈, 하트퍼드셔Hertfordshire의 토머스 리버즈Thomas Rivers, 클랩튼의 휴 로Hugh Low 등 영국의 유명한 종묘원에서 수백 개의 워디언 케이스를 수입했다. 그는 식물 수입에서 더 나아가 본인의 종묘원에서 이들을 번식시켜 호주, 뉴질랜드, 태평양 제도, 인도 등의 구매자에게 보냈다.[42] 1870년, 사업을 시작한 지 10년이 조금 지났을 무렵 랑은 그의 고객에게 이런 말을 했다. "이곳으로 가져온 식물의 개체 수가 거의 1백만이나 됩니다."[43] 식물 1백만 개체. 식민지 종묘원 한 곳에서 수입한 양으로는 어마어마한 수치였다.

희귀 식물에 대한 갈망

갈망하는 마음은 식물 거래의 중심에 있었다. 세계 식물의 보고를 알고 싶은 갈망, 외래 식물을 전시하려는 갈망, 외래 식물을 소유하고픈 갈망이 바로 그것이었다. 식물 거래의 많은 단면을 이끌며 이런 깊은 갈망을 나타내는 이야기 중에서 식충 식물인 네펜테스 노시아나*Nepenthes northiana* 이야기가 무엇보다 돋보인다. 식충 식물은 육식성으로, 곤충과 심지어 설치류까지 잡아먹으며 살아간다. 이 식물의 희생양은 주머니 모양의 잎인 커다란 덫에 걸려, 화학 작용을 통해 식물의 먹이가 되는 질소와 인으로 바뀐다. 네펜테스 노시아나는 현존하는 가장 큰 식충 식물로, 덫 역할을 하는 이 식물의 잎은 길이 30센티미터까지 자랄 수 있다. 당시엔 이런 독특한 식물에 대한 갈망이 컸고, 대형 식충 식물 종은 대부분 워디언 케이스로 운반되었다.[44]

이야기는 식물 채집가가 아닌 영국 화가에게서 시작된다. 메리앤 노스*Marianne North*는 쉴 새 없이 여행하며 예술 활동을 하는 대담한 영국 식물 미술가였다. 1871년에서 1885년 사이 노스는 14개 국가를 다니며 그 지역 식물과 풍경을 그림에 담았다.[45] 노스의 작품이 깊은 놀라움을 안겨주는 이유는 그가 표현하는 이미지가 당대 일반적인 식물 표현과 색조가 달랐기 때문이다. 그의 많은 그림은 야생을 배경으로 했기에, 그림을 감상하는 영국인들은 온실이 아닌 현지 환경에서 식물이 어떻게 자라는지 가늠해 볼 수 있었다.

1876년 자바와 보르네오를 여행하던 중 노스는 모험 삼아 말레이시아의 사라왁Sarawak 근처 정글로 깊이 들어갔다.[46] 노스가 버려진 안티몬 탄 광에서 하루 밤 묵는 동안, 노스의 가이드인 보르네오 회사 직원, 허버트 에버릿Herbert Everitt은 정글 더 깊숙이 들어가 그곳에서 자라는 커다란 식충 식물을 채집해 왔다. "나는 식충 식물을 받아 베란다에 줄로 고정시켜 놓 은 다음, 그림을 그릴 종이가 작은 종이 반 장 밖에 남지 않았다고 투덜댔 다."[47] 노스는 이렇게 밝혔다. 이렇게 탄생한 작품은 걸작이었다. 사라왁 을 굽어보는 라임스톤산Limestone Mountains을 전경으로, 아래로 처진 녹색과 붉은색의 덫이 붉은색과 보라색의 다양한 붓 터치로 부각된 그림이었다.

노스가 완성한 이 작은 그림은 식충 식물의 실제 크기와는 비교가 되 지 않았다. 하지만 이 그림이 런던에서 공개되자 종묘상들이 많은 관심을 보였다. 이즈음 왕립 외래 식물 종묘원을 관장하고 있던 해리 베이치는 노 스의 그림에 매료되어 즉시 식물 채집가 찰스 커티스Charles Curtis를 파견했 고, 커티스는 이 식물을 채집해 워디언 케이스 안에 넣어 첼시로 보냈다. 작명을 위해 큐 식물원에 보내진 이 식물을 보고 조지프 후커는 노스의 이름을 따 네펜테스 노시아나(그림 7-2)라는 이름을 지어주었다.[48]

갈망은 여러 외래 식물의 수요를 이끌었다. 식물은 수분 매개체의 욕 구에 맞춰 진화하기 마련이다. 베이치의 채집인이 발견한 난초의 한 종 류인 불보필룸 베카리Bulbophyllum beccarii는 주된 수분 매개체인 검정파리carrion flies를 유인하기 위해 썩은 생선 냄새를 풍겼다. 베이치는 네펜테스 노시 아나 중에서 흥미롭고 독특한 식물 한 개체를 발견했고, 이 식물을 첼시 종묘원을 위해 구입하기로 결심한다. 유명한 화가가 이 식물을 그렸다는 사실만으로도 시장성은 충분했다. 베이치는 아주 희귀하고 신기한 식물

을 원하는 고객을 끌어들이고 싶었고, 길이가 거의 30센티미터나 되는 식
충 식물은 투자할 가치가 있었다. 새로운 것에 대한 갈망은 이 모든 열풍
과 모험을 이끄는 견인차 역할을 했다. 현재에도 네펜테스 노시아나는 많
은 육식 식물과 마찬가지로 희귀한 야생종이다. 이 시기 종묘업 회사 거
래로 채집이 과도하게 이루어진 탓에, 이 식충 식물은 국제 자연 보전 연
맹International Union for the Conservation of Nature이 지정한 적색 목록Red List에 '취약한 종
vulnerable'으로 분류되어 있다.[49]

아름다움과 함께 퍼진 병충해

비단 영국의 종묘업 회사만 방대한 외래 식물의 거래에 참여한 것은 아니
었다. 난초를 전문으로 하는 브뤼셀의 장 랭당Jean Linden과 독일의 하게 운
트 슈미트, 그리고 1890년대에는 일본의 요코하마 우에키橫浜植木 같은 회사
가 외래 식물을 활발하게 거래했다.

멜버른 종묘원에서 보는 바와 같이 식민지의 종묘원 역시 식물 운반
에 중요한 역할을 했으며, 종묘업 회사들이 전 세계 곳곳에 갑자기 등장
하기 시작했다. 이들은 믿기 어려울 정도로 다양한 식물 종이 수록된 카
탈로그를 식물에 관심 있는 고객들에게 발송했다. 그 다양성의 정도는 오
늘날 상상할 수도 없는 수준이라, 현재 멜버른의 내셔널 트러스트National
Trust(자연환경과 문화유산 보호 활동을 하는 비영리 단체이자 비정부 기구-옮긴이)
산하에서 역사적인 옛 건물과 정원을 관리하는 문화유산 보호 관리자들

그림7-2 1872년 왕립 외래 식물 종묘원의 네펜테스 온실 내부. 많은 식충 식물이 워디언 케이스를 통해 보르네오에서 운반되었다.

도 19세기 정원을 재현하지 못하고 있는 형편이다. 이 시대의 정원을 가
득 메웠던 식물을 이제는 대부분 구할 수 없기 때문이다.[50]

　　이 카탈로그를 보면 당시 식물 확산의 실태를 파악할 수 있다. 영국에
넓게 퍼진 침입종 중 하나인 호장근Japanese knotweed을 예로 들면, 1869년에서
1936년까지 블랙하우스, 불, 스탠디시, 베이치 등 21곳의 종묘업 회사에
서 이 식물을 판매했다.[51]

　　당시 종묘업 회사는 현재 문제가 되고 있는 식물 다수를 소개해서 공
급했다. 생물학자 리처드 맥Richard Mack은 식물 거래의 역사에 대해 방대한
양의 연구를 한 사람이다. 19세기에 나온 종묘 카탈로그 수백 종류를 단
기적 가치가 아닌 과학적 내용을 중심으로 검토한 맥은 "이들 식물이 아
름다움을 전해 주었지만 막대한 피해를 일으켰다"는 결론을 내렸다.[52] 식
물 거래는 식물에 기생하는 해충이 전 세계로 퍼지는 주요 경로로 작용
한다. 이들 해충은 생태계적·경제적으로 막대한 피해를 끼쳤다.[53] 유럽의
경우 침입성 절지동물 중 38퍼센트가 원예 및 식물 거래로 도입되었다.
영국의 경우는 무척추 해충의 거의 90퍼센트가 식물 거래로 들어온 것으
로 보인다. 미국은 삼림에 피해를 주는 곤충 및 병원균의 거의 70퍼센트
가 1860년에서 2006년 사이에 수입된 식물을 통해 국토 전역에 퍼졌다.
이런 복잡한 이동이 어떻게 이루어졌는지 이해하는 데 역사가 중요하다.
생물종이 이동하고 해당 지역에 정착해서 문제를 일으키기까지 시간이
꽤 오래 걸리는 경우도 종종 있기 때문이다.[54]

　　20세기 초에는 영국의 식물 거래에 극적인 변화가 있었다. 윌리엄 불
의 아들인 에드워드가 킹스 로드의 종묘원을 물려받아 계속 난초 거래를

그림7-3 전 세계 지역의 노동자들은 식물 거래를 위한 외래 식물 공급 관리에 중요한 역할을 했다. 1907년경에 찍힌 위 사진은 중국 이창宜昌의 노동자들이 보스턴의 파르카르 Farquhar 종묘원에 보낼 백합 구근을 상자에 포장하는 모습을 찍은 것이다.

이어갔고, 결국은 가격을 싸게 하는 방식을 취해 20세기 초까지 사업을 계속했다. 베이치는 가계 사업을 물려받을 사람이 아무도 없는 상태에서 1914년 후반 사업장 문을 닫았고 식물과 장비는 경매에 부쳐졌다. 몇 년 후 불의 종묘원 역시 문을 닫았다. 킹스 로드에 남아 있던 마지막 종묘원이었다.

그러나 식물 거래는 계속적으로 성장할 여력이 남아 있었다. 20세기 초반 수십 년간, 운송 속도가 점점 빨라지면서 네덜란드, 일본, 인도네시아 같은 곳의 국제 도매 종묘업 회사는 더 많은 시장을 확보할 수 있었다.

8

큐 식물원의 워디언 케이스

워디언 케이스 제10번은 큐 식물원 공방에서 목재와 유리, 못으로 만들 어져 상자로서의 첫 생명을 시작했다. 1858년 초 이곳 공방에서 워디언 케이스가 제작되었고, 상자는 곧 배·구스베리·오렌지·자두·참나무 등 11종의 유용한 식물로 채워졌다. 마지막 식물인 참나무의 경우 인도 아삼 에서 온 세 가지 종이 들어갔다. 상자는 1858년 1월 런던을 떠나 뉴질랜 드 오클랜드의 싱클레어 박사[Dr. Sinclair]에게 갈 예정이었다. 10번 상자와 함 께 실린 12번 상자에는 장미, 월계수, 삼나무, 서양철쭉, 자작나무 등 아름 다운 관상용 식물이 많이 들어 있었다. 두 상자의 바닥에 깔린 흙에는 장 미 씨가 뿌려졌다. 큐 식물원에서 보낸 식물 중 장미와 푸크시아는 가장 흔히 볼 수 있는 종이었다. 상자는 뉴질랜드에 비교적 양호한 상태로 도 착했고, 개봉된 상자 속 식물은 식민지 전역에 배분되었다.[1]

 1858년의 마지막 날, 10번 상자는 양호한 상태로 런던에 귀환했다. 상자는 3개월 동안 큐 식물원 온실 근처에 있다, 1859년 3월 또 다른 목적지 자메이카를 향해 떠날 준비를 했다.[2] 상자 안에는 푸크시아, 베고니아를 비롯해 10종의 장미와 독특한 아비시니안 바나나^Abyssinian banana(무사 엔세테^*Musa ensete*, 현재는 엔세테 비트리코숨^*Ensete vitricosum*)가 들어 있었다. 상자는 킹스턴의 아마추어 박물학자인 윌리엄 토머스 마치^William Thomas March에게 보내졌다. 이번 왕복 여행은 약 6개월로 기간이 단축되었다. 10월 6일, 10번 상자는 고향으로 두 번째 귀환을 한다. 마치는 상자 안에 가시가 많은 이름 없는 황색 관목, 녹심목^greenheart, 적색 비프우드^beefwood(호주에서 여러 종의 목재용 나무를 통틀어 이르는 이름-옮긴이) 등 19종의 자메이카 식물을 채워 넣었다. 큐 식물원에서 타지로 보내는 식물은 완벽하게 명명된 잘 알려진 것들이었지만, 반대로 타지에서 들어오는 식물은 해당 지역의 식민지 개척자나 지역 인부 등 여러 인물의 이름이 붙어 들어오는 경우가 잦았다. 큐 식물원의 큐레이터와 식물학자는 이들 식물을 번식시켰고 세심히 평가했으며 체계적으로 분류했다.

10번 상자는 큐 식물원에 그리 오래 눌러앉지 않았다. 10월 26일 상자는 다시 식물로 채워졌고, 이번에는 모리셔스로 길을 떠났다. 재미있는 점은 이번에는 상자에 흙이 아닌 코코넛 섬유질을 채워 넣었다는 것이다. 상자에는 멕시코 종인 아키메네스^achimenes 14종과 토란^elephant ear plant(칼라디움^*Caladium* spp.) 6종을 비롯해 식물 43개체가 담겼다. 식물은 큐레이터 제임스 덩컨^James Duncan의 식물원에 도착하여 분배되었다. 10번 상자는 모리셔스 섬에 거의 1년 내내 있다, 1860년 9월, 21종의 식물을 싣고 마침내 큐 식물원으로 돌아왔다. 상자 안에는 가치 있는 식물이 많았으며, 그중에는 오렌지색의 예쁜 꽃이 피는 "자생 덩굴식물" 휴고니아 세라타^*Hugonia serrata*와

"어느 산 정상에 필 법한" 아름다운 흰 꽃이 달린 이름 없는 식물이 있었다. 그러나 이들은 모두 "형편없는 상태"로 도착했다.[3] 10번 상자와 함께 도착한 24번 상자는 홀로 세계를 돈 후 모리셔스에 도착했고, 거의 2년간 그곳 식물원에 있다 영국으로 돌아온 상자였다.

10번 상자는 이후 다시 사용되지 않았지만, 2년간의 짧은 여정 동안 거의 전 세계를 일주하면서 많은 식물을 운반했다. 이 식물들은 항상 다양성이 넘쳐났고, 그중에는 유용한 식물도 있었고 아름다운 식물도 있었다. 큐 식물원의 워디언 케이스는 수천, 아니 수십만 개체의 식물을 전 세계로 운반했다. 1850년대 후반, 짧은 기간 동안 온실을 담당하는 큐레이터가 반출되는 워디언 케이스에 번호를 매긴 적이 있었는데 10번 상자가 그중 하나였다. 당시 번호는 41번까지 매겨졌고, 이 41번 상자는 감비아로 갔다가 영국으로 귀환했다. 상자에 번호를 매기는 작업은 단 10년 동안만 지속되었지만 그 덕에 상자가 몇 번 쓰였는지, 얼마나 다양한 식물을 운반했는지 알 수 있다.

큐 식물원은 세계 정상급 식물원으로서 오랜 역사와 사연을 가지고 있다.[4] 큐 식물원이 워디언 케이스를 중요한 수단으로 사용했다는 것은 널리 알려진 사실이다. 역사학자 린 바버Lynn Barber는 이렇게 평가한다. "큐 식물원의 워디언 케이스는 영국 정부가 지금껏 해 온 투자 중 최고라 할 만하다."[5] 하지만 워디언 케이스가 구체적으로 어떻게 사용되었으며, 식물 교역이 어떻게 진행되었을까?

이번 장은 두 부분으로 나눠 진행된다. 우선 윌리엄 후커가 큐 식물원의 관장으로 있었던 1842년에서 1865년 사이의 기간을 분석해서 워디언 케이스가 큐 식물원에서 나가고 다시 들어온 기록을 파악한다. 두 번째로, 파라고무나무(헤베아 브라실리엔시스*Hevea brasiliensis*) 이식 과정에서 워디언 케이스가 끼친 중요성을 기술한다. 고무나무는 식물 이식 역사상, 워디언 케이스의 도움으로 수월하게 이식이 진행된 가장 중요한 사례로 평가된다.

상자가 나른 식물 다양성

워디언 케이스는 식물을 운반하는 데 닥치는 대로 사용되어, 땅에 심은 식물은 어떤 것이든 다 담아 옮겼다. 워디언 케이스에 담겨 도착하는 식물은 제국주의 행정부에 속해 있는 식물학자와 식민지 사회에 정착하고 사는 식물 애호가들을 모두 만족시켰다. 워디언 케이스가 이동한 자취를 따라가다 보면 식물의 이동에 관해 여기저기 흩어진 단편적인 기록을 따라갈 수 있다. 그러나 식물원은 보통 식물 운반에 관한 내용, 즉 운반하는 식물, 선적인과 수령인, 운반 장소 등을 자세히 기록했지만 운반 수단은 좀처럼 기록하지 않았다.

그 이유는 꽤 단순하다. 워디언 케이스가 워낙 널리 활용되었기에, 어떻게 보더라도 주목할 대상은 아니었기 때문이다. 게다가 한 번 특정한 방식으로 기록을 작성하기 시작하면 그 방식을 그대로 수십 년 사용했기 때문이기도 하다. 그러나 워디언 케이스의 이동을 지속적으로 기록한 장소가 한 군데 있으니, 그곳이 바로 큐 식물원이다. 〈물품 반출입 장부〉에는 큐 식물원으로 들어오고 이곳에서 나가는 식물이 장장 두 세기에 걸쳐 기록되었다(그림 8-1). 1838년에 작성된 기록에 따르면 맨 처음 워디언 케이스 네 개가 큐 식물원에서 웨스턴오스트레일리아주의 새로운 식민지로 보내졌다(3장 참조). 이 시점부터 온실 관리자들은 워디언 케이스의 움직임을 세세히 기록했다. 이 중 현재 열람 가능한 몇몇 기록을 통해 식물이 어떻게 이동했는지 엿볼 수 있다.[6]

1841년 윌리엄 후커가 큐 식물원 관장직을 처음 맡았을 때부터 워디언 케이스는 정기적으로 사용되기 시작했다. 후커는 식물원이 워디언 케이스를 처음 사용하던 시기부터, 식물 운반에 필요한 일반적인 도구로 워디언 케이스를 채택한 시기까지 이곳에서 관장으로 재임했다.

앞서 언급했듯이 후커는 너새니얼 워드와 가까운 친구 사이였으며, 1838년 조지 가드너를 브라질로 보냈을 때 상자에 대해 처음 알게 되었다(3장 참조). 워디언 케이스의 이동에 초점을 맞추어 보면 바나나, 차, 기나나무 등 경제적으로 가치 있는 식물을 이식했다는 잘 알려진 이야기를 새롭게 바라볼 수 있다. 주요 경제 작물을 운반하기 위해 식물학자들은 우선 공급업자와의 연결망을 구축해야 했다. 그러기 위해서 이들은 우선 식물의 다양성과 지리적 분포에 대해 공부할 필요가 있었다.

1842년과 1865년 사이 큐 식물원은 307개의 워디언 케이스를 반출했다.[7] 평균 한 달에 약 한 개, 매해 12개 이상을 보낸 셈이다. 1855년과 1865년 사이의 10년 동안은 평균 반출 수치가 1년에 20개 가까이 올라갔다. 물론 큐 식물원이 워디언 케이스만 반출한 것은 아니다. 가장 흔한 선적물은 종자를 담은 봉지였고, 양철통, 밀폐 상자, 조립할 상자 부품, 심지어 종자를 가득 채운 유리병까지 반출했다.

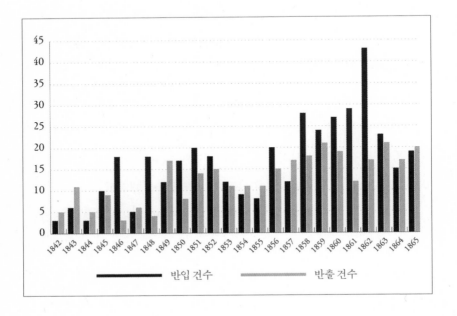

그림 8-1 워디언 케이스의 반입(399)과 반출(307) 건수.

워디언 케이스는 이 시기 큐 식물원에서 내보낸 모든 선적물 중 대략 10퍼센트를 차지했다. 식물 대부분이 영국 내의 워드 같은 아마추어 식물학자와 조지 로디지스, 해리 베이치, 휴 로, 제임스 백하우스, 윌리엄 불 등의 인근 종묘원에 보내진 점을 감안하면, 이 수치는 놀라울 정도로 높은 비율이다. 큐 식물원은 브뤼셀의 랭당, 독일 에르푸르트의 하게 운트 슈미트 같은 유럽 대륙의 종묘원과 리우데자네이루의 헤르브스트 운트 로시테르Herbst&Rossiter 같은 더 먼 지역의 종묘원에도 선적물을 실어 보냈다. 심지어 큐 식물원은 1856년, 볼티모어Baltimore에 위치한 브라켄리지의 종묘원에 아마, 서양철쭉, 동백을 담은 상자를 보내기도 했다(4장 참조). 이렇듯 상업 활동을 하는 식물원은 종종 새롭고 진귀한 식물을 배급하는 역할을 했고, 이런 활동으로 많은 영국 종묘원이 막대한 수익을 얻었다.

워디언 케이스는 살아 있는 묘목을 유럽 너머 다른 나라까지 운반하는 주요 수단이었다. 큐 식물원은 전 세계로 상자를 반출했고, 세계 곳곳의 식민지에 조성된 식물원에 정기적으로 식물을 공급하며 어디에서나 대영제국의 이득을 챙겼다. 큐 식물원은 무수히 많은 인편으로도 상자를 보냈다. 남아프리카로 가는 존 콜렌소John Colenso 등의 주교, 중앙아프리카로 가는 데이비드 리빙스턴 같은 탐험가, 호주 애들레이드Adelaide(사우스오스트레일리아의 주도-옮긴이)로 돌아가는 찰스 스터트Charles Sturt 같은 은퇴한 탐험가, 멜버른으로 발령받은 헨리 바클리Henry Barkly 같은 선도적인 식민지 행정가, 일본 에도로 여행을 떠나는 러더퍼드 알코크Rutherfold Alcock, 심지어 브라질의 바이아에 사는 윌리엄즈C.K.Williams나 시드니에 사는 윌리엄 맥리William McLeay 등의 아마추어와 식민지 정착자까지 이르는 다양한 사람들에게 상자를 딸려 보냈다.

상자 안을 들여다보면 다양한 식물이 모습을 드러낸다. 큐 식물원은 다양한 크기의 상자를 사용했다. 어떤 상자는 길이 최대 1.2미터, 높이와 폭이 90센티미터 정도로 대형이었고, 어떤 상자는 현재 이코노믹 보테니 컬렉션Economic Botany Collection(종이, 연료, 보석, 약 등 식물과 곰팡이에서 유래된 실생활 물질이나 제품을 전시한 큐 식물원 내 전시실─옮긴이)에 남아 있는 것처럼 폭, 높이, 깊이가 각각 70센티미터, 50센티미터, 83센티미터 정도로 작기도 했다. 상자에는 적어도 20종 또는 30종의 관상용 식물과 유용한 식물이 30~60개체 정도 담겼다. 한 상자에 식물 한 종만 포장되는 경우는 거의 없었다. 상자에 단일 종의 식물만 담겨 운반되는 일이 흔했던 시기는 기나나무를 탐사하던 1860년대뿐이었다. 흥미로운 것은 1862년, 일본에서 현지 목수가 직접 만든 워디언 케이스를 큐 식물원에 대량으로 보낸 적이 있다는 사실이다. 이들 상자는 기나나무를 가득 담아 서인도제도의 식민지 식물원으로 다시 반출되었다. 아마 큐 식물원에서 워디언 케이스 공급이 부족하다 보니 일본 목수가 상자를 만들어 보낸 것으로 보인다.

장미, 푸크시아, 재스민, 동백, 치자나무, 진달래, 국화, 서양철쭉 같은 관상용 식물은 워낙 인기가 좋아 기나나무보다 더 많이 워디언 케이스로 이동했다. 이런 식물이 막대한 수량으로 보내진 것으로 볼 때, 관상용 식물로 가득 채워진 워디언 케이스는 식민지 정착민에게 필수로 가는 화물이었던 것으로 보인다. 그러나 큐 식물원이 이런 식물을 선물로 보낸 것은, 그쪽에서 보답으로 워디언 케이스에 가치 있는 자생 식물을 가득 채워 보낼 거라는 기대감이 있기 때문이었다. 기나나무 산업 훨씬 이전에는 장미만 담긴 상자를 식민지 정착민에게 보냈다. 1853년 11월, 자메이카의 윌리엄 마치$^{William March}$는 37종의 장미로 채워진 상자를 받았고, 1857년에는 장미만 27종이 채워진 상자가 파나마로 보내졌다.

큐 식물원은 경제성이 높은 식물보다 영국 원예 식물로 워디언 케이스를 채워서 보내는 경우가 훨씬 더 많았다. 때때로 이들 두 가지를 섞어 보내기도 해서, 관상용 식물이 들어 있는 상자에 과일나무나 바나나, 차나무처럼 유용한 식물이 들어 있는 경우도 있었다. 세계 각 지역의 식물도 많이 반출되었다. 브라질의 칼라디움^{caladium}은 실론, 트리니다드, 모리셔스의 식물원에 보내졌다. 인도의 익소라^{Ixora}와 쥐방울덩굴속인 아리스톨로치아^{Aristolochia} 및 안수리움^{Anthurium} 같은 매력적인 식물을 보내는 것도 흔히 있는 일이었다. 큐 식물원은 들어온 식물을 꺼내 처리한 다음, 다른 외국 땅에 이들을 흥미로운 외래 식물로서 보냈다. 당시 전 세계로 유통된 식물은 다양성 면에서 볼 때 놀라울 정도였지만, 새로운 환경에 침습하여 해로운 영향을 끼친 식물도 많았다. 대표적인 예가 노란꽃창포(아이리스 수다코루스$^{Iris pseudacorus}$)로 캐나다, 미국, 뉴질랜드에서 큰 문제가 되었으며, 이탈리아 노랑 재스민(자스미눔 후밀레$^{Jasminum humile}$)은 뉴질랜드 자생 식물을 교살시켰다.

같은 기간인 1842년에서 1865년 사이 큐 식물원은 399개의 워디언 케이스를 받았고, 식물원이 보낸 상자는 이보다 92개 많았다. 평균 한 해에 17개의 상자가 먼 타국에서 반입되었고, 반출된 상자는 거의 25퍼센트 더 많았다. 놀랍게도 이 20년간 타지에서 들어온 상자 수는 변동 폭이 심했다. 1862년에는 큐 식물원에 43개의 상자가 도착했지만, 1864년에는 겨우 15개만 들어왔다. 런던에 들어오는 상자 수는 날씨, 외교, 선적, 상자를 포장하는 정원사의 기술 등 많은 요인에 좌우되었다.

손실도 상당했다. 영국으로 들어오는 워디언 케이스는 네 개당 한 개꼴로 제대로 도착하지 못했고, 그나마 도착한 상자도 4분의 1은 식물이 모두 죽어서 왔다. 일부 경로에서 이런 실패율이 더 높았다. 인도 또는 실론에서 큐 식물원까지 육로로 들어온 상자는 거의 모두 식물이 전부 죽어서 왔다. 멜버른 식물원에서 살아 있는 식물이 든 상자를 무사히 보내기까지는 2년(1858년~1860년)이 걸렸고, 도착했다고 해도 상자 아홉 개 중일곱 개는 들어 있던 식물이 죽은 상태로 큐 식물원에 도착했다. 뉴질랜드 식물도 드디어 영국에 들어오는 데 성공했지만, 멜버른 식물원에서 보낸 것처럼 들어오는 식물은 종종 "형편없는 상태"로 도착했다.[8]

실패의 원인은 무엇이었을까? 원인은 많았다. 유리가 깨졌거나 식물을 상자에 넣기 전 물을 너무 많이 주었거나 식물이 너무 어린 경우였다. 단순히 불확실한 운반 때문에 실패가 발생하는 경우도 많았다. 1859년 자바에서 도착한 상자 두 개 중 한 개는 아주 좋은 상태였지만, 나머지 한 개는 "실수로 템스강에 빠뜨려" 안에 든 모든 식물이 죽고 말았다.[9] 그렇지 않은 경우도 있었지만 워디언 케이스는 식물을 무사히 운반하는 보증 수표가 아니었다. 한때 조지프 후커는 뉴질랜드 지인에게 이런 편지를 썼다. "지금까지 본 것 중 가장 운이 없었으니, 이제부터 워디언 케이스를 '워드의 관'이라고 불러야겠습니다!" 당시 후커는 분명 뉴질랜드의 식물을 모두 파악하면서 이곳의 식물이 영국에 들어가도록 필사적인 노력을 기울였겠지만, 모두 오는 도중 말라 죽었다.[10] 실패율이 높았던 또 다른 이유는 상자를 보낸 사람들이 대부분 아마추어였기 때문이다.

손실은 윌리엄 후커가 운영한 네트워크 탓일 수도 있다. 후커는 관장직 아주 초기부터 식물 탐험가들을 파견하지 않고, 글래스고에서 해왔던 대로 기부금과 먼 오지의 채집가들에 의존했다. 식물 탐험가를 파견해야 하는 경우는 기업 연합 방식으로 탐사를 운영해 여기에 드는 비용을 종묘원과 같이 부담하면서 지출을 충당했다. 먼 식민지의 채집가들은 여가 시간에 채집 활동을 하는 아마추어인 경우가 많았으며, 상자에 식물을 제대로 포장해 본 경험도 거의 없었다. 또 후커는 이들 탐험가들에게 비용을 지불하는 대신 선물과 교육적인 물품을 제공했다. 조지프 후커는 1843년 아버지에게 이런 편지를 쓴다. "큐에서 채집가를 파견해달라고 여왕께 건의하지 않기로 한 것은 정말 지당한 결정입니다. 실제 가치보다 비용이 많이 드는 일이지요. (…) 비용을 적게 들이고 식물을 받아보는 좋은 방법이 정말 많습니다."[11]

영국으로 귀환하는 상자에는 대체로 채집가가 파견된 지역에서 찾아서 보낸 현지 자생 식물이 들어 있었다. 각 상자에는 보통 25종 이상의 식물 종이 들어 있었고, 많게는 60개체가 오는 경우도 있었다. 어떤 경우는 오직 한 종의 식물만 오기도 했다. 캘커타에서 도착한 워디언 케이스 두 개에는 세계에서 손에 꼽을 만큼 큰 야자 품종인 탈리폿 야자talipot palm(코리파 움브라쿨리페라Corypha umbraculifera)만 들어 있었다.

세계 각지에서 큐 식물원으로 식물을 보냈는데, 이들은 주로 식민지에서 왔다. 가장 많이 상자를 보낸 나라는 인도, 호주, 일본 순이었다. 반면 큐 식물원이 가장 많이 식물을 보낸 나라는 호주였다. 식물을 가장 많

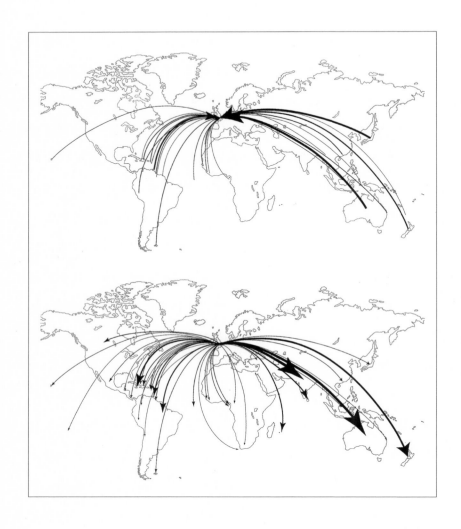

그림 8-2 1842~1865년 큐 식물원으로 워디언 케이스가 들어온 운송(위)과, 반대로 해외로 나간 운송(아래).

이 받은 세 나라는 순서대로 호주·인도·자메이카였고 뉴질랜드가 근소
한 차이로 뒤를 이었다. 가장 놀라운 나라는 일본이다. 일본은 1860년에
야 처음으로 워디언 케이스를 받았지만, 이후 5년에 걸쳐 제법 많은 식물
을 큐 식물원으로 보내주었다. 이 시기는 일본이 문호를 열고 외국과 교
역을 시작한 때였다. 앞에서 언급했지만 일본에서 만들어진 상자 일부는
기나나무를 다시 채워 다른 지역으로 보내는 등 재활용되었다.[12] 이들 상
자 중 두 개는 도미니카로 보내졌고, 나중에 카리브 제도의 자생 식물로
채워져 다시 큐 식물원으로 돌아왔다.

　이 짧은 기간 동안이라도 큐 식물원에서 이루어진 상자의 이동 양상
이 어땠는지 집중적으로 살펴보면, 당시 식물 교역이 광범위하고 복잡하
게 이루어졌다는 것을 알 수 있다. 전 세계적인 교역망이 형성되었고, 워
디언 케이스가 끊임없이 큐 식물원에서 나가고 들어왔다. 워디언 케이스
에는 많은 종의 유용한 식물과 관상용 식물이 모두 담겨 있었다. 1850년
대 후반, 큐 식물원은 반출한 상자를 추적하기 위해 상자에 번호를 붙이
기로 했다. 이번 장 첫머리에 소개한 워디언 케이스 10번의 여정을 돌아
보면 상자가 전 세계를 누빈 활약의 자취가 쉽게 떠오를 것이다.

　큐 식물원으로 들어오는 상자 일곱 개 중 한 개는 이미 한 번 보내졌
다가 돌아온 상자였다. 즉 식물 공급을 유지하기 위해 끊임없이 상자를
반출해야 했다는 것이다. 1860년대 기나나무를 배급하기 위해 일본에서
만들어진 워디언 케이스를 재활용했다는 예만 보더라도, 당시 워디언 케
이스 공급이 모자랐고 동시에 공급망을 관리하는 데 이 상자가 매우 중요
한 역할을 했다는 것을 알 수 있다. 세월이 흘러 조지프 후커가 아버지의

뒤를 이어 큐 식물원 관장직에 올랐을 때에도 워디언 케이스를 충분히 확
보하는 문제가 여전히 남아 있었다. 후커는 워디언 케이스를 세계 각지에
보낼 때 다음과 같은 성명서를 써서 동봉했다.

> 큐 식물원용으로 특별히 제작되어 '본국 자산'으로 명명된 워디언 케이스는 큐
> 식물원과 식민지, 인도 간의 식물 교환 이외의 다른 용도로 사용되지 않습니다.
> 여러 해 동안 쓸 수 있는 내구성이 아주 강한 상자만 큐 식물원에서 보내오니, 받
> 으신 상자를 식물 교환을 위해 잘 보관해서 되도록 동일한 해에 해당 계절에 볼
> 수 있는 식물로 채워서 보내주시면 대단히 감사하겠습니다.[13]

조지프 후커가 관장으로 재직할 당시(1865~1885), 식물원에 들어온
평균 상자 수는 1년에 약 20개까지 꾸준히 증가했고, 이 수치는 19세기
막바지에 이르기까지 계속 유지되었다.

오늘날까지 현존하는 몇몇 기록 중, 큐 식물원의 〈물품 반출입 장부〉
에는 워디언 케이스가 움직인 거리와 상자가 운반한 식물의 다양성이 모
두 기록되어 있다. 이런 교역 방식은 영국의 과학자와 식민지 정착민들의
욕구를 모두 만족시켜 주었다. 과학자들은 식물원에서 쓸 새롭고 진귀한
식물을 먼 타지에서 꾸준히 공급받았고, 이들을 통해 전 세계 식물 분포
를 잘 파악하고 연구하여 그 결과를 발표했다. 식민지 정착민들은 워디언
케이스를 통해 영국에서 관상용 식물을 받아보았다.[14] 전 세계 식물 교역
에서 장미는 바나나, 차, 기나나무만큼이나 중요한 식물이었다.

큐 식물원에서 이루어진 단 한 기간의 기록만 면밀히 살펴보더라도

식물원의 핵심 목적이 식민지에 아름다운 식물을 보내 자체적으로 식물원을 조성하는 데 있었다는 것을 알 수 있다. 이번 장에서는 큐 식물원에서 이루어진 단 20년간의 식물 이동만 살펴보았지만, 이외 기간에도 식물을 배급하고 처리하는 데 있어 상당히 많은 작업이 이루어졌다. 그러나 간혹 경제적 가치가 있는 특정한 한 종에 제국주의자들의 요청이 많이 들어올 경우, 큐 식물원은 경험을 살려 신속하게 식물을 교환했다.

고무나무: 브라질에서 동남아시아로

천연 고무로 만든 상품은 불안정하다. 끈적끈적하고 쉽사리 형태가 무너지며 추울 때는 부서지는 속성이 있다. 고무 공정은 라텍스 또는 천연 고무라 불리는 흰색 수액을 특정 나무에서 채취하는 것으로 시작된다. 천연 고무 가공은 개선의 여지가 많은 영역이었지만, 1839년 황을 첨가하고 열을 가하는 공법이 개발되면서 고무가 탄성을 가지게 되었다. 이렇게 재료 자체의 잠재력이 열리자 고무 붐이 불게 된다. 1870년대 고무 수액은 남미의 많은 야생 나무에서 채취되었다. 다른 품종의 나무에서도 고무가 나온다는 사실이 알려지자 아프리카와 아시아 지역에서도 수액 채취가 이루어졌고, 전 세계적으로 고무 수액 채취 바람이 불었다. 현지 주민은 일상 속에서 할 일을 하면서 원재료를 틈틈이 모아 지역 상권 거래를 통해 교역자에게 팔아 넘겼다. 고무 생산량이 가장 많은 나무는 브라질의 파라고무나무로, 순도와 탄성이 가장 높은 라텍스를 공급했다. 브라질은 고무 생산을 주도하는 나라였다. 얼마 가지 않아 원산지인 브라질의 파라고무나무를 아시아 플랜테이션 농장으로 가져오는 계획이 고안되었고, 워디언 케이스는 고무나무 운반에서 중요한 역할을 담당했다.[15]

이 계획을 이끈 국가는 영국이었다. 성공적인 전례가 있었기에 가능한 일이었다. 기나나무 운반 성공에 힘입어 식물학자와 제국주의자들은 이 사례를 그대로 본뜨려고 했다. 당시 인도 관리 부서에서 일하던 클레먼츠 마컴Clements Markham은 기나나무 운반 사업의 핵심 주역이었으며, 이내 고무 사업에도 마음을 쏟았다. 왕립 예술 학회Society of Arts에 기나나무 사업을 보고한 이후 10년 만에 그는 고무에 관한 강연으로 돌아왔다. "고무를 생산하는 나무의 플랜테이션 농장을 조성할 때가 왔습니다. 궁극적으로 이 나무의 멸종을 막기 위해, 또 지속적인 고무 공급을 위해 플랜테이션 농장이 필요합니다."[16] 그는 나무의 보존을 염려하기보다는 영국이 이런 귀중한 자원에 이권이 없다는 사실에 훨씬 마음을 썼다. 마컴은 조지프 후커와 손을 맞잡고 종자와 묘목을 공급할 채집가들을 브라질 아마존에 배치했다.

수많은 채집가들이 파견되었지만 그들은 이렇다 할 만한 성공은 거두지 못했다. 고무나무의 종자는 기름 성분이 많아 운반하기 어렵기 때문이었다. 채집가들이 보내 온 씨앗 중 겨우 몇 개만 큐 식물원 온실에서 번식할 수 있었다. 1870년대 초 큐 식물원은 남미의 여정에서 살아남은 종자가 1퍼센트도 안된다고 기록했다. 1873년, 브라질에서 보낸 종자 2천 개가 큐 식물원에 도착했는데 그중 겨우 12개만 싹을 틔웠다. 이들 12그루 중 6그루가 워디언 케이스를 통해 캘커타 식물원에 보내졌지만, 벵골

이나 시킴에서는 이식이 전혀 성공하지 못했다. 이런 실패로 인해 실론이 고무 플랜테이션의 최적지로 떠올랐다. 하지만 여전히 살아 있는 파라고 무 묘목이 필요했다.[17]

헨리 알렉산더 위컴Henry Alexander Wickham은 아마존 분지에 사는 자수성가형 영국인 식민지 개척자였다. 그는 런던을 떠나기 전, 대가족 식구들에게 아마존에 조성할 플랜테이션 농장으로 그들이 거액을 벌 거라고 장담했다. 그는 그동안 숱한 실패를 겪고 어머니와 누나마저 세상을 떠난 후 식물 채집에 관심을 돌린 상태였다. 기금을 조성하는 단계에서 위컴은 조지프 후커에게 식물을 채집해 주겠다고 제안한다. 처음에 후커는 위컴의 편지를 무시했다. 그러나 다른 채집인들이 실패하자, 인도 관리 부서에서 마컴과의 공동 프로젝트로 파라고무나무 종자를 채취하면 종자 1천 개당 10파운드를 주겠다고 위컴에게 제안한다. 조지프 후커와 편지를 주고받던 초기, 위컴은 고무나무 묘목을 아마존 플랜테이션 농장에서 키운 다음 워디언 케이스를 이용해 직접 실론으로 보내겠다는 제안까지 했다. 이 발상은 비용이 너무 많이 드는 관계로 고려 대상에서 제외되었다. 하지만 워디언 케이스는 이 사업에서 중요한 부분을 차지하게 될 운명이었다.

위컴은 1876년 초 종자 채취 작업에 돌입했다. 카누를 타고 아마존 상류 쪽으로 다양한 경로를 다니면서 많은 지역 거주민의 도움을 받은 덕분에 그는 7만 4천 개의 종자를 얻었다. 5월에 위컴은 증기선 아마조나스호를 타고 리버풀로 향했다. 리버풀에서 종자는 큐 식물원으로 보내져 6월 중순에 도착했다. 큐 식물원의 부관장인 윌리엄 티슬턴다이어William Thiselton-Dyer는 정원사 리처드 린치Richard Lynch와 협력하여 종자 번식에 힘썼다. 거의 28제곱미터(약 8평)가 넘는 부지에서 이루어진 대규모 작업이었다. 종자를 온실의 평평한 땅에 뿌리고 티슬턴다이어와 린치는 싹이 나오길 기다렸다.[18]

"우리는 가장 평범한 방식으로 관례에 따라 작업을 진행했다." 티슬턴다이어는 오랜 세월이 흐른 후 이렇게 회상했다. 종자를 뿌린 지 사흘 후, 재배실에 들어간 티슬턴다이어는 깜짝 놀랐다. 뿌린 씨앗의 일부에서 싹이 돋아났던 것이다. 하지만 모두 합해 겨우 2천 7백 개의 종자, 즉 겨우 3.6퍼센트만 발아에 성공했다. 큐 식물원은 실론으로 고무 묘목을 운반할 "특별 워디언 케이스" 38개를 제작했다. 지난 2년간 식물원이 준비한 상자와 거의 같은 개수였다. 워디언 케이스에는 1,919그루의 파라고무나무 묘목이 담겼다. 식물원에 도착한 이후 두 달도 채 안된 1876년 8월 9일, 워디언 케이스는 P&O 증기선에 올라 정원사의 보살핌을 받으며 실론으로 길을 떠났다.[19]

9월 13일 콜롬보Colombo에 도착했을 때는 귀중한 묘목 거의 모두가 살아 있었다. 놀랍게도 이렇게 워디언 케이스 운반이 순조롭게 이루어졌는데도 인도 관리 부서는 화물비를 지불하지 않았다. 워디언 케이스가 콜롬보 부두에 대기해 있는 동안, 마컴이 지불 절차를 마쳤다. 다행히도 고무 묘목은 이런 기다림을 견뎌냈고, 곧 실론 중서부의 페라데니아Peradeniya에 위치한 왕립 식물원 깊숙이 특별히 마련된 부지에 이식되었다. 워디언 케이스 38개 중 2개는 싱가포르에서 진행할 실험용으로 따로 표시가 되었다. 고무 종자가 브라질을 떠나 묘목이 되어 실론에 도착할 때까지 걸린 시간은 겨우 5개월. 이렇게 빠르고 성공적인 이식은 워디언 케이스를 사용했기에 가능했다.

고무나무 운반에서 사람들에게 잘 알려지지 않은 이야기가 있다. 위컴이 고무나무 사업에 뛰어들던 시기와 거의 동시에 로버트 크로스Robert Cross 역시 아마존으로 가서 고무 묘목을 채취해 큐 식물원으로 보냈다. 이상하게도 크로스는 위컴의 종자가 리버풀에 도착한 지 며칠 후에 이곳에서 출발했다. 위컴보다는 늦었지만 그는 일단 브라질에 도착하자마자 채취 작업을 시작했다. 우선 지역 채집가 엔히키 공Don Henrique를 섭외해서 어느 지역이 식물을 채취하기 가장 좋은지 알아보고, 현지에 사는 남자아이를 가이드로 삼아 작업에 돌입했다.[20] 또 아마존 근처 도시 벨렘Belem에 사는 지역 주민에게 의뢰해, 본인이 채취 작업을 하는 동안 워디언 케이스 4개를 만들어달라고 부탁했다. 한 달이 약간 넘는 기간 동안 크로스는 상자에 담을 건강한 고무 묘목 1천 그루를 모았다. 증기선 파라엔스호를 타고 귀환하는 길에 다른 종의 고무나무를 채취하기도 했다. 그는 1876년 11월 22일 영국으로 돌아왔다. 묘목은 여전히 살아 있었지만 상태가 좋지 않았고 큐 식물원은 그중 4백 그루만 가져가기로 했다. 나머지 6백 그루는 종묘상인 윌리엄 불에게 인도되었다. 다음 해 불은, 본인이 제작한 특별 상자에 담겨 세계 곳곳에 전달될 새롭고 희귀하고 매력적인 식물, 파라고무나무를 "상업적 가치가 있는 중요한 식물"로 소개했다.[21]

이후 여러 해에 걸쳐 고무 묘목과 종자가 실론과 싱가포르로 더 보내졌다. 대부분은 위컴이 채취한 종자에서 발아한 것들이었지만 일부는 크로스가 공급한 것도 있었다. 위컴이 공급한 묘목이 고무나무 플랜테이션을 처음 조성하는 데 큰 기여를 했다면, 크로스의 물량은 경작을 더욱 성공적으로 이끌어주는 구실을 했다고 추측된다. 1882년에는 실론에 심은 고무나무에서 종자를 수거할 수 있었기 때문에 큐 식물원은 더는 고무 묘목 운반에 관여할 필요가 없었다. 실론에서 고무나무가 성공적으로 재배되었지만, 정작 플랜테이션 운영자들은 고무나무에 대한 관심이 거의 없었다.

수년 후, 실론의 농장에서 2천 개의 종자를 큐 식물원에 다시 보내왔다. 농장 관리자는 "아무도 종자를 원치 않아서"라고 전했는데, 어처구니없는 종자의 역ⁿ이동이 일어난 셈이었다. 싱가포르에서 실험 차원으로 재배한 고무나무 1천 그루에서도 이미 종자가 생산되는 중이었다. 1880년대에 가서는 나무에서 고무 수액이 처음으로 채취되는 더할 나위 없는 결과가 나왔다. 하지만 고무나무 재배는 속도가 더뎠다. 사실 1890년대에 실론의 재배자들에게 수익을 안겨준 것은 나무 자체가 아니라 종자와 묘목 판매였다. 고무 묘목은 네덜란드 동인도 플랜테이션 농장, 카메룬, 탄자니아, 사모아의 독일 식민지, 모잠비크의 포르투갈 식민지 등 다양한 고객층에 판매되었다.[22]

1896년 커피 가격이 뚝 떨어지자 말레이반도의 플랜테이션 농장주들은 고무나무 재배를 시작했다. 5년이 안 돼 약 4.85헥타르의 땅에서 고무나무가 경작되었고, 어림잡아 150만 그루의 나무가 자라, "온 세상이 인도 정부가 들여온 나무의 자손으로 보일 정도였다." 이에 고양되어 싱가포르 식물원의 관장인 헨리 리들리Henry Ridley(그림 8-3)는 큐 식물원에 편지를 쓴다. "이제 경작이 원활하게 시작되었으니, 아마도 머지않아 이 식민지의 가장 중요한 산물로 고무가 손꼽히리라 생각됩니다."[23]

20세기 초, 실론에서 고무나무 플랜테이션이 확고히 뿌리내렸을 당시, 이곳 플랜테이션에서는 브라질의 농장주에게까지 고무를 공급하기도 했다. 브라질의 플랜테이션은 잎마름병leaf blight으로 심한 타격을 받은 터였다. 따라서 아시아의 신생 플랜테이션 농장에서 들어온 유전 물질genetic material(유전적 기능 단위를 포함하는 동·식물, 미생물 또는 기타 유전적 기원이 되는 물질. 종자, 정자 혹은 개개의 유기물 등이 포함된다−옮긴이)로 브라질의 고무 사업이 회생할 수 있다는 가망성이 아메리카의 농장주들에게 생겨났다. 그러나 브라질의 고무 산업은 질병의 무차별 공격, 급성장하는 아시아의 고무 생산 산업이라는 두 가지 요인으로 이미 큰 타격을 입었고 이후 다시 살아나지 못했다.[24]

실론과 말레이반도에서는 두 가지 업종이 새로 생겨났다. 첫 번째 업종은 농장에서 고무를 채취하는 일이었고 두 번째는 종자와 묘목을 판매하는 일이었다(그림 8-4). 종묘 회사는 고무 묘목을 워디언 케이스에 담아 아시아 전역의 식민지 개척자와 농업 종사자들에게 공급했다. 물론 같은 종묘원에서 고무 종자를 구입할 수도 있었지만, 농장주들은 고무 경작을 빠른 시일 내에 확보하기 위해 워디언 케이스를 통한 묘목 구입을 더 선호했다(독일 농장주 사이에서 특히 이런 현상이 두드러졌다). 때에 따라 파라고무나무 묘목을 한 번에 7만 5천 그루나 보내는 경우도 있었다.

파라고무나무를 찾는 사람이 가장 많았지만, 유럽 및 세계 시장에서는 고무를 생산하는 다양한 종의 나무가 모두 가치 있는 것으로 평가받았다. 특히 구타페르카는 19세기 후반 가장 중요한 식물 기반 물질로 손꼽히는데, 해저 전신 케이블의 코팅제뿐 아니라 장난감, 실내 장식, 부츠, 수도관, 치과기공 재료(오늘날까지 사용됨)로 쓰였다. 워디언 케이스는 이처럼 유용한 고무의 묘목을 식물원으로 보내는 중요한 수단이었다. 이들 식물원은 새로 들어온 품종을 식별하고 상업적 가능성이 있는지 시험했다.

하지만 고무는 워디언 케이스가 식민지 개척자들에게 얼마나 중요하고 성공적인 기술 수단이었는지를 보여주는 수많은 사례 중 한 가지에 지나지 않는다.

물론 워디언 케이스가 식물을 운반하는 유일한 수단은 아니었고, 사실은 종자 구입이 더욱 선호되는 방식이었지만, 때로는 묘목을 운반해야 하는 경우가 생겼다. 우리는 고무나무의 사례를 통해, 이 두 가지 구입 방식이 브라질에서 큐 식물원을 경유해 실론 및 싱가포르로 이어지는 연결망에서 어떻게 사용되었는지 확인할 수 있다. 헨리 위컴이 큐 식물원에 고무나무 종자를 성공적으로 공급한 이후, 식물원은 헨리 위컴의 종자가 더는 필요하지 않았다. 그의 노고에 대한 이별의 선물로 조지프 후커는 위컴에게 리베리카 커피나무를 가득 채운 워디언 케이스 두 개를 주었다. 위컴은 이를 받아들고 호주 북부 퀸즐랜드에 가서 플랜테이션 농장 설립을 다시 시도했지만 끝내 실패하고 말았다.

그림 8-3 지역 인부와 함께 고무나무 옆에 서 있는 헨리 리들리(사진 왼쪽). 리들리는 싱가 포르 식물원의 관장(1888~1911)으로, 큐 식물원에서 교육받은 '큐이트'였으며 동남아 시아 고무 산업의 발전을 이끈 주역이었다. "고무 리들리Rubber Ridley"라고도 불렸다.

그림 8-4 1913년 실론의 아동 인부가 남미로 선적될 준비를 마친, 고무 묘목이 든 워디언 케이스 옆에 서 있다.

식물 교역의 역사를 쓰다

큐 식물원에서 고무 사업을 관장했던 윌리엄 티슬턴다이어는 대영제국을 위해 일한 사람이었다. 그는 국제 고무나무 농장주 협회 회장으로 뽑혀 활동하는 등 많은 업적을 남겼다. 1885년에는 조지프 후커의 뒤를 이어 큐 식물원 관장직에 올랐다. 그는 큐 식물원을 가장 중요한 식민지 식물원의 중심 기지로 발전시킨 사람으로 기억된다. 식민지 관리 부서, 외무 부서, 인도 관리 부서 모두 큐 식물원의 전문 기술에 의지했다. 큐 식물원은 신종 또는 개량 농작물을 찾는 사람들을 대상으로 컨설팅을 했고, 보통 플랜테이션 농장에 가장 적합한 작물을 추천해주었다. 더불어 식민지로 발령받은 많은 정원사와 식물학자들('큐이트^{Kewite}'라는 애칭으로 불림)을 훈련시키기도 했다.

19세기 후반과 20세기 초까지 큐 식물원이 후원하는 제국 사업이 계속되면서, 플랜테이션 농장은 더욱 확대되었다. 1891년에서 1901년까지 19세기 마지막 10년간 큐 식물원은 198개의 워디언 케이스를 세계 곳곳으로 내보냈다. 상자는 아크라·보스턴·캘커타·실론·피지·홍콩·자바·라고스·멜버른·나탈·피낭·시에라리온·싱가포르·세인트빈센트·시드니·트리니다드 토바고 등 전 세계로 향했다. 1890년과 1901년 사이 큐 식물원이 1년에 보낸 상자 수는 평균 20개였다.[25]

큐 식물원에서 워디언 케이스는 근 한 세기 동안 성공적으로 사용되었다. 다른 많은 식물원의 기록과는 달리 큐 식물원의 기록은 특히 세계적인 식물 교역이 어떻게 진행되었는지 알아볼 수 있는 통찰력을 제공해준다. 19세기 중반에는 많은 품종의 관상식물이 반출되었고, 이에 화답하여 식민지의 자생 식물이 많이 들어왔다. 그러나 19세기 후반과 20세기 초반, 플랜테이션 작물, 그중에서도 제국 사업을 위한 작물이 중요해지면서 식물의 이동은 경제성이 높은 작물 중심으로 이루어졌다. 고무나무 이식은 워디언 케이스가 핵심적 역할을 하면서 성공을 거두었고, 다른 많은 나라들이 이 사례를 똑같이 모방하려고 했다. 1870년대, 고무나무가 아시아에 성공적으로 이식된 이후 영국의 식민지였던 동남아시아 국가들은 고무 생산에서 선두적인 나라가 되었고, 그 지위는 오늘날까지 이어지고 있다.

그림 1 1899년 마다가스카르 현지인인 메리나인들이 워디언 케이스에 담긴 식물을 나니사나 식물 시험소에서 마다가스카르 교외 플랜테이션 농장으로 옮기는 장면. 에밀 프뤼돔 사진.

그림 2 에드워드 호플리Edward Hopley, 〈영국에서 보낸 앵초The Primrose from England〉(1855). 1850년대 워디언 케이스가 처음으로 호주 멜버른에 도착한 후, 상자로 운반된 앵초를 보기 위해 3천 명이나 거리에 줄을 섰다. 호플리는 꽃을 찾아다니는 사람들에 관한 이야기를 들은 후 이 장면을 그렸다. 캔버스에 유화. 1964년 레오나드 V. 란셀Leonard V. Lansell 부부 기증, 벤디고 아트 갤러리Bendigo Art Gallery 소장.

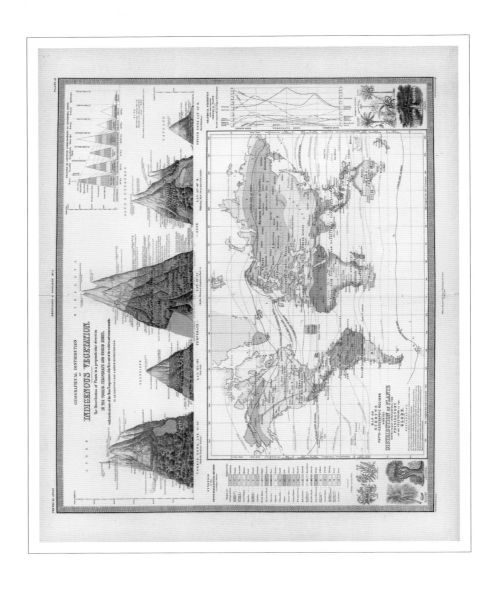

그림 3 〈토종 식물의 지리적 분포〉(1856). 당시 과학자들이 전 세계 식물들의 생물 지질학 분포
도를 완성할 수 있을 정도로 많은 식물들이 이동했다.

그림 4 1840년 남극 아델리랜드^{Adelie Land}를 탐사하는 프랑스 뒤르빌 탐사대. 레옹 장바티스트 사바티에^{Léon Jean-Baptiste Sabatier} 그림. 호주 국립 도서관^{National Library of Australia} 소장.

그림 5 실내용 워디언 케이스. 1860~1880년 사이에 앤드류 브라운Andrew Brown이 글래스고에서 제작했다. 2017년 글래스고 현대 미술 갤러리Gallery of Modern Art의 애런 에인절Aaron Angell이 식물 조경을 맡았다. 글래스고 박물관Glasgow Museums 소장. 맥스 슬래븐Max Slaven 사진.

그림6 전형적인 유럽의 유리 공장 내부. 유리세 폐지로 인한 유리 생산량 증가는 워디언 케이스 제작 단가를 낮춘 중요한 요소였다. 그림의 공장은 1889년 독일 바이에른 주에 있었다. 루돌프 비머Rudolf Wimmer 그림.

그림 7 1866년 시모어 조지프 가이Seymur Joseph Guy가 그린 〈꽃다발 경연: 뉴욕 식당에서 로버트 고든 가족The Contest for the Bouquet: The Family of Robert Gordon in Their New York Dining-Room〉. 왼쪽 창틀에 워디언 케이스가 놓여 있다. 캔버스에 유화. 뉴욕 메트로폴리탄 미술관 소장.

그림 8 1909년 식민지 시험용 식물원의 정원사들이 워디언 케이스 운반을 준비하고 있다.

그림 9 워디언 케이스로 운반된 대표적인 식물 네 종. 맨 위 왼쪽부터 시계 방향으로.

- 워디언 케이스를 통해 영국으로 처음 운반된 양치류, 글레이케니아 미크로필라. 프란츠 바우어Franz Bauer 삽화.
- 1836년 존 깁슨이 인도에서 찾아다닌 식물, 암헤르스티아 노빌리스.
- 조지 로저스 홀이 일본에서 미국으로 가져간 금송.
- 로버트 포춘이 워디언 케이스로 운반해 온 많은 관상용 식물 중 하나인 '다프네 포르투니Daphne fortuni'.

그림 10 네덜란드령 자바의 기나나무 플랜테이션 농장에서 대목인 신코나 스키루브라에 신코나 레저리아나를 네덜란드식으로 복접하는 모습.

그림 11 1877년 호주 애들레이드 식물원의 정문. 이 식물원 관장인 리처드 숌버그는 워디언 케이스를 열정적으로 사용한 사람으로, 입구 쪽 통로에 방문객을 환영하기 위해 워디언 케이스를 쭉 배치해놓았다. 새뮤얼 화이트 스위트Samuel White Sweet 사진, 사우스오스트레일리아 주립 도서관 State Library of South Australia 소장.

그림 12 1934년 번리 원예 학교Burnley School of Horticulture의 정원사들. 여성은 단순히 실내 원예뿐 아니라 원예 거래의 많은 분야에서 중요한 역할을 담당했다. 멜버른 대학 기록 보관소University of Melbourne Archives, 번리 정원Burnley Gardens 소장.

그림 13 메리앤 노스가 1876년에 그린 〈보르네오, 사라왁, 라임스톤 산의 신종 식충 식물A New Pitcher from the Limestone Mountains of Sarawak, Borneo〉. 노스가 그린 식충 식물 네펜테스 노시아나를 본 후, 첼시에 위치한 베이치 종묘업 회사는 이 식충 식물을 채집하기 위해 채집가를 보르네오로 보냈다.

그림 14 아름다운 관상용 식물을 광고하는 종묘업 회사 카탈로그 표지 네 개. 맨 위 왼쪽부터 시계방향 순서.

- 〈새롭고 희귀하고 아름다운 식물과 난초New, Rare and Beautiful Plants and Orchids〉 카탈로그, 윌리엄 불 제공(1894).
- 시즈 앤드 시Seeds & c의 카탈로그인 〈제임스 베이치 앤드 선즈, 왕립 외래 식물 종묘원Royal Exotic Nursery, 첼시〉(1896).
- 요코하마 우에키의 〈해설 카탈로그Descriptive Catalogue〉(1918~1919).
- 장 랭당과 에밀 로디가스Emile Rodigas가 만든 〈랭드니아: 난초 도록Lindenia: Iconographie des orchidees〉 (브뤼셀, 1886).

FIG. 1.—ORANGE COVERED WITH SOOTY MOLD (From Morrill and Back.)

FIG. 2.—LEAF OF ORANGE COATED WITH SOOTY MOLD (From Morrill and Back.)

그림15 가루이 피해를 입은 오렌지와 잎. 가루이의 분비물에서 거무스름한 곰팡이가 피어난다. 플로리다에서 발생한 이 병충해 문제는 워디언 케이스를 이용해 인도 라호르에서 '천적'을 가지고 온 후 해결되었다.

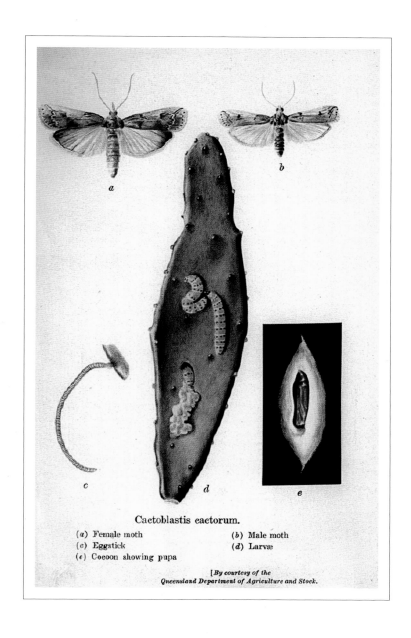

Cactoblastis cactorum.

(a) Female moth   (b) Male moth
(c) Eggstick   (d) Larvæ
(e) Cocoon showing pupa

[By courtesy of the
Queensland Department of Agriculture and Stock.

그림 16 부채선인장을 먹고 사는 선인장명나방. 이 나방은 침입종이 되어버린 부채선인장의 개체 수 조절을 위해 워디언 케이스를 통해 호주로 들어왔다. 호주 국립 도서관 소장.

그림 17 워디언 케이스로 운반된 유용한 식물 네 종. 맨 위 왼쪽부터 시계 방향 순서.

- 캐번디시 바나나 Musa cavendishii.
- 차 Camellia sinensis.
- 카카오 Theobroma cacao.
- 파라고무나무 Hevea brasiliensis.

9

식민 통치의 도구가 된 워디언 케이스

19세기 말, 많은 정치 지도자들이 식민지 문명화 정책을 추구하고 민간 회사들이 수익 증대를 노리던 시기, 농업은 식민 사업의 핵심 부분을 차지했고 경작할 식물을 플랜테이션 농장으로 옮기기 위해서는 워디언 케이스가 필요했다. 19세기 말에는 전 세계 대부분에 식물과 이들의 지리적 분포에 대한 정보가 알려졌다. 이와 동시에 식민지에서 운영되는 민간 회사와 플랜테이션 농장이 수익을 올리기 위해서는, 특정 지역에서 재배 가능한 식물에 관해 과학적인 분석이 철저히 이루어져야 했다. 즉 식민지 운영에서 수익을 올리는 데 식물학이 중요한 역할을 한 셈이다. 하지만 식물의 특정 지역 이식 여부만큼 우선적으로 중요한 요소는 해당 식물의 운반 가능성 여부였다.[1]

이 시기, 유럽 대륙에서의 기술 발전은 제국주의 확산에 중요한 요소로 작용했다. 증기선, 철도, 전신, 연발총 등의 다양한 기술이 발달했고, 이로 인해 유럽인들은 아프리카와 아시아의 많은 지역에서 제국주의적 야망을 펼칠 수 있었다. 이외에 빠른 항로 개발 같은 요소도 중요한 역할을 했다. 수에즈 운하가 1869년 개통되면서 1910년에는 운임이 반으로 줄었다. 이들 선박으로 움직이던 워디언 케이스는 한층 빠른 속도로 전 세계에 운반되었다. 워디언 케이스를 역사적으로 살펴보면, 19세기 말경에 이미 발명된 지 70년이 넘은 상태였던 이 구식 기술이 제국의 확장으로 새로운 용도를 찾게 되었다는 사실을 알 수 있다. 워디언 케이스를 포함한 여러 구식 기술은 식물을 운반하는 이미 완성된 수단이었을 뿐 아니라 비공식적인 초기 제국주의 시대와의 연결고리이기도 했다. 워디언 케이스가 개발된 초기에는 탐험가와 여행가 그리고 먼 오지의 채집인들이 이 특이한 상자를 한두 개 보내는 정도였다면, 이제는 식물원이 앞장서서 식민지에 상업 플랜테이션 농장을 빠른 시일 안에 조성하기 위해 수백 개의 워디언 케이스를 보냈다.[2]

'신제국주의'는 1880년대와 제1차 세계대전 발발 사이, 제국주의가 공식적으로 진행되던 치열한 시기를 가리키는 명칭이다. 영국을 비롯해 네덜란드, 프랑스, 포르투갈, 스페인은 수 세기나 되는 오랜 시간을 걸쳐 식민 통치 이권을 폈다. 그러나 19세기 말이 되자, 국가 주도적 팽창 정책으로 나타난 새로운 이권이 벨기에, 독일, 일본, 미국에서 고개를 들었다. 이들 모든 나라는 다른 나라와 대륙의 천연 자원을 장악하기 위해 애썼고, 플랜테이션 농장 조성은 이런 제국 세력들의 사업에서 핵심적 위치를 차지했다. 플랜테이션을 조성하면서 식민지 개척자들은 소용없는 땅을 생산적인 경작지로 전환할 수 있었고, 현지 토착민들은 이런 땅에서 일하는 노동자로 착취되었다. 유럽의 식물원은 식민지 식물학의 중심지가 되

그림 9-1 1923년 카메룬에 위치한 카카오 식민지 플랜테이션. 파칼레Pacalet 사진.

어, 식민지 식물원과 연구 기지를 포함해 종종 이곳에서 운영되는 회사에 식물과 관련 정보를 제공했다.

이번 장에는 식민지의 식물학과 관련된 이야기를 담았다. 19세기 말, 어떤 식으로 워디언 케이스에 식물이 담겼는지, 독일과 프랑스의 과학자들이 어떻게 워디언 케이스를 보냈는지에 관한 이야기가 펼쳐진다. 이 기간 동안, 워디언 케이스는 식물을 운반하는 중요한 기술 도구였고 특히 식민지 플랜테이션 농장을 조성하고 새로운 식물을 탐색하는 데 큰 역할을 했다. 워디언 케이스는 식민지 지배자들에게 살아 있는 식물을 보내는 주요 운반 수단이었을 뿐 아니라, 앞으로 살펴보겠지만, 식물원과 식민지 양쪽에서 작업이 쌍방으로 이루어졌다는 중요한 상징이기도 했다. 신제국주의 시대의 식민지 식물학은 그 범위가 워낙 방대하고 세계적이었기 때문에, 모든 활동을 여기에 다 담을 수는 없다. 따라서 이번 장에서는 식물 운반에서 높은 성공률을 보여주었던 독일과 프랑스의 식민 통치 기관 두 곳에 집중해보기로 하겠다. 앞으로 나올 내용이지만, 20세기의 첫 10년간 프랑스는 워디언 케이스를 큐 식물원보다 더 많이 운반했다.

19세기 말과 20세기 초, 워디언 케이스 운반의 증가로 토지와 노동력이 전 세계 플랜테이션 경제에 이용되면서 현지의 토착민들과 계약직 노동자들은 심각한 피해를 입었다. 현대를 사는 우리는 이런 플랜테이션 농업으로 빚어진 파장을 여전히 실감하며 살고 있다. 예를 들어 초콜릿의 주요 성분인 카카오가 워디언 케이스로 식민지에 보내졌는데(그림 9-1), 현재 프랑스, 영국, 독일의 옛 식민지였던 코트디부아르, 가나, 카메룬은 세계 코코아의 70퍼센트 이상을 생산한다. 제국주의 국가 다수가 식민지

들 역시 상자를 효과적으로 이용했다. 에른스트 울레Ernst Ule는 헨리 위컴의
발자취(8장 참조)를 그대로 따라, 브라질 탐사 중 주요 고무나무 생산 지역
인 마나우스Manaus에서 고무 묘목을 확보했고, 이밖에 고무 종자를 수거해
서 워디언 케이스에 뿌린 다음 베를린 식물원으로 보냈다. 묘목은 식민지
의 모든 연구소와 식물원, 심지어 니카라과의 독일 영사관에도 보내졌다.
베를린 식물원은 또한 독영 동아프리카회사German-English East Africa Company, 독일
령 고무 협회German Rubber Society, 독일령 동아프리카 플랜테이션 협회German East
African Plantation Society, 독일령 서아프리카 플랜테이션 협회German West African Plantation
Society, 뉴기니회사New Guinea Company 등 식민지에서 플랜테이션을 운영하는 독
일령 식민회사에 식물을 보냈다. 이때 이동한 식물은 개체수가 최소 1만
7천에 달했다. 관상식물은 물론 커피, 기름야자나무, 카카오, 고무, 바닐
라, 구타페르카, 바나나, 파인애플, 망고, 파파야, 사이잘삼 등 종류도 다양
했다. 1910년 독일은 총 240개의 워디언 케이스를 식민지에 보냈다. 이들
상자 중 반은 카메룬으로, 64개는 동아프리카로, 56개는 토고로, 20개는
남태평양 식민지로 보내졌다.[16]

　　이렇게 식민지 개척자들의 욕심을 채우기 위해 식물 수천 개체가 이
동했다. 대부분은 수익 창출을 위해 재배되고 가공된, 경제적으로 가치 있
는 식물이었다. 잡지 〈식민지와 본토〉에 실린 사진을 보면 제국과 식민지
양쪽에서 식물을 운반하는 데 얼마나 많은 사람들의 노력이 필요했는지
알 수 있다. 물론 독일제국과 독일 식민 협회가 상업적 이권을 염두에 두
고 진행한 원대한 계획이 있긴 했지만, 워디언 케이스를 통해 볼 때 플랜
테이션의 성공은 식물을 다루는 인부들의 단순한 노동에 좌우되었다.

사모아는 1900년에 독일 식민지가 되었지만, 독일 상공 및 플랜테이션 회사^{Deusche Handels-und Plantagen-Gesellschaft}는 적어도 1879년부터 사모아 섬에서 운영되고 있었다. 1900년, 우폴루 섬의 거의 2천 헥타르 부지를 차지하던 이 회사는 "독일 식민지 전체를 통틀어 가장 큰 규모의 단일 열대 농작물 단지"로 발표되었다. 독일은 이들 플랜테이션 회사로부터 많은 압력을 받은 끝에 사모아 섬을 통치했다. 당시 플랜테이션 회사들이 겪던 큰 어려움 중 하나는 노동력 조달이었다. 사모아 섬을 식민지로 삼은 이후, 독일 외무부는 중국과 협상을 통해 중국 인부를 사모아로 파견했다.[17]

그림 9-3에는 중요한 요소가 많이 드러나 있다. 먼저 그림에 나오는 인부들은 카카오나 고무 묘목이 들어 있는 것으로 보이는 상자를 풀고 있는데, 이 두 식물은 독일령 우폴루 섬에서 중요한 작물이었다. 사진을 자세히 보면 중국 인부들이 식물을 상자에서 꺼내고 있다. 당시 2천 명이 넘는 중국 계약직 노동자들이 사모아 섬으로 건너와 다른 멜라네시아 계약직 노동자들과 함께 일했다. 사모아의 근무 환경은 열악하기 그지없어, 임금은 낮고 하루 노동 시간은 11시간이 넘었으며 일요일에 두 번만 쉬는 달도 가끔 있었다. 법규 위반 시 가혹한 처벌이 따랐지만, 중국 노동자들은 이에 아랑곳하지 않고 종종 근무 환경에 항의를 제기했다.

독일령 사모아회사^{Deutsche Samoa Gesellschaft}는 당시 노동자들에게 끔찍한 처벌을 내리는 악덕 회사로 알려져 있었다. 리하르트 디킨^{Richard Deekin}이라는 플랜테이션 관리자는 중국 노동자들이 작성한 집단 탄원서에 화가 난 나머지 아충^{Ah Tsong}이라는 인부를 심하게 구타했다. 아충의 친구 네 명은 치료를 위해 그를 마을로 데려갔고, 디킨은 법률 위반으로 기소되었다. 하지

그림 9-3 1911년 베를린에서 사모아에 도착한 워디언 케이스를 풀고 있는 인부들.

만 독일에서 디킨은 플랜테이션 농장 발전에 기여한 사람으로 잘 알려져 있었고, 《헬로 사모아! 사모아 여행 스케치와 탐험록*Manuia Samoa! Samoan Travel Sketches and Observations*》(1901) 같은 대중 서적을 많이 써서 독일인의 사모아 이민을 장려한 유명 인사이기도 했다. 한편 너무 형편없는 독일 플랜테이션 농장의 근무 환경 때문에 1908년 중국 정부는 노동자의 사모아 파견을 중단하기도 했다. 하지만 노동자 파견은 다음해 재개된다.[18]

사모아 섬에서 워디언 케이스를 풀고 있는 중국 및 멜라네시아 인부들 사진으로 돌아가 보면, 주목해야 할 부분이 한 가지 더 있다. 이때 베를린 식물원에서 보낸 워디언 케이스는 첼시의 종묘상인 윌리엄 불의 디자인을 따라 만든 것이었다. 지금도 베를린 식물원 및 식물 박물관에는 이들 상자 중 한 개가 남아 있다(사진 1-2 참조). 여기서 우리는 식민지에 식물 수천 개체를 공급하던 독일의 대표 식물원이, 영국 첼시의 종묘상이 만든 상자를 그대로 본떠 사용했다는 사실을 알 수 있다. 식민지 시대의 과학계와 민간 사회가 어우러진 이상한 조합이었다.

베를린 식물원은 식물 수천 개체를 식민지에 공급해 독일 식민지 개척자들이 세계 곳곳에 플랜테이션 농장을 조성하는 데 도움을 주었다. 하지만 그 이면에는 다른 이들의 희생이 있었다는 사실을 잊어서는 안 된다. 아프리카에서는 원주민과 식민지 개척자들 사이에 충돌이 자주 일어났고, 때로 남아프리카의 헤레로족*Herero*(아프리카 남서부 반투족의 한 종족—옮긴이)과 나마족*Namaqua* 학살 같은 끔찍한 대학살로 이어졌다. 당시 아프리카에서 운영되던 식민회사 다수가 노동자와 원주민의 가혹한 처우로 경고를 받았다.

독일은 사람과 토지를 모두 통제하려고 했지만, 사람과 토지보다 통제하기 훨씬 어려운 요소가 있었다. 실론에서 커피나무를 수입한 후 독일의 동아프리카 플랜테이션 농장주들은 커피나무에 잎녹병(헤밀레이아 바스타트릭스^{Hemileia vastatrix})이 핀 것을 발견한다. 흥미로운 사실은 커피나무 녹병이 커피 원산지인 에티오피아 근처에서 처음 발병한 후 영국 식물 운반업자를 통해 실론으로 옮겨졌는데, 이후 1894년 독일 식민지 지배자들에 의해 아프리카로 다시 돌아왔다는 것이다. 1913년 커피나무 녹병이 케냐에서 콩고까지 아프리카 전역에 퍼지면서, 대규모로 운영되는 수익성 높은 플랜테이션 농장을 휩쓸고 지나갔다.[19]

1914년 8월 15일, 제1차 세계대전 발발 직후, 사모아가 뉴질랜드령으로 떨어지기 불과 수 주일 전, 사모아 신문인 〈사모아니체 자이퉁^{Samoanische Zeitung}〉은 독일 "식민지"에 관한 기사를 발표했다. 기사는 30년간 독일 식민 제국하에서 플랜테이션 농장이 확대된 점을 중요한 논점으로 짚었다. 독일령 동아프리카에는 4만 5천 헥타르의 고무 농장, 2만 4천 헥타르의 사이잘삼 농장, 1만 3천 헥타르에 달하는 면화 농장, 8천 헥타르의 코코넛 농장, 5천 헥타르에 달하는 커피 농장이 있었다. 카메룬의 "유럽 제국 플랜테이션" 규모를 보자면, 카카오가 1만 3천 헥타르, 고무가 7천 헥타르 이상, 기름야자가 5천 헥타르, 바나나가 2천 헥타르 규모였다. 신문 기사는 이어서 토고와 뉴기니 식민지에 존재한 플랜테이션 농장을 언급했고, 마지막에는 사모아에 있던 5천 헥타르의 코코넛 야자 농장, 거의 4천 헥타르 규모의 카카오 농장, 1천 헥타르가 넘는 규모의 고무 농장을 언급하며 끝을 맺었다. 독일은 제1차 세계대전 중 제국의 몰락과 함께 식민지를 빼앗겨 다른 나라와 나눠가지게 된다. 30년의 짧은 기간 동안 독일은 외국 영토의 상당 부분을 장악했다. 이 과정에서 식물은 중요한 역할을 했고, 워디언 케이스의 운반 능력은 식물을 성공적으로 운반하는 데 도움이 되었다.[20]

프랑스: 식민지 식물원을 짓다

1897년, 북아프리카 튀니지의 식민지 전초기지에서 명망 있는 프랑스 박물학자이자 아프리카 탐험가인 장 디보브스키Jean Dybowski는 〈식민지 시험용 정원Les Jardins d'essai coloniaux〉이라는 제목의 짧은 팸플릿을 작성했다. 이 팸플릿에는 파리의 중앙 시험용 식물원과 식민지 시험용 식물원 간 네트워크에 대한 디보브스키의 전망이 담겨 있었다. 시험용 식물원은 사람들에게 즐거움을 주는 식물원이 아닌 실용적인 곳이라는 내용이었다.

디보브스키의 전망을 통해 이후 수십 년간 프랑스의 식민지 식물 정책이 어떻게 펼쳐질지 엿볼 수 있었다. 프랑스는 식민지 식물 체계에서 독일보다 많이 뒤쳐져 있었다. 비록 농무부가 이미 건설되어 있었지만 중앙 기획 센터는 전무한 상황이었다. 디보브스키가 주장하고 프랑스의 많은 제국주의자들이 동의한 대로, 파리 중앙 정부에서 통제하고 이끄는 조직적인 식물 시험용 식물원이 식민지 확장에 중요했다.[21]

디보브스키가 이 팸플릿을 작성한 시기는 그가 튀니지의 농업국 관리관으로 활동하던 때로, 이 직책을 수행하면서 그는 유럽에서 활동하는

과학자들과 다른 관점을 가지게 되었다. 그는 전형적인 식민지 옹호자였
다. 1891년, 식민지 무역과 전초기지를 확장한다는 목표로 프랑스령 콩고
를 탐사했을 때 동료 탐험가가 한 작은 마을에서 살인을 당하자, 디보브
스키는 이 마을 사람들에게 똑같은 고통을 가해서 동료의 죽음을 앙갚음
하겠다고 벼르고 나섰다.[22]

그가 제안한 파리 시험용 식물원의 역할은 수익성 있는 경제 식물을
재배해서 식민지 지배자들에게 보내는 것이었다. 국립 자연사 박물관 같
은 기관에서 식물의 분류와 명명에 집중하던 과학자들과 달리, 디보브스
키는 수익성 있는 식물에 집중하는 식민지 식물원을 설립하길 원했다. 그
는 이런 식물원 덕분에 식민지에 처음 들어가는 이주자들이 귀중한 시간
을 아낄 수 있고, 결과적으로 "첫 수확 시기를 앞당길" 거라고 내다보았
다.[23] 워디언 케이스는 이렇게 촌각을 다투는 시기에 식물을 운반하는 중
요한 도구였다.

프랑스는 재빨리 행동에 나섰다. 사절단을 파견해서 큐 식물원의 활
약을 배우도록 했고, 1899년 1월에는 파리 동부 교외 지역인 노장쉬르마
른에 새로운 식민지 식물원을 설립하라는 대통령 법령이 발표되었다. 이
렇게 해서 현재 열대 농업 식물원Jardin d'Agronomie Tropicale으로 알려진 식민지
시험용 식물원(그림 9-4)이 탄생했다. 노장쉬르마른에는 온실과 건물이 지
어졌고 식민지에 식물을 공급하는 일이 즉시 시작되었다. 식민지 시험용
식물원을 담은 사진 중 초기 작품을 살펴보면, 새로 지은 온실이 보이고
정원사 한 명이 포장이 완료되어 선적 채비를 갖춘 워디언 케이스 옆에
서서 손을 흔들고 있는 모습도 보인다(그림 4-1 참조).[24]

그림 9-4 식민지 시험용 식물원에서 학생들이 워디언 케이스 선적을 준비하고 있다.

  프랑스는 워디언 케이스에 관한 한 경험이 상당한 베테랑 국가였다. 워디언 케이스가 처음 파리에 도착한 이후, 자연사 박물관뿐 아니라 많은 프랑스 종묘업 회사도 상자를 이용했다. 프랑스 최고 박물관인 국립 자연사 박물관은 식민지로 떠나는 여행자들에게 워디언 케이스 사용과 관련된 자세한 지침을 발표했고, 1865년에는 워디언 케이스가 살아 있는 식물을 운반하는 주요 수단으로 올라섰다. 이 당시 국립 자연사 박물관은 약간 작은 상자를 사용했다. 식민지 시험용 식물원이 설립되던 즈음, 프랑스가 이용하던 워디언 케이스는 윌리엄 불이 홍보하고 독일이 사용하는 디자인과 상당히 흡사했다. 이와 같은 시기에 빌모랭앙드리외^{Vilmorin-Andrieux}등의 프랑스 종묘업 회사는 해외 식민지 개척자들에게 "특별 포장 상자"를 홍보하며, 묘목을 운반할 때 "유리 상자(즉 워디언 케이스)"를 사용하면 어떤 점이 좋은지 알려주었다. 1898년 국립 자연사 박물관은 식민지 시험용 식물원을 설립하는 데 관여하는 한편, 워디언 케이스를 통해 프랑스령 콩고에 구타페르카를 보내기 시작했다.[25]

  19세기 후반에는 식민지의 농업 개발 필요성이 높아진 데다 식민지 시험용 식물원이 설립되어 살아 있는 식물 운반이 더욱 활발하게 진행되었다. 프랑스의 경우 이 활동이 두 가지 방면으로 이루어졌다. 첫째, 지역 식물을 분류하고 지방 곳곳의 지리를 파악해서 지역 산물을 최적으로 이용하는 방안을 파악해야 했다. 둘째, 일단 한 지역의 생물 지리학을 파악하고 나면 중앙 시험용 식물원에서 어떤 경제 식물을 가져오는 게 좋을지도 결정했다. 마다가스카르가 여기에 걸맞은 한 예이다.

  마다가스카르의 식물은 영국뿐 아니라 많은 나라의 식물학자에게 대단한 관심을 끌었다.[26] 프랑스는 이곳 원주민과의 두 차례 혈전으로 마다가스카르를 손에 넣었다. 1897년 메리나 왕국의 몰락으로 마다가스카르는 프랑스 식민지로 선포된다. 프랑스는 즉시 수도 안타나나리보Antananarivo에 식물원을 세우고 나니사나Nanisana 근처 도시 외곽에 식물 시험소를 만들었다.

1896년 식물학자 에밀 프뤼돔Emile Prudhomme이 마다가스카르 농업국 국장이 되었다. 그의 첫 사업 지령은 이곳의 자생 식물을 이용하는 것이었다. 그중 프랑스인들을 매료시킨 제품이 이 지역의 고무였다. 마다가스카르에서는 최소 13종의 토종 고무나무에서 고무를 채취할 수 있었다. 19세기의 마지막 3년 동안 이 지역 나무에서 생산된 고무는 수출 최대 품목이자 이 섬 최초의 수출 작물로 기록되었다. 이렇듯 고무는 세계 시장에서 환영받았지만, 마다가스카르 현지인은 비참할 정도로 무시당했다. 앤트워프Antwerp 교환국에 도착한 고무 중 "동부 연안 깜둥이East Coast Nigers"라고 불리던 종이 있었다. 식민지 근성을 충격적으로 드러낸 이름이었다.

마다가스카르에는 안테모로Antemoro 부족이 종이를 만들거나 접붙일 때 사용하는 라피아 야자Raffia palm 같은 흥미로운 식물이 또 있었다. 이외에 자연에서 나는 약제도 물론 많았다. 이런 유용한 식물을 찾는 것은 프랑스인들이 보기에 식민지 사업에 상당히 중요한 일이었다. 하지만 메리나인들이 볼 때 그들의 땅은 프랑스의 지배를 받고 있을 뿐 아니라 그들 역시 식물을 경작하고 그런 식물을 다른 나라로 옮기는 데 강제로 동원되어 식민지 통치자의 배만 잔뜩 불려주는 꼴이었다.[27]

이 책에 실린 원판 이미지 중 메리나인 네 명이 워디언 케이스를 나르

는 사진은 다른 사진에 비해 꽤나 옛 기억을 자극한다(삽지 그림 1). 이 사
진에는 식민지 사업을 이끄는 식민지 개척자와 그들의 지배를 받는 자들
이 등장한다. 이렇듯 식물의 운반은 현지인의 노동과 지식 없이는 이루어
질 수 없는 일이었다. 메리나 제국이 몰락하고 얼마 안 있어 이들은 백인
지배자를 위해 상자를 채우고 운반하는 일을 했다.

마다가스카르 지배를 시작하고 처음 몇 년간, 프랑스는 무엇보다 식
물 재배 방식에 향상을 꾀하고 있었다. 메리나 왕권을 무너뜨린 군부 지
도자 조지프 갈리에니Joseph Gallieni는 1899년 식민지화에 관한 보고서에서
식물의 도입이 새로운 식민지의 핵심 과제라고 밝힌다. 더 나아가 식민지
에서 플랜테이션 농장 조성에 힘쓰는 프랑스 사람들은 필요한 종자와 묘
목을 공급받아야 한다고 썼다.[28]

가치 있는 식물의 대목이 식물 시험소에 일단 뿌리를 내리면, 곧 주변
플랜테이션 농장에 식물이 배분되었다. 나니사나 부지에는 파리에서 보
내온 식물을 키우는 전용 공간이 따로 마련되었다. 또한 마다가스카르 동
쪽 이볼로이나Ivoloina와 남쪽의 나함포아나Nahampoana에는 시험용 식물원이
세워졌다. 농업국에서 운영하는 이런 정부 식물원을 통해 식물이 유통되
었다. 배분된 주요 식물에는 카카오, 후추, 파라고무나무, 육두구를 포함,
바닐라 여러 종이 있었다. 이따금 플랜테이션 농장주들은 특별한 식물을
주문하기도 했다. 이후 파리에서 주문 승인이 나면 시험소에서 식물이 재
배되어 농장으로 배달되었다. 배달을 받으면 플랜테이션 농장주들은 즉
시 비용을 지급했다. 1902년 마다가스카르 농업국은 섬 전체에 묘목 약
15만 그루를 배분했다.[29]

당시 프랑스 통치하에 있던 식민지는 방대했다. 최고 전성기 시절, 북아프리카와 서아프리카, 적도 아프리카, 인도양, 인도차이나에 있던 프랑스 식민지는 면적으로 1천 1백만 제곱킬로미터가 넘었고 1억 명이 넘는 사람들이 그 영역 안에서 살고 있었다. 이 모든 지역에는 마다가스카르처럼 식물을 보내고 받는 식물 시험소가 있었다. 20세기 초반, 인도차이나 반도에서 고무 플랜테이션은 없어서는 안 될 중요한 산업으로 떠올랐다. 코트디부아르의 카카오는 세네갈의 땅콩처럼 처음부터 중요한 플랜테이션 작물이었다. 살아 있는 묘목이든, 종자든, 아니면 경제성 높은 신종 작물이든 식민지에 세워진 모든 시험소는 파리의 중앙 식물원과 연결하여 해당 과제를 처리했다.[30]

베를린과 마찬가지로 파리에서도 식민지 시험용 식물원은 미래의 식민지 개척자에게 식물계를 보이는 쇼케이스 역할을 했다. 시험용 식물원은 어린 농학도들이 식민지에서 담당할 역할을 수행할 수 있도록 특별 훈련을 받는 교육 기관이기도 했다. 디보브스키는 이곳에서 교사로 활약했고, 에밀 프뤼돔은 마다가스카르에서의 임기를 끝낸 후 이곳 국장이 되었다. 1907년 시험용 식물원이 식민지 박람회Exposition Coloniale 장소로 사용된 것도 주목할 만하다.

박람회는 식민지 식물원을 제국의 소우주로 탈바꿈시켰다. 이 박람회에서는 식물만큼이나 사람이 부각되었다. 쭉 늘어선 가설 전시장에 배치된 전시물은 모두 식민지에서 특별 운송되었고, 식민지의 건물과 함께 현지인의 모습도 선보였다. 〈인도차이나 마을Village indochinois〉이라는 전시장에는 이곳 파리로 온 베트남과 라오스 사람들이 '배치'되었고, 심지어 쌀

이 자라는 논도 전시되었다. 다른 전시장에는 콩고, 칼레도니아, 기아나, 마다가스카르, 튀니지의 전시물이 설치되었고, 식민지에 와 있는 듯한 느낌을 주기 위해 건물도 식민지에서 특별히 공수해 왔다. 식물 재배를 위한 공간으로 출발한 식물원이 외래 문물을 전시하는 공간으로 바뀐 것이다. 노장쉬르마른의 온실은 박람회 기간 동안 계속 사용되었으며, 1907년 5월 14일에서 10월 6일 사이 식민지 식물원은 2백만 명 이상의 관람객을 맞이했다. 이런 박람회가 프랑스에서만 열린 것은 아니었다. 네덜란드와 독일, 벨기에 모두 자국의 식민 통치를 과시하기 위해 이와 비슷한 박람회를 열었다. 노장쉬르마른에서 열린 박람회에서 가장 놀라운 점은, 먼 식민지에서 가져온 건물을 향후 과학자들이 사용할 수 있도록 전시회 부지에 그대로 남겨놓았다는 것이다. 많은 건물이 오늘날까지 존재하는데, 모두 폐허로 남아 있다. 프랑스 제국을 연구한 역사가 로버트 올드리치[Robert Aldrich]는 식물원 부지가 아마도 "프랑스에서 식민지 시대를 기억할 수 있는 가장 뼈아픈 장소"라고 쓰면서 "텅 빈 건물이 제국의 껍데기와 같다"고 평했다.[31]

박람회가 끝나고 수년이 지난 후, 언론인 루이 베르네[Louis Vernet]는 식물원을 관람하고 당시에 분 식민지 열풍을 담아, 저널 〈식민지 파견[La Dépêche coloniale]〉에 방문기를 냈다. "식물이나 풍경이나 천상 프랑스 느낌이 나는 뱅센 숲을 거니는 것은 진정 프랑스 땅을 디디는 것. 내 집 같은 편안함이 느껴진다. 하지만 모퉁이를 지나 식민지 식물원이 모습을 드러내는 순간 문득 다른 우주에, 새로운 영역에 들어왔다는 생각이 머리를 스치고 지나간다. 풍경은 아까와는 전혀 딴판이다. 거대한 대나무, 키 큰 소나무, 이곳에 없는 온갖 식물, 역시 이곳에서 보지 못하는 온갖 종류의 건물이 보인다. 이곳은 아프리카. 이곳은 아시아. 이국의 정취가 물씬 풍기는 이곳. 우리는 식민지 땅에 들어섰다."[32]

베르네는 시험용 정원도 둘러보았다. 온실과 번식실, 열매를 맺은 파파야 나무, 운송 준비를 마친 코코아 묘목이 보였고 심지어 옥외에는 달콤한 향기가 나는 제라늄 밭이 조성되었다. 가장 인상적인 장면은 말이 끄는 수레에 워디언 케이스가 실려 있는 모습이었다. 상자는 식민지로 떠나는 여정을 막 시작하는 중이었다.

파리에서 워디언 케이스를 본 것이 머릿속에 강하게 남았는지, 베르네는 자신의 방문기에 마다가스카르와 이볼로이나에 위치한 식물 시험소 사진을 함께 실었다(그림 9-5). 그림 9-5에는 새로 조성된 코코아나무 밭에 어린 마다가스카르 소년이 보이고 아주 큰 코코아 나무 옆에 백인 농장주가 서 있다. 사진 중에는 이볼로이나의 식물 시험소에서 재배되는 경제 작물 사진도 있는데, "이볼로이나에 모인 대부분의 경제 작물이 식민지 식물 시험소를 통해 이동식 온실, 즉 워디언 케이스로 보내졌다"는 설명이 달렸다.[33] 한편 그림 9-5에는 한눈에 드러나는 메시지가 한 가지 더 있다. 왼편에 마다가스카르 사람들과 이들의 아이들이 있고 오른편에는 백인 식민지 농장주와 아이들이 있는데, 이들 두 집단이 일렬로 늘어선 나무에 의해 분리되어 있다.

워디언 케이스는 식민지 농업 개척자들에게 특별한 자랑거리였다. 1910년 브뤼셀 국제 박람회Brussels Exposition Universelle et Internationale의 프랑스 전시관에서, 프랑스는 카카오, 커피, 고무, 과일 등 식민지에 보낸 경제성이 높

그림 9-5 타마타브, 이볼로이나의 식물 시험소.

은 '개량'종 작물을 과시할 수 있었다. 당시 박람회 측은 관람객들에게 파리에 위치한 식민지 시험용 식물원에서 4만 개체 이상의 경제성 높은 작물을 '워디언 케이스'에 실어서 보냈다고 밝혔다. 식민지 시험용 식물원은 설립된 후 1899년에서 1909년까지 10년 동안 적어도 4백 개의 워디언 케이스를 식민지에 보냈는데, 이는 같은 기간 독일이 보낸 상자의 두 배였고 영국이 보낸 상자의 양보다도 많았다. 워디언 케이스로 인해 프랑스의 식민지는 탈바꿈했다.[34]

작은 묘목이 대규모 플랜테이션으로

베를린과 파리에만 식민지 식물원이 있었던 것은 아니다. 함부르크와 리옹에도 같은 종류의 식물원이 있었다. 네덜란드 역시 상당량의 식물을 운반했다. 암스테르담과 레이덴에 식민지 식물 센터가 있었지만, 주로 인도네시아의 보고르Bogor 식물원과 종묘업 회사에 의존했다. 상트페테르부르크의 러시아인들도 많은 양의 식물을 움직였고, 벨기에는 왕립 라켄Royal Laeken 온실 센터에서 무화과속 묘목과 커피 묘목을 운반했다. 다음 장에 나오는 얘기지만, 미국 농무부The United States Department of Agriculture 역시 식물 운반에 깊이 관여했다. 프랑스와 독일은 식민지를 장악한다는 야욕을 채울 목적으로 큐 식물원의 활동을 자기들에게 맞게 효과적으로 적용하였다. 이들이 이룬 성공에서 중요한 단면 한 가지는, 살아 있는 식물을 운반하는 데 워디언 케이스를 사용했다는 것이다.

식물은 언제나 제국 건설에 중요한 요소였다. 그러나 19세기 후반이 되면서 고무, 카카오, 커피, 코코넛, 땅콩, 바닐라, 바나나, 팜유 같은 유용한 작물이 점점 중요해졌다. 이들 많은 식물은 워디언 케이스로 옮겨졌고 그 이동의 파장은 오늘날 여전히 우리의 삶과 함께 공존한다. 카카오는 코트디부아르의 최대 수출 품목이고 세네갈의 주요 수출 작물은 땅콩이다. 커피 산업은 탄자니아 농업의 핵심 부문이고, 고무는 한때 영국과 프랑스 식민지였던 아시아 국가에서 주로 생산된다.

많은 플랜테이션 농장에서 접목에 필요한 대목을 확보하는 데 워디언 케이스가 필수적인 역할을 했지만, 상자 사용이 중지된 후에도 결과적으로 많은 파장이 이어졌다. 프랑스가 적절한 예다. 농업 연구가 다음 국면으로 넘어가던 기간, 즉 두 차례 세계대전 사이의 기간은 전문화의 시기였다. 역사가 크리스토프 보뇌이Christophe Bonneuil은 다음과 같이 피력했다. "각 식민지는 우선시되는 몇 가지 농작물을 대규모 생산을 통해 전문화해서 프랑스 본토에 공급할 계획이었다."[35] 이번 장에서 다룬 시험용 식물원의 경우, 심지어 프랑스와 영국의 이권으로 넘어간 독일령 식물원의 경우도 전문화를 위해 오로지 특정 작물만 재배했다. 이 시기에 오늘날과 같은 단일 작물 경작 풍토가 많이 확립되었다.

19세기 후반과 20세기 초반에 조성된 많은 플랜테이션 농장은 이후 독립을 맞은 여러 나라의 농업적 특징을 결정하는 데 중요한 역할을 했다. 워디언 케이스는 신제국주의가 등장하기 전에도 50년 넘는 기간 동안 사용되었다. 그러나 이들 신제국주의자들이 등장하면서 이 오래된 워디언 케이스는 새로운 식물을 가득 채워 이들의 새로운 식민지로 가져가는 데 이용되었다. 이 치열한 식민 활동 기간 동안 워디언 케이스는 새롭게 개조되어 제국의 확장을 뒷받침하는 핵심 기술 수단이 되었다. 큐 식물원이 성공적으로 사용하고 다른 식민지 식물원이 재빨리 채택한 워디언 케이스는, 식민지 확장을 수월하게 이끌어 준 이미 완성된 수단이었다. 하지만 다음 두 장에 걸쳐 살펴볼 바와 같이 생태학은 결코 그리 단순하지 않다. 식물 이동은 예상치 못한 결과를 많이 초래했다.

10
병충해와 소각

살아 있는 식물을 운반하는 것은 생태계를 운반하는 것이나 다름없다. 워디언 케이스 내부는 식물, 토양, 물, 외부에서 들어온 햇빛이 모인 미세 생태계였고, 여기에 증산 작용이 더해지면서 우리가 사는 거대한 외부 세계와 비슷하게 작용했다. 워디언 케이스의 사용이 가장 활발했을 당시 식물 질병과 침입종이 기하급수적으로 확산된 것은 결코 우연이 아니다. 다음 두 장에서 살펴보겠지만 많은 경우 잡초와 벌레, 딱정벌레가 이상한 조합으로 나타났다. 거의 한 세기가 지난 후, 통제 불능으로 이루어지던 종의 이동이 거의 끝나가고 있었다.

환경 관리는 20세기 초, 당대의 주류 패러다임으로 떠올랐다. 초기 환경 관리 작업은 오늘날의 개념과 상당히 달랐던 것이, 인간이 원하는 대로 자연을 길들여서 좀 더 이용하기 쉽도록 만들기 위해 시작되었다.[1] 그러나 이런 접근 방식이 농업 경제로 옮겨오면서 제국주의와 공존하게 되자 뜻하지 않게 예상치 못한 일이 봇물처럼 터지기 시작했다. 영국, 프랑스, 독일이 식민지 사업으로 시작한 단일 식물 재배 플랜테이션을 생각해 보자. 이런 단일 경작 플랜테이션이 확립되자 오래지 않아 식물 해충이 농작물을 황폐화시켰다. 워디언 케이스는 당시 식물 유통에 중요한 수단 이었지만, 작은 유기체 역시 상자 안에 숨어 많이 따라왔다. 상자를 통해 널리 확산된 수많은 질병과 해충은 당시 농업 경제 자체를 위협하고 있었 다. 환경을 너무 능숙하게 움직인 나머지 그 도가 지나쳤던 것이다.

일찍이 1881년 초, 유럽 국가는 원치 않는 생물종의 유럽 반입을 금 지하기 위해 한데 모였다.[2] 주된 사안은 포도 넝쿨을 망치는 해충인 필록 세라 바스트라트릭스*Phylloxera vastatrix*(오늘날 닥툴로스파이라 비티폴리아이*Daktulos-phaira vitifoliae*로 알려짐)의 확산을 방지하는 대책이었다. 캘리포니아 넝쿨에 붙 어 들어온 이 해충은 처음 프랑스에서 발견된 후 이내 유럽 전역에 확산 되더니 호주, 뉴질랜드, 남아프리카, 페루까지 점령했다. 1889년 4월 스위 스 베른에서 열린 협의회에서는 처음으로 침입성 해충·질병·균류 확산 을 막기 위한 국제 협의가 이루어졌다. 초기에 이런 회의에서는 개별 문 제에 각각 초점을 맞췄다. 재미있는 사실은 1920년대까지 이런 협의 결 과가 워디언 케이스나 그 안의 토양 유통에 아무런 영향을 주지 않았다는 것이다. 결국 이런 국제 협의 끝에 1951년 로마에서 포괄적인 국제 식물 보호 규약*International Plant Protection Convention*이 채택되었다.[3]

보다 빠르고 빈번한 선적이 가능해지면서 식물은 그 어느 때보다 훨 씬 많이 유통되었다. 이는 곧 전 세계 식물 운반이 급속도로 증가했다는 뜻이며 역설적으로 이들 운반을 제한하는 것이 환경 통제 방식의 기본이 되었다. 20세기 초 식물 운반에 가장 많이 참여했던 기관은 미국 농무부였다. 당시 미국 농무부는 그 어떤 기관이나 사용자보다 이 역설적인 환경 관리를 적극적으로 펼쳤다. 미국 농무부 산하 부서 중 한 곳인 외래 식물 도입국Office of Foreign Plant Introduction은 외국에서 수만 종의 식물을 들여오는 일을 맡은 반면, 농무부의 또 다른 부서인 곤충국Bureau of Entomology은 외래종의 도입, 특히 곤충의 유입으로 인해 생기는 피해를 확인하며 식물 검역 캠페인을 이끌었다. 1920년대 워디언 케이스의 이동은 점점 통제를 받으며 제한되었다. 미국이 비록 외래종 유통을 통제하는 데 늦게 뛰어들었지만, 궁극적으로 미국이 제정한 법과 규정이 모든 나라에 가장 광범위하고 포괄적으로 영향을 주었다. 식물 운반에는 정부 허가가 필요했고, 거의 모든 선적물은 지정된 검역소 한 곳에 일시적으로 머물러 있어야 했다. 신종 식물 도입과 검역 사이에는 많은 복합적 갈등이 맞물려 있었고, 이런 맥락을 통해 워디언 케이스는 마침내 종말을 맞게 되었다. 이번 장은 20세기 초의 미국과 워디언 케이스 사용 그리고 미국 농무부 안에서의 상충되는 갈등을 주로 다루고자 한다.

미국으로 들어온 열대 농작물

미국의 경우 외래 식물 도입이 끼친 영향은 실로 대단했다. 미국 자생종에서 상업적으로 중요한 식물은 실제 얼마 없기 때문이다.[4] 1898년 유용한 외래 식물의 탐색 및 시험, 유통을 목표로 미국 농무부에 종자 및 식물 도입 부서Section of Seed and Plant Introduction가 신설되었다. 많은 정부 부서와 마찬

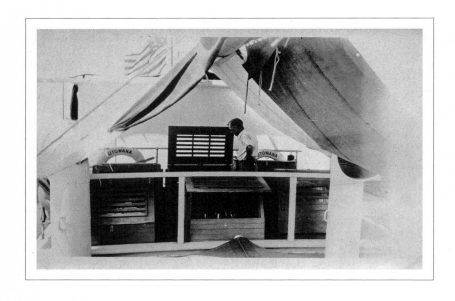

그림 10-1 1932년 우토와나호에 실린 워디언 케이스를 검사하는 팔레먼 하워드 도세트. 이 여행에서 데이비드 페어차일드는 미국 농무부에 식물을 공급했다. 배경에 미국 국기도 보인다.

가지로 이곳의 이름은 수차례 바뀌더니 1920년대에는 외래 식물 도입국
(이후 이 이름으로 표기함)으로 변경되었다. 이즈음 미국은 매년 식물을 3천
~4천 개체 수입하고 있었다.[5] 20세기 초반, 외래 식물 도입국은 전 세계
식물 운반에서 중요한 역할을 했다. 앞 장에서 제국주의 열강이 그들의
주요 식물 기관을 통해 식물을 처리하고 내보낸 것과 달리, 미국은 외래
식물 도입국을 통해 식물을 들여왔다.

   식물학자이자 식물 탐험가인 데이비드 페어차일드David Fairchild는 베일
에 가려진 인물로 1904년부터 1928년까지 외래 식물 도입국을 이끌었
다.[6] 그는 제국에서 식물이 가지는 중요성을 누구보다 잘 알고 있었다.
1898년 식물 도입국 업무가 막 시작되었을 때 페어차일드는 다음과 같은
글을 남겼다. "신생국의 급속한 성장은 자국의 자생 식물 개발이 아닌, 수
입된 식용 식물의 성장에 맞는 토양과 기후 조건을 발견하는 데 달려 있
다."[7] 페어차일드가 보기에 캘리포니아에서의 포도와 오렌지 재배 성공은
이에 딱 걸맞은 사례였다. "모든 제국주의 국가가 이런 작물 재배 '성공'에
아주 깊이 고무되어 그들의 새로운 식민지에 식물원을 설립했다. 식민지
전체에 경제성 있는 외래 식물을 확보해서 배분하는 것이 이들 식물원의
중요한 기능이다." 미국의 경우 이러한 작업은 페어차일드가 이끄는 외래
식물 도입국의 조직된 노력으로 확대되었다.

   외래 식물 도입국이 생기기 전에도 미국에는 많은 식물이 들어왔다.
1859년 로버트 포춘이 특허국과 계약을 맺어 중국에서 차를 들여온 사실
을 기억하는가(5장 참조).[8] 1862년 에이브러햄 링컨 대통령에 의해 농무부
가 세워지면서 초기에 가치 있는 식물을 들여와 시험하는 노력이 많이 이

루어졌다. 의회가 주도하여 종자를 나누어주는 서비스도 인기리에 진행
되었는데 이때 채소, 농작물, 꽃 종자가 널리 보급되었다.

4장에서 보았듯이 외국 식물을 공식적으로 들여오는 과정에서 초기
의 노력은 윌크스 탐험대를 통해 이루어졌다. 이런 초기의 식물 도입 노
력이 전직 외래 식물 도입국 직원인 할리 바틀레트[Harley Bartlett]에 의해 포착
되었는데, 그는 탐사대 백 주년 기념행사 기간에 다음과 같은 글을 남겼
다. "현재 농무부의 식물 도입국이 진행하는 방대한 작업은, 분명 브라켄
리지가 특허국의 작은 온실에서 시작한 노력의 부산물이라고 해석할 수
있다. 작은 도토리가 거대한 참나무가 된다!"[9] 윌크스 탐사대에서 원예가
윌리엄 브라켄리지는 워디언 케이스에 외래 식물을 가득 채워 워싱턴으
로 가져왔다. "모든 과일, 꽃, 다육 식물 표본을 입증할 장"을 마련한다는
브라켄리지의 비전이 완벽하게 실현되는 데는 50년이 넘게 걸렸지만, 미
국 식물 탐사가들이 마침내 여기에 뛰어들면서 브라켄리지의 비전이 확
실하게 이루어졌다.

식물 도입국은 미국으로 들어오는 식물을 체계적으로 소개하고 시험
하는 최초의 공식 부서였다(그림 10-2). 식물 도입국의 식물 도입 계획은
제국적인 이익에 초점이 맞추어졌다. 미국인들이 볼 때 열대지방의 식물
은 결정적인 이권이 걸려 있는 대상이었다. 많은 제국주의 사업이 열대지
방 식물을 목적으로 진행되었기 때문이다. 그러므로 워디언 케이스는 생
물지리학적으로 중요한 도구였다. 미국과 러시아의 식물학자들은 식물
개량학을 이끄는 선두 주자였다. 따라서 원산지에서 광범위하게 분포되
어 있는 식물을 확보하는 것이 기존 농업 상품에서 새로운 종을 창출하는

그림 10-2 도미니카의 수도 로조^{Roseau}에 위치한 식물원에서 워디언 케이스 옆에 서서 포즈를 취하고 있는 F. G. 하코트와 조수. 사진 속 식물은 데이비드 페어차일드가 도미니카로 보낸 '경제성이 높은 미국의 작물'로, 희귀한 야자와 플루메리아 같은 경제성이 높고 흥미로운 작물과 교환하여 온 식물들이었다. 1932년 앨리슨 아머^{Allison Armour} 탐사대 활동의 일부. P. H. 도세트 사진.

데 중요한 부분이었다.[10]

식물 도입국의 일은 포괄적이었다. 수입 종자 및 식물 재고 관리 대장 Inventory of Seeds and Plants Imported은 미국에 매년 들어오는 수입 식물 목록을 자세히 기록하는 장부였다. 기록을 시작한 지 거의 30년이 지난 1928년, 재고 관리 대장에는 수입된 식물이 거의 8만 개체나 올라와 있었다.[11] 농무부가 "지구상 온화한 기후대에 속한 국가 거의 모두가 가치 있는 식물을 양산하는 보고다"라고 인정한 대로,[12] 전 세계에서 미국으로 식물이 들어왔다. 식물 수입에서 종자가 압도적으로 큰 비율을 차지했지만, 워디언 케이스도 많은 식물을 정기적으로 운반하는 중요한 도구였다.

페어차일드가 외래 식물 도입국을 이끌던 당시에 들어온 수많은 식물 중에는 벚나무, 피스타치오, 천도복숭아, 대나무, 아보카도, 인도 망고, 서양고추냉이가 있었다. 식물을 열정적으로 홍보했던 페어차일드는 좋은 인맥을 갖춘 사람으로, 장인이 다름 아닌 발명가 알렉산더 그레이엄 벨 Alexander Graham Bell이었다. 그는 〈내셔널 지오그래픽〉, 〈월드 워크 World's Work〉, 〈유스 컴패니언 Youth's Companion〉 같은 인기 있는 간행물에 아름다운 화보를 곁들인 기사를 실어 식물 도입국의 업무를 홍보했다. 페어차일드의 비전은 낭만적이고 이국적이었으며 범세계적이었다. 사실 그의 많은 홍보 활동은 20세기 초의 제도화된 환경 관리보다는 19세기와 좀 더 잘 어울린다. 페어차일드와 그의 업적을 평가한 〈월간 파퓰러 사이언스 Popular Science Monthly〉의 한 기사에는 워디언 케이스가 열대 지방에서 포장되어 운반될 준비를 마친 사진이 실렸는데, 오히려 이건 이전 시대의 〈식민지와 본토〉 또는 〈식민지 파견〉에서 쉽게 찾을 법한 기사였다.[13] 그러나 페어차일드는 식물을 도입할 때 항상 실용적인 이득이 무엇인지 재빨리 포착했다. 페어차일드가 가장 관심을 기울인 부분은 미국에서 유통되는 음식과 과일을 다양화하고 그 종류를 늘리는 문제였다. 그가 가장 좋아하는 과일은 스스로 "열대 과일의 여왕"이라 묘사한 망고스틴이었는데, 이 과일을 운반하기 위해서는 워디언 케이스가 필요했다.[14] 페어차일드는 식물 탐험가 프랑크 마이어Frank Meyer가 수입한 "진귀한" 중국 채소 컬렉션을 묘사하면서, "미국 전체에 흩어져 있는 중국 음식점 덕분에 미국인들 사이에 이 새로운 채소에 대한 기호가 생겨나고 있다. 이 채소가 들어온 후 다음 단계에 할 일은 소규모로 채소를 경작해서 이런 중국 음식점의 수요 증가를 충당하는 것이다"라고 밝혔다.[15] 1932년 한 미디어 매체는 아보카도, 죽순, 레몬, 또는 듀럼밀durum wheat로 만든 식빵을 먹을 때마다 외래 식물 도입국에 감사하는 마음을 가지라고 보도했다.[16] 페어차일드가 주도해서 들여온 식물은 계속적으로 모든 미국인들에게 영향을 끼쳤다.

식물 도입국이 출범하면서 미국 과학자들은 열대지방에 훨씬 많은 관심을 기울이기 시작했다. 열대지방에서는 파나마운하와 관련된 대형 제국 사업이 이루어지고 있었고 필리핀 같은 곳으로도 제국의 관심이 확장되었다. 이렇게 많은 장소에서 사업이 진행되면서 열대지방의 습하고, 또 많이들 생각하는 위협적인 환경에 대해 철저히 이해할 필요가 생겼다. 환경 지식 및 관리는 열대지방을 성공적으로 '정복'하기 위한 핵심 요소였고, 열대식물을 철저히 이해하는 것이 이런 노력에 결정적인 요소였다.[17] 이 말은 곧, 식물 도입 관련자들을 위해 열대 지방에 파견되어 유용한 채집가 역할을 할 수 있는 정부 관리들이 언제든지 대기하고 있다는 의미이기도 했다. 열대지방에서 식물을 운반하는 일은 미국인들에게 만만치 않았다. 페어차일드는 그 어려움을 이렇게 토로했다. "열대식물의 종자는 대개 수명이 아주 짧다. 수분이 없으면 죽고, 축축하게 두면 며칠 만에 발아하기 때문에 이들을 보내는 유일한 방법은 묘목을 워디언 케이스에 담아 운반하는 것이다."[18] 따라서 워디언 케이스는 열대 식물을 미국으로 운반하는 데 중요한 역할을 했다.

워디언 케이스는 경제성이 높은 작물 및 관상용 식물을 포함, 수많은 식물을 들여오는 데 사용되었다. 상자의 용도는 다양해서 실론에서는 에센셜 오일용 향초를 가져왔고, 광둥에서는 하와이에 보관되었던 접목된 리치, 중국에서는 망고스틴에 속하는 여러 종의 가르시니아*Garcinias*를 가져오는 데 사용되었다. 1909년과 1913년 사이 미국은 인도네시아의 보고르 식물원에서 많은 식물을 받았다. 네덜란드 식민지에서는 망고와 목련 여러 종, 귤속의 아탈란티아 모노필라*Atalantia monophylla*를 비롯해 키우기 까다로운 과일나무인 페로니엘라 루시다*Feroniella lucida* 등을 가져왔다. 필리핀의 새 식민지에서는 미국 산림청 국장이 맹그로브*mangroves* 네 가지 종의 묘목 2백 그루를 워디언 케이스로 보내왔다. 실론에서는 망고스틴을 담은 상자가 도착했다. 채집가 아서 커티스 제임스 부인*Mrs. Arthur Curtis James*이 스리랑카 페레이니아*Peradeniya*의 식물원에서 망고스틴을 확보해, 직접 감독하에 증기선 알로하호에 싣고 미국으로 가져온 물건이었다. 이러한 운반 작전은 믿음직한 채집가들을 통해 실행되었으며 강한 인상을 준다. "식물 도입국은 새로운 종을 확보할 기회를 절대 놓치지 않는 데 주력했다. 식물 종자를 우편 소포로 받기도 했고, 동양에서 본국으로 돌아오는 여행가들이 고

맙게도 자진해서 묘목을 워디언 케이스에 넣어 가져오기도 했다." 많은
통신원이 상자를 사용해 식물을 워싱턴으로 보냈다. 장차 농업 상품이 될
잠재력을 가진 식물도 있었지만, 대다수가 이국적인 관상용 식물이었다.[19]

식물 도입국 소속의 식물 탐사가 윌슨 포페노Wilson Popenoe는 워디언 케
이스의 실제 이용 사례를 잘 보여준다. 인도와 스리랑카를 탐험하던 포페
노는 망고와 배를 워디언 케이스를 통해 보냈다. "묘목 형태로만 보낼 수
있는" 식물이었기 때문이다.[20] 포페노는 새롭고 흥미로운 식물종을 발견
하기 위해 스리랑카 페레이니야 왕립 식물원 관장인 하틀리스A.C. Hartless와
손잡고 일하면서, 하틀리스가 만든 "과일 기록 파일"을 얻어 "방대한 정
보"를 메모했다. 이렇게 수집한 식물 및 관련 정보는 포페노가 《열대 및
아열대 과일 매뉴얼*Manual of Tropical and Subtropical Fruits*》(1920)을 쓰는 데 크게 도
움이 되었다. 이 책은 최초로 열대 농작물을 다룬 미국 출간물로, 미국에
서 재배할 만한 다양한 열대과일 작물을 소개했다. 이 책에서 '망고는 플
로리다에서 처음 플랜테이션 작물로 재배되고 있다'는 등 정보가 자세하
게 소개되었지만, 많은 과일 묘목이 워디언 케이스로 수입되었다는 사실
은 빠져 있다.

식물과 관련 지식이 모두 널리 유통되었다는 사실은 중요했다. 포페
노가 중앙아메리카에서 아보카도를 찾는 식물 탐사가로 커리어를 시작하
며 명성을 얻어서인지, 그의 이름은 오늘날 '포페노 아보카도'라는 고유명
사로 기억된다. 인도에서 포페노는 하틀리스의 과일 자료에서 많은 정보
를 얻었을 뿐 아니라 아보카도 연구에 관한 정보를 다른 사람들과 공유했
다. 하틀리스는 워싱턴에 다음과 같은 편지를 보냈다. "만약 아보카도를

담은 워디언 케이스가 도착하면 (…) 이 상자를 활용해서 포페노가 선정한 식물을 보내겠습니다." 하틀리스는 아보카도 묘목을 담은 워디언 케이스를 자신에게 보내달라고 부탁하면서, 상자를 받으면 포페노가 선정한 과일나무 묘목을 담아 워싱턴으로 보내겠다고 약속했다.

워디언 케이스 대부분은 1912년 이전에 움직였다. 이 시기 이후 미국 농무부의 상황이 바뀌기 시작했다. 1916년 중국으로부터 리치를 받기 위해 의견을 조율 중이던 페어차일드는 워디언 케이스를 사용해야 한다고 애써 주장해야 했다. 그는 리치 종자는 수명이 짧아 운반이 어려우므로 워디언 케이스를 통해 리치를 들여왔으면 했다. 당시 중국에서 식물 채집을 위해 고용된 식물 탐험가 프랑크 마이어는 페어차일드가 서슴없이 인정한 대로 "식물 선적 및 포장에 능통한 전문가"였을 뿐 아니라 "나무 질병에 관해서는 예리한 관찰력의 소유자"였다(그림 10-3).[21]

리치를 비롯한 다른 많은 식물의 탐사 활동이 계속되면서 식물 도입국은 "건강한 묘목만 수입되도록 각별한 주의를 기울여야" 했다. 이에 따라 많은 식물의 수입 단가가 점점 오르고 있었다. 페어차일드를 비롯한 식물 도입국 직원들이 식물 수출입의 이점만을 생각했던 것과 달리, 많은 사람들은 갈수록 식물을 들여오는 일을 경계하게 되었다.[22]

경제적 이득과 검역 사이

1917년 1월 19일 오후, 곤충학자 찰스 말라트Charles Marlatt는 공교롭게 백악

그림 10-3 1913년 식물 도입국의 탐험가 프랑크 마이어가 채집한 접목용 접지와, 식물 종자를 담은 워디언 케이스가 중국 베이징을 떠나고 있다.

관과 구 특허국 건물 사이에 들어선 워싱턴 D.C.의 웅장한 뉴 윌리어드 호
텔 최상층 회의실의 연단에 섰다. 그는 "나무 및 식물 해충 도입 금지"에
관한 주제에 관해 국제 삼림 회의International Forestry Conference에서 발표를 하는
중이었다. 당시 식물 이동은 급격하게 줄어드는 형국이었다. 이날 이 유명
한 호텔 창밖으로는 멀리 내셔널 몰National Mall의 잔디밭이 한눈에 들어왔을
것이다. 거의 80년 전에는 이 잔디밭 전체에 미국 전역에 유통될 외래 식
물로 가득한 온실이 들어서 있었다. 회의실에 모인 과학자들은 미국에서
가장 오래된 식물 관련 의사소통 조직인 미국 삼림 협회 회원이었다. 이
들은 작물과 삼림에 영향을 주는 대부분의 해충이 수입된 묘목을 통해 들
어왔다는 데 대체로 의견의 일치를 보았다.

말라트는 밤나무 마름병을 일으키는 밤나무줄기마름병균(크리포넥트
리아 파라시티카Cryphonectria parasitica), 스트로부스 소나무의 발진 녹병을 일으키는
잣나무털녹병균(크로나르티움 리비콜라Cronartium ribicola), 감귤류의 곰팡이 병을
일으키는 크산토모나스 악소노포디스(잔토모나스 악소노포디스Xanthomonas axono-
podis), 유럽 매미나방인 리만트리아 디스파르Limantria dispar, 목화씨를 파먹는
바구미 일종인 목화바구미(안토모누스 그란디스Anthomonus grandis), 깍지벌레 일종
인 캘리포니아감귤깍지벌레(이케르야 푸르카시 마스켈Icerya purchasi Maskell) 등 곰
팡이, 박테리아를 일으키는 "거대한 질병 군단"과 신세계에서 들어온 곤
충 이름을 나열하면서 발표를 시작했다. 그는 이들이 들어온 경유를 일일
이 열거하지는 않았지만, 대부분 워디언 케이스와 밀접하게 연결되어 있
다는 것은 누구나 아는 사실이었다. 말라트는 자리에 모인 사람들에게 다
음과 같은 말을 전했다. "이렇게 들어온 해충이 우리 국유림과 농작물 등

에 관심을 가져보라고 필자를 촉구했다."[34] 말라트와 페어차일드는 검역의 실용성을 두고 논쟁을 벌였지만, 둘 다 식물과 곤충을 들여오는 도구로 워디언 케이스를 홍보했던 것이다.

한편 종묘업 회사와 원예가, 식물 탐사가 들은 엄격한 검역법에 항의했다. 하버드 식물원 관장인 스티븐 햄블린[Stephan Hamblin]은 〈월간 아틀랜틱 Atlantic Monthly〉에 당시 정책에 관해 보다 통찰력 있게 논평하면서 다음과 같이 썼다. "만약 이런 정책이 백 년 전에 시행되었다면 미국에는 현재 아름다운 정원을 장식해주는 식물의 반 이상이 없을 것이며, 원예 사업에 수익과 이득을 가져다주는 과일이나 곡물을 비롯한 경제성 높은 식물의 반이상이 없을 것이다."[35] 햄블린의 글은 이런 많은 논란과 관련하여 전에 없던 관점을 제시했다. 당시 병충해로부터 보호를 받아야 했던 곡물 중 다수가 과거 어느 시점에 다른 나라에서 미국으로 들어온 작물이었다. 많은 분야에서 항의가 이어졌다. 이 중 보다 조직적으로 항의를 한 단체는 맥팔랜드[J. Horace McFarland]가 이끄는 원예 검역 위원회[Committee on Horticultural Quarantine]였다. 이 단체는 엄격한 규제로 인한 영향을 완화하기 위해 애쓰면서, 하버드대 아널드 수목원과 미주리 식물원[Missouri Botanical Garden](그림 10-4), 미국 정원 클럽[Garden Club of America]의 이익을 대변했다.[36]

검역 규제는 대서양 반대편 나라의 종묘업 회사에도 심한 타격을 가져왔다. 영국과 유럽에 위치한 많은 회사에게 규제 결정은 갑작스럽고도 놀랍게 다가왔다. 〈가드너스 크로니클〉의 보도대로, 이 규제는 많은 미국인에게 묘목을 공급하는 식물 거래 분야에 "아주 심한" 타격을 줄 것으로 예상되었다.[37] 〈가드너스 크로니클〉은 연방 원예 위원회를 통렬하게 비판

그림 10-4 퀸즐랜드에서 매미를 가득 채운 워디언 케이스가 런던과 뉴욕을 거친 긴 항해 끝에 1913년 세인트루이스의 미주리 식물원에 도착한 모습. 미주리 식물원 제공.

하면서 이 규제가 비과학적이며, 부당하게 원예업자를 겨냥했다고 주장했다. 이 잡지는 미국이 외국 종묘업 회사를 겨냥하기 전에 먼저 자국 농무부 내의 자체 모순적인 정책부터 합의를 봐야 한다고 꼬집었다. 미국이 진정으로 해충 박멸을 원한다면, 페어차일드와 식물 도입국의 "경이로운 활동"부터 중단해야 한다고 〈가드너스 크로니클〉은 연이어 주장했다.

이 문제는 런던 왕립 원예 학회에서도 거론되었다. 학회는 그들의 정치적 영향력을 이용해 이런 변화에 대응할 수 있을 거라고 생각했다. 당시 학회 회원 다수가 국제적인 상업적 식물 거래에 관여했기 때문에 미국의 새 법에 상당한 영향을 받았다.[38] 1919년 1월 월례 회의에서 왕립 원예 학회는 많은 시간을 들여 새 법에 관해 논의했다. 이들은 영국 주재 미국 대사관, 미국 국무장관, 미국 상공 회의소 소장, 그리고 데이비드 페어차일드에게 편지를 써서 가혹한 새 법을 재고해 볼 것을 건의했다. 이 편지는 원예 학회 이사진인 로드 그렌펠Lord Grenfell과 해리 베이치 회장의 서명하에 작성되었다. 원예 학회 회원들은 또한 영국과의 외교 채널을 이용하여 외무부에 로비 활동을 벌이고, 워싱턴에서 영국 대사가 자기들이 우려하는 사항을 대신 전달해 주도록 힘썼다. 이윽고 3월 월례 회의에서 미국으로부터 답변을 받았다. 미국 농무부는 검역과 수입에 관해 엄격한 입장을 계속 유지할 거라는 분명한 답변이었다. 이에 원예 학회는 더는 조치할 게 없다는 판단을 내렸다.

종묘업계의 많은 이들은 규제가 풀릴지도 모른다는 희망을 품었지만, 이내 19세기의 자유로운 식물 거래가 영원히 막을 내렸다는 현실을 서서히 깨달았다. 비록 지나치게 엄격한 대책 몇 가지는 완화되기도 했지만,

결국 엄격한 규제는 한층 강력한 제도를 낳았다. 찰스 말라트는 미국으로의 식물 반입을 보다 엄격히 통제하기 위해 설립된 식물 검역 및 통제 관리부Plant Quarantine and Control Administration의 책임자가 되었다.[39]

소각된 상자들

미국 농무부의 식물 병리학자로서 선구자 역할을 한 베벌리 갤러웨이Beverley Galloway는 은퇴할 시점에 〈살아 있는 묘목을 장거리 운반하기 위한 채집, 명명 및 포장법How to Collect, Label, and Pack Living Plant Material for Long-Distance Shipment〉(1924)라는 짧은 팸플릿을 작성했다. 그가 팸플릿을 쓴 의도는 한 세기 전 다른 나라에서 작성된 목적과 비슷했다. 즉 정부 해외 출장자들에게 가치 있는 식물을 본국에 들여오는 방법을 알려주기 위함이었다. 갤러웨이는 말라트의 지나치게 넓은 검역 정책에 우려를 표했지만, 워디언 케이스 사용에 대해서는 한결같이 경고했다. 이 팸플릿은 열대 지방을 통과하는 긴 항해가 얼마나 어려운지 짧게 언급하면서 시작되었다. 그리고 이내 해충이나 식물 질병을 가져올 수 있는 "가장 큰 위험"에 대해 경고했다. 그는 이들 해충과 질병이 매년 수백만 달러의 손실을 가져올 수 있다고 주의를 주었다. 식물 병리학자로 일하는 내내 갤러웨이는 신종 작물을 개발하기 위해서는 새로운 유전 물질 도입이 중요함을 파악하고 있었다. 신종 작물은 기존 작물의 유전적 다양성을 유지하는 데 결정적이었기 때문에, 갤러웨이는 도입 규제라는 큰 부담 속에서도 식물 수입업자를 격려했다. 갤러웨이의 팸플릿에서는 미국 농무부의 많은 관계자들이 겪었던 검역과 수입 간의 아슬아슬한 줄타기를 엿볼 수 있다. 갤러웨이는 식물 수입에 신중한 자세를 유지하면서도 격려를 아끼지 않으려고 노력했다. 그러나 워디언 케이스에는 가장 심각한 경고를 내렸다. "워디언 케이스는 많은 위험이 언제나 도사리는 온상이다. 워디언 케이스는 분명 (…) 어떤 다른 운반 도구보다도 위험한 곤충, 선충을 비롯한 기타 해충을 지구 전역에 널리 퍼뜨리는 수단이다. 따라서 특별한 지침이 있는 것이 아니고서는 워디언 케이스의 사용은 권장되지 않는다."[40] 워디언 케이스의 운명은 이제 정해졌다. 19세기, 식물을 운반하는 가장 중요한 수단으로 권장되던 워디언 케이스가 이제 위험의 온상이 되어 다른 수단을 쓸 수 없는 경우에만 사용할 수 있게 된 것이다.

다소 놀라운 사실은 데이비드 페어차일드가 식물 탐사가로서 마지막 여행을 했을 때 워디언 케이스를 식물 운반의 핵심 수단으로 사용했다는 점이다. 1924년에서 1927년 사이, 그리고 1931년에서 1935년 사이 페어차일드는 부유한 자선사업가 앨리슨 V. 아머Allison V. Armour와 여행을 했다.[41] 페어차일드가 미국 농무부에 속한 그의 멘토와 동료의 지침을 무시했든지, 아니면 진정 워디언 케이스를 식물 탐험에 없어서는 안 될 중요한 도구로 보았든지 둘 중 하나겠지만, 어쨌든 그는 아머와 함께 식물 수천 개체를 상자에 담아 본국으로 가지고 들어왔다(그림 10-1, 10-5).

식물 검역은 20세기 초 논란거리가 된 문제였다. 당시 검역은 작물과 가치 있는 식물 자원을 보호하는 예방 조치로 사용되었다. 하지만 이는 국제적인 식물 거래 활동에는 물론, 흥미로운 신종 식물뿐 아니라 다양한

그림 10-5 데이비드 페어차일드의 아들인 그레이엄 페어차일드가 1926년 앨리슨 아머 탐사대 활동 중 SS 프레지던트 아담스호에 실린 워디언 케이스를 들춰보고 있다. 인도 양에서 폭풍을 겪은 후 상자 위에 덮개를 씌운 모습이다. 데이비드 페어차일드 사진.

종축용 식물(좋은 종을 얻을 목적으로 번식에 사용하는 식물—옮긴이)을 탐색하는 과학자들의 활동에도 차질을 주었다. 이런 현상은 미국에서 가장 두드러졌지만 이후 수십 년간 다른 나라에서도 이 문제를 두고 갈등이 일어났다. 1951년 다자간 국제 식물 보호 협약이 채택되었을 때, 전 세계 대부분의 국가는 식물 검역 규제를 시행했다.

이 협약으로 워디언 케이스가 지배하던 시대는 막을 내렸다. 이제 더는 식물 탐색을 위해 나서는 식물 탐사가는 먼 오지에서 상자를 제작하거나, 이를 이용해 채취한 식물을 본국 고용인에게 보내는 일을 할 수 없었다. 워디언 케이스는 갈수록 복잡한 특별 절차를 거쳐야 했다. 우선 상자는 오는 도중 수도 없이 소독을 받았다. 그리고 해안에 도착하는 즉시 많은 검역소 중 한 곳으로 먼저 들어갔다. 이곳은 새로 도착하는 식물을 받아 검사하기 위해 설치된 곳이었다. 식물은 도착 즉시 뿌리에서 흙이 모두 제거되고, 특수 제작된 새장 모양 구조물에 담겨 자라도록 방치되었다. 가지를 잘라 이미 미국 토양에 심은 신종 식물에 접붙이기도 했다.

마지막으로 폐기된 흙과 워디언 케이스는 소각되었다. 전직 미국 농무부 직원은 당시를 이렇게 회상한다. "한 번 사용된 나무 구조물 또는 워디언 케이스는 많은 식물을 운반한 임무를 한 차례 다 하자마자 소각되었다."[43] 1920년대 워디언 케이스는 단 한 번만 사용된 후 소각되었다. 1930년대에는 워디언 케이스를 소각하는 대대적인 작업 과정이 흔하게 진행되었다. 이렇게 워디언 케이스는 그 길고 유용한 역사의 막을 내렸다.

11

워디언 케이스의 마지막

워디언 케이스를 통해 식물을 운반하기 위해서는 흙이 필요했다. 큐 식물원에서 사용한 상자 같은 평균 크기의 워디언 케이스에는 2세제곱피트, 즉 약 57리터 이상의 흙이 담겼다. 생물 다양성을 연구하는 과학자들에 따르면 단 1세제곱피트, 즉 28리터의 흙에는 수백만 마리의 미생물이 들어 있다.[1] 생물 다양성은 생태계의 열쇠이자 인체 건강의 생태학적 생명줄이다. 저명한 생물학자 에드워드 오즈번 윌슨Edward O. Wilson이 한 말은 설득력 있게 다가온다. "땅에 삽을 밀어넣을 때 (…) 우리는 신이라도 된 듯 하나의 세계에 구멍을 내고 있는 것과 같다. (…) 어느새 바로 가까이, 우리 바로 발밑에 지구 표면에서 가장 미지의 부분이 펼쳐져 있다. 이곳은 인간이 존재하는 지구상에서 가장 활력이 넘치는 장소이다."[2] 워디언 케이스 안의 흙에는 박테리아, 조류, 선충류, 곤충, 진드기가 들어갈 수 있다. 흙에 사는 매우 중요한 생물 중 하나로 지렁이가 있다. 기어다니면서 흙을 섞어주고 먹고 노폐물을 배설하면서 유기물질을 처리한다. 지렁이는

흙을 엉성하게 흩어놓아 토양의 유기 성분과 영양분 함유 능력을 높여준
다.[3] 이렇게 흙 속에는 생물의 다양성이 풍부하게 나타난다.

  큐 식물원의 난초 온실에서 고무나무 종자가 싹을 틔워 번식하던 시
기, 특이한 벌레 한 마리가 발견되었다. 범상치 않은 모습의 길고 가는 벌
레였는데, 등 전체에 다섯 개의 어두운 보랏빛 줄무늬가 뚜렷하게 보였
고 무엇보다 이상하게 생긴 납작한 머리가 몸통에서 튀어나와 있었다. 오
늘날 이 벌레는 흔히 망치머리벌레라고 알려져 있다. 1876년 큐 식물원
의 온실 흙에서는 신기한 것이 많이 발견되었다. 이 벌레를 수도 없이 발
견한 정원사들은 벌레를 잡아 식물원 부관장인 윌리엄 티슬턴다이어에게
보여주었고, 티슬턴다이어는 다시 이를 옥스퍼드 엑시터 대학Exeter College의
헨리 노티지 모즐리Henry Nottidge Moseley에게 보냈다. 플라나리아 전문가였던
모즐리는 이 벌레가 새로운 생물종이라고 발표했다. 벌레가 발견된 장소
인 큐 식물원을 기억하기 위해 모즐리는 이 플라나리아를 비팔리움 큐엔
스Bipalium kewense라고 명명했다.[4]

  큐 식물원에서 발견된 이 벌레는 좀 별났다. 다른 편형동물과 마찬가
지로 순환계나 호흡계가 없고, 입이 항문 기능도 겸하며 몸 중심부에 위
치했다. 생김새뿐 아니라 원래 서식처도 이상했다. 모즐리는 이 벌레가 영
국 땅에서 나지 않았다는 것을 알아차렸다. 1878년 그는 이렇게 밝힌다.
"안타깝게도 이 벌레가 어느 지역에서 왔는지는 확실치 않다. 벌레가 발
견된 온실 안에는 세계 각지에서 온 식물이 있었기 때문이다."[5] 처음 박물
학자들은 호주에서 온 것이라 생각했지만, 나중에 밝혀진 바에 의하면 본
래 베트남에서 캄보디아 지역까지 서식하는 벌레였다.[6] 이 벌레는 수십

년 만에 옥외 환경에 적응했고 일부 지역에서는 영국 토종 지렁이에 해를 입히기도 했다.

편형동물은 무엇이든 다 먹는 육식동물로, 지렁이에서 달팽이까지 닥치는 대로 먹어치우고 종종 자기 몸보다 훨씬 큰 먹이를 찾아 나서기도 한다. 편형동물은 토종 지렁이에 큰 위협이 되고, 토종 지렁이가 사라지면 지역 토양 생태계가 대대적으로 무너지고 만다.[7] 편형동물 전문가인 리 윈저Leigh Winsor는 침입성 편형동물 다수가 들어온 데 "주된 역할"을 한 것이 워디언 케이스라고 확신했다.[8] 윈저는 망치머리벌레를 분류학적으로 다시 검토하면서, 캐나다에서 코스타리카, 이스라엘에서 아일랜드까지 적어도 38개국에서 이 벌레가 발견되었다고 설명했다.[9] 1899년 망치머리벌레는 전 세계 거의 모든 대형 식물원과 상업적 온실에서 서식하는 '세계' 유랑 벌레로 간주되었다. 윈저가 볼 때 워디언 케이스는 "플라나리아를 운반하는 완벽한 도구"였다.[10] 베를린과 파리 식물원의 온실도 이 벌레가 발견된 장소로 보고되었다. 유럽인들이 새로운 땅을 그들의 식민지로 만들면서, 벌레도 전 세계 온실을 그들의 식민지로 삼았다.

영국에는 외래 편형동물이 12종 있으며, 대부분은 호주와 뉴질랜드의 예전 식민지에서 온 것들이다.[11] 편형동물은 자체적으로는 멀리 움직이지 못한다. 한 연구에 따르면 편형동물이 일 년에 움직이는 거리는 고작 30미터라고 한다.[12] 이 때문에 생태학자들은 편형동물의 이동에 점점 많은 우려를 표하고 있다. 예를 들어 뉴기니 편형동물(플라티데무스 마노콰리Platydemus manokwari)이 프랑스와 미국에서 발견되었는데, 이곳에서 이 동물은 토종 달팽이를 멸종시켰다. 현재 뉴기니 편형동물은 세계에서 가장 해로운 침입종 1백 종 중 가장 상위에 분류되어 있다. 과학자들은 이들 벌레의 최대 유포 경로가 식물 거래라고 주장한다. 편형동물의 확산은 한 세기 넘게 진행되며 생태계에 큰 영향을 끼쳤다. 토양의 이동은 편형동물을 전 세계로 이동시키는 데 큰 역할을 했으며, 이런 이동의 영향이 오늘날에도 계속 감지된다.[14]

　　그러나 워디언 케이스는 그 길고 유용한 역사의 마지막 단계에서 식물학자와 종묘업자는 물론, 곤충학자, 정부 관리, 식물 병리학자에 의해서도 사용되었다. 20세기 초반 지렁이 같은 많은 종이 우연한 경로를 통해 이동한 반면, 생물적 방제biological control라는 구제 계획이 생긴 이후로는 많은 곤충이 의도적으로 운반되었다. 워디언 케이스의 의미심장한 마지막 여정은 식물이 아닌 곤충을 운반한다는 목적으로 이루어졌다. 사실 많은 곤충학자들은 이런 워디언 케이스를 가리켜 '워디언 케이지Wardian cages'라 즐겨 불렀다. 당시 애벌레와 기생곤충이 침입성 식물 또는 곤충을 먹잇감으로 삼아 이들을 모두 박멸해 줄 거라는 기대감으로 워디언 케이스를 통해 운반되었다. 식물을 운반하면서 인간은 복합적인 생태계에 관여하게 되었지만, 그 생태계를 통제하기 위해서 마찬가지로 복합적인 방법을 택했다.

병원균은 어떻게 전 세계로 퍼져나갔나

식물과 관련된 기본 병원균 세 가지는 곰팡이, 박테리아, 바이러스다.[15] 여기에 덧붙여 작물과 생물 다양성을 위협하는 해충이 있다. 한때 이 모든 것들은 워디언 케이스로 이동했다. 19세기 후반 유행하던 모든 식물 질병 중, 실론의 커피 플랜테이션 농장을 휩쓴 대참사가 가장 유명한데, 이를 통해 식물의 자유로운 이동을 제한해야 한다는 필요성이 처음으로 드러나기도 했다.[16] 아라비아해, 특히 인도 남부와 실론에서는 영국의 식민지 팽창으로 커피 단일 작물의 대규모 경작이 확대되었다. 토지에서 최대의 수식을 올리려는 농장주들은 토지 이용을 강화하고 녹음수shade tree를 없애는 서인도제도 스타일의 조림법을 도입했다. 한창 전성기에 실론은 세계에서 세 번째로 커피를 많이 수출하는 나라였다.

(헤밀레이아 바스타트릭스Hemileia vastatrix 곰팡이로 발생하는) 커피 녹병은 워드가 사망한 무렵 실론에서 처음 보고되었고, 첫 유행이 1869년 실론에서 터졌다.[17] 이 곰팡이가 어떻게 처음 실론에 도착했는지는 알려져 있지 않지만, 곰팡이로 인한 질병을 퍼뜨리는 데 워디언 케이스가 핵심 역할을 했다. 1865년 이후 커피 묘목이 영국령 가이아나, 쿠바, 자메이카, 자바, 라이베리아에서 실론으로 들어왔는데, 이곳에서 들어온 선적물을 통해 녹병이 들어온 것으로 추측된다. 실론과 인도의 열대 습한 기후는 곰팡이의 생존 조건과 맞아떨어져 녹병이 빠르게 번져갔다. 1870년, 경작지는 점점 늘어났지만 생산량은 급격하게 떨어졌고 손실액은 한 해에만 2백만 파운드였다. 비슷한 참사가 인도 남부의 플랜테이션에서도 발생했다. 1880년대, 단 20년 만에 이들 지역의 커피 산업이 붕괴되고 말았다. 플랜테이션 농장주들은 기나나무, 카카오, 고무, 차 등의 다른 작물로 눈을 돌렸다. 당시 식물이 끊임없이 유통되었기 때문에 커피 녹병은 아시아, 아프리카, 아메리카 대륙 곳곳에 퍼졌다.

흥미롭게도 1903년 6월, 커피 녹병이 푸에르토리코의 마야게스 시험
장Mayaguez Experiment Station에서 처음 발견되었다. 원예가 오티스 바레트Otis Barrett
는 자바에서 워디언 케이스를 통해 들여온 리베리카 커피 묘목에서 녹병
을 발견하고 재빨리 이들 묘목과 상자를 폐기 조치했다.[18] 커피 녹병은 일
시적으로 확산이 중단되었지만, 1970년대 끝내 브라질에 상륙했고 아메
리카 대륙 전역에 퍼지면서 많은 문제를 일으켰다. 그러나 커피 녹병은
단일 경작 농업에 닥칠 수 있는 수많은 위협 중 단 하나에 불과했다. 한 작
물만 집중적으로 재배해 동일 작물이 많은 땅을 점유하게 되면, 그만큼
질병에 한꺼번에 감염될 될 위험이 증가하기 때문이다. 생태학자 로브 던
Rob Dunn은 "단 하나의 작물만을 경제적으로 경작하면 쉽게 수익을 올릴 수
있지만, 생물학적으로는 문제를 일으킨다"라며 이 점을 분명히 한다.[19]

녹병 외에 다른 질병도 있었다. 파이토프토라Phytophthora가 일으키는 뿌
리 괴사 또는 물곰팡이는 많은 식물을 병들게 한다. 파이토프토라는 곰
팡이와 아주 비슷한 군단에 속한다. 가장 큰 차이점은 이 질병에 감염되
면 숙주 포자가 토양으로 방출되면서 그 병원균이 물을 타고(예컨대 비가
온 후) 근처 다른 식물로 퍼진다는 것이다. 일반적으로 이런 질병은 토양
을 기반으로 발생해 식물 뿌리를 공격한다. 파이토프토라는 여러 해 동안
토양 속에 숨어 이동하기 좋은 조건을 기다리다 식물을 감염시킨다. 역
사상 가장 유명한 식물 질병은 감자역병균(파이토프토라 인페스탄스Phytophthora
infestans)으로 인해 발생한 감자 잎마름병potato blight인데, 이 병은 1845년부터
1852년까지 기근을 일으켜 유럽, 특히 아일랜드에 큰 피해를 주었다.[20] 한
농작물 질병 전문가에 따르면 감자 잎마름병은 감염된 토양이 워디언 케

이스나 초기 형태의 식물 운반 상자에 담겨 유럽으로 들어오면서 전해졌다고 한다.[21] 비록 이런 주장에 대한 증거는 희박하지만, 시기상으로는 들어맞는다.

　다른 파이토프토라 종도 널리 퍼져 아보카도, 바나나, 감귤류 플랜테이션 농장에 피해를 주었다. 감귤류에 가장 널리 번진 질병은 밑둥썩음병 또는 지제부 부패(collar rot: 병원균 감염에 의해 땅과 접한 부분의 식물체 줄기가 썩는 현상-옮긴이)였다. 이 질병은 1836년 많은 대서양 횡단 항로의 기착지였던 아조레스 제도Azores(포르투갈 먼바다의 포르투갈령 제도-옮긴이)에서 처음 보고된 이후, 1860년대부터 포르투갈, 이탈리아, 호주, 미국 등 감귤류 재배 지역에 퍼졌다.[22] 시칠리아 섬에서는 모든 감귤류 나무가 이 병으로 죽었다고 알려졌다. 식물병 창궐은 감귤류 산업이 꽃을 피우던 플로리다에서 특히 큰 걱정거리였다.[23] 따라서 1879년 뿌리 괴사병이 처음 발견된 이후 감귤류 수입 제한이 더욱 엄격해졌다. 다른 변종인 파이토프토라 신나모미Phytophthora cinnamomi는 전 세계 아보카도 작물과 자생 식물에 어마어마한 피해를 주었다. 오늘날 뿌리 괴사병을 막는 유일한 방법은 보완하는 식물을 작물과 같이 심는 보식 작업이다. 예를 들어 호주 아열대 지방에서는 바나나와 아보카도를 같이 심는 경우가 많다. 바나나가 폭우가 온 후 땅속에 과하게 스며든 수분을 흡수해서 아보카도를 도와주기 때문이다. 파이토프토라 신나모미는 세계적으로 문제가 되고 있다. 과학자들은 지난 150년 동안 이루어진 토양과 살아 있는 묘목의 수입이 이런 질병 확산의 원인이 되었다고 지적한다.[24] 오늘날 파이토프토라 신나모미는 호주 온대림 지대의 자생 식물을 멸종시키는 주요 병원균 중 하나다.

　　고무 묘목의 운반은 더욱 이상한 식물 이동 결과를 초래했다. 아시아
의 고무 플랜테이션 농장이 고무 생산량이 가장 많은 파라고무나무 종으
로 고무를 생산하기 시작한 지 얼마 지나지 않아 브라질은 식물병으로 타
격을 입었다. 미크로사이클루스 울레이*Microcyclus ulei*가 일으킨 남미 잎마름
병South American leaf blight이 20세기가 시작되면서 브라질 작물을 초토화시켰던
것이다(그림 11-1). 이 병은 독일 탐험가 에른스트 울레가 고무 묘목이 든
워디언 케이스를 베를린 식물원으로 보낸 후 처음 발견되었고, 당시 고무
묘목 상당수가 잎마름병에 감염되어 있었다. 영국에서 보낸 것과 달리 울
레가 보낸 워디언 케이스에는 묘목이 들어 있었고 베를린의 식물 병리학
자들이 여기에서 병원균을 확인할 수 있었다.[25]

　　이 곰팡이는 사실 브라질에 자생하는 병원균으로, 오랫동안 이 곰팡
이와 파라고무나무 종은 브라질의 생태계 안에서 공생했다. 그러나 고무
묘목의 불법 유출 이후, 영국·프랑스·독일의 식민 플랜테이션 농장에서
시장에 유통시키는 고무 물량과 브라질이 경쟁할 필요가 생겼다. 이로 인
해 아마존 열대우림 지대의 소규모 숲에서 토종 고무나무를 산발적으로
경작하던 이곳의 경작 방식은, 개간된 농지에서 한 작물만 집중 경작하
는 방식으로 바뀌었다. 그 결과 남미 잎마름병은 빠르게 번져갔고 브라질
의 고무 산업은 다시는 회복되지 못했다.[26] 잎마름병의 창궐로 인해 남미
대륙에서는 고무나무가 대규모로 상업 재배되지 못했다. 그러나 영국인
들은 오직 고무 종자만 불법 유출했기 때문에 곰팡이는 운반 중 옮겨오지
않았다. 아시아 태평양 지역의 플랜테이션 농장은 오늘날 세계 천연 고무
생산의 90퍼센트를 담당하며, 현재까지는 남미 잎마름병의 피해를 보지

그림 11-1 고무나무에 피해를 주는 남미 잎마름병과 이외 다른 질병. 1904년 베를린 식물원 과학자가 그린 그림.

않았다.

여러 수입 원예 작물이 곳곳에 넘쳐났다. 그중 일본 식물은 미국의 정원을 보다 풍성하게 해주었을 뿐 아니라 널리 퍼져나갔다. 1918년 검역법 37호가 시행되기 직전, 일본산 인동덩굴(로니세라 자포니카*Lonicera japonica*)은 매사추세츠에서 플로리다까지 널리 퍼져 있었다. 1860년대 조지 로저스 홀이 워디언 케이스를 통해 다른 일본 식물과 함께 인동덩굴을 뉴잉글랜드에 처음 가지고 들어와 소개한 지 50년 만의 일이었다(7장 참조). 당시 홀이 일본에서 가지고 온 식물 중에는 뉴욕 파슨스 앤드 코퍼레이션 종묘원에 전달된 일본 밤나무가 있었다. 이때 홀이 가져온 나무가 미국에 처음으로 들어온 일본 밤나무였다. 밤나무 마름병 병원균이 종묘원에서 수입한 일본산 밤나무를 통해 퍼졌다는 것은 널리 알려진 사실이지만, 언제 들어왔는지는 알려져 있지 않다.[27]

워디언 케이스가 널리 사용되면서 식물병 또한 지구상에 널리 퍼지게 된 것은 결코 우연이 아니다. 단일 재배 농업 작물에 더욱 집중하게 된 시기도 바로 워디언 케이스 사용이 활발하게 이루어지던 때였다. 커피, 고무, 카카오, 감귤류, 사탕수수 같은 작물의 단일 재배 농장은 침입성 식물병으로 모두 피해를 봤으며, 그 병원균은 워디언 케이스를 통해 전해졌다. 놀랍게도 20세기에 와서도 우리는 이런 단일 재배에 등을 돌리지 않았다. 대신 검역과 '천적'을 통해 가치 있는 단일 재배 작물을 병충해에서 보호했다. 식물 병리학자들이 식물병에 집중한 반면, 곤충학자들은 작물에 피해를 주는 해충에 집중했다.

천적을 나르다

1888년 겨울, 캘리포니아 곤충학자인 알버트 코벨레^{Albert Koebele}는 곤충을 찾아 호주로 갔다.[28] 그는 깍지벌레^{cottony cushion scale}(이세르야 푸르차시^{Icerya purchasi}. 당시 플루티드 스케일^{fluted scale}이라고도 알려짐)의 '천적'을 찾아 호주 대륙 남부 상당 부분을 여행했다. 이 작은 곤충은 남아프리카부터 태평양 북서부까지 지구 전역의 작물을 초토화시켰다. 19세기 후반, 이 곤충은 "식물에 피해를 주는 가장 파괴적인 해충 중 하나"로 꼽혔다.[29] 곤충은 20년 전 호주에서 온 아카시아 선적물에 섞여 캘리포니아에 들어온 것으로 추정되었으며, 캘리포니아의 감귤류 작물에 빠르게 번져갔다. 해충을 박멸하려는 지속적인 노력에도 불구하고, 캘리포니아 오렌지 농장에서는 이 문제가 해결되지 않았고 급기야 "사람들은 해충을 저지하는 게 불가능하다고 생각했다."[30]

이때 호주 애들레이드의 곤충학자 프레이저 크로퍼드^{Frazer Crawford}는 깍지벌레를 먹고 사는 기생파리(크립토케툼 이세리아이^{Cryptochetum iceryae})가 생물적 방제 역할을 할 수 있다고 발표했다. 소수의 기생파리가 미국 곤충학자들에게 보내졌다. 코벨레에게는 중요한 곤충을 채집하겠다는 목표가 생겼다. 그는 기생파리를 찾아 애들레이드로 떠났다. 1888년 10월 15일 그는 애들레이드 북쪽의 감귤류 농장을 방문하여 기생파리를 발견했고, 깍지벌레를 게걸스럽게 먹어치우는 무당벌레(로돌리아 카르디날리스^{Rodolia cardinalis})도 함께 처음 발견했다.[31] 무당벌레는 전 세계에 수천 가지 종이 다양하게 분포되어 있는 곤충으로, 코벨레가 발견한 호주 자생종은 깍지벌레를 먹는 특이한 식성을 가졌다.

코벨레는 감귤 묘목에 이들의 기생곤충인 무당벌레와 파리를 잔뜩 넣고 상자에 포장해서 캘리포니아로 보냈다. 곤충을 보내기 위해 그는 나무 상자와 양철통을 사용했고 "이외에 애들레이드 식물원 관장인 숌버그Schomburgh 박사가 친절하게도 워디언 케이스 하나에 오렌지 묘목을 가득 넣어 주었다."[32] 열두 그루의 묘목은 무당벌레로 들끓었다. 시드니에서 배 일꾼들이 워디언 케이스를 "거칠게" 다루는 바람에, 코벨레는 그간의 노력이 운반 과정에서 수포로 돌아가게 생겼다고 체념했다. 코벨레는 워디언 케이스가 109킬로그램이 넘게 나가는 "덩치가 큰 물건"이었다고 밝혔다.[33] 그럼에도 곤충은 로스앤젤레스까지 무사히 도착했다.

이제 로스앤젤레스 외곽의 한 감귤 농장에는 나무에 공급할 무당벌레가 충분히 확보되었다.[34] 울프스킬F.W.Wolfskill 농장에는 텐트로 덮어놓은 오렌지 나무 한 그루 아래에 워디언 케이스를 비롯해 여러 상자가 놓였다. 상자를 여니 무당벌레가 나와 이 나무에 사는 깍지벌레를 마음껏 포식했다. 코벨레는 세 차례 선적을 통해 파리 총 1만 2천 마리, 무당벌레 514마리를 보냈다. 무당벌레는 과연 탁월한 포식자였다. 나무 전체에 무당벌레가 퍼져나가더니 단기간에 이 농장 나무에 살던 깍지벌레가 사라졌다. 텐트를 치우고 무당벌레를 과수원 전체에 풀었더니 나무 한 그루에 시험했던 때랑 같은 결과가 나왔다. 캘리포니아의 다른 장소에서도 마찬가지로 성공했다는 소식이 전해졌다. 한 과수원에서는 이 무당벌레가 4개월 만에 너무 많이 늘어나서 농장주 J.R. 도빈스가 인근 농장주에게 무당벌레 6만 3천 마리를 나눠주기도 했다. 무당벌레를 공급한 지 단 1년 만에 로스앤젤레스 카운티에서는 오렌지 선적량이 화물차 7백대분에서 2천대분으로 늘었다. 무당벌레는 깍지벌레에 대한 효과적인 생물적 방제 수단으로 전 세계에 퍼져갔다.

생물적 방제를 주도적으로 이끄는 생물학자 폴 드 바흐^{Paul de Bach}는 무당벌레 도입의 성공이 "전쟁의 시작을 알리는 총성처럼 전 세계에 생물적 방제 수단을 확립시켜 주었다"라고 말했다.[35] 코벨레의 깍지벌레 방제 프로젝트는 워디언 케이스의 도움으로 달성한 최초이자 가장 성공적인 생물적 방제 프로젝트로 꼽힌다. 워디언 케이스는 그 역사의 후반부에서 생태계 전체를 운반하기 위해 사용되었다. 곤충학자들은 해충으로 인한 작물의 큰 피해를 목격하고 이 해충을 억제하기 위해 생물적 방제로 눈을 돌렸던 것이다.

무당벌레의 유입 성공 이후 수십 년에 걸쳐 워디언 케이스는 해충을 방제할 기생곤충^{parasitic insects}을 운반하는 핵심 수단이 되었다. 워디언 케이스는 러셀 워글룸이 인도에서 1911년에 또 한 차례 천적을 운반해오면서 그 유용성이 한 번 더 입증되었다. 찰스 말라트와 데이비드 페어차일드로부터 워디언 케이스 운용에 대한 아이디어를 얻은 그는 대형 상자 여섯 개에 살아 있는 묘목을 담고 여기에 가루이의 '천적'인 작은 기생 말벌, 엔카르시아 라호렌시스^{Encarsia lahorensis}를 잔뜩 넣었다.[36] 이 프로젝트에 관한 보고서 서론에서 미국 곤충국 국장은 워글룸이 보여준 워디언 케이스의 사용 사례가 기생곤충을 운반하는 "올바른 방법을 제시했다"고 칭찬했다.[37] 1911년 11월 워글룸은 상자를 봄베이에서 뉴욕으로 가져갔고, 이곳에서 워디언 케이스는 플로리다의 올랜도로 급행편으로 운송되었다. 말벌은 모두 건강하게 산 채로 도착했다(그림 11-2).

1929년에 또 한 차례 워디언 케이스가 사용된 사례도 흥미롭다. 이때 쿠바와 미국 과학자들은 우연히 러셀 워글룸의 이름을 딴 먹파리blackfly, 알레우로칸투스 워글루미Aleurocanthus woglumi의 생물적 방제 수단을 찾기 위해 모였다.[38] 곤충학자들은 먹파리 서식지인 싱가포르와 말레이시아로 가서 이 해충을 먹고 사는 곤충을 적어도 14종이나 확인했다. 먹파리를 억제하는 으뜸 포식자는 장 기생충이었고, 이에 미국 곤충학자들은 기생곤충 에레트모케루스 세리우스Eretmocerus serius을 쿠바로 들였지만 절반의 성공밖에 거두지 못했다. 그러나 이때도 역시 기생곤충과 다른 천적을 운반한 주요 수단은 워디언 케이스였다. 미국 곤충학자들은 자신들이 쓸 워디언 케이스로 싱가포르 식물원이 사용한 형태를 택했다. 이는 말레이 연합Federated Malay States 농무부가 영국으로 식물을 보낼 때 사용한 형태였다.[39] 이때 말레이시아에서 미국과 쿠바로 상자가 총 세 차례 보내졌다.

당시 세계적 동향으로 많은 생물적 방제 작업에서 과학자들이 국경을 초월해 공조 관계를 맺었다는 점이 흥미롭다. 1880년대에는 깍지벌레를 없애기 위해 미국과 호주 과학자들이 공조했고, 먹파리 문제는 쿠바와 미국 과학자가 협력했으며, 이들은 또한 싱가포르에서 사용한 워디언 케이스의 형태를 적용했다.

그림 11-2 1911년 감귤 가루이의 천적을 실은 워디언 케이스 여섯 개가 플로리다 올랜도 로 가기 위해 라호르에서 출발하는 모습. 데이비드 페어차일드와 찰스 말라트는 천적 운반에 워디언 케이스를 쓰라고 조언했다. 아래 사진은 천적을 채집한 힌두스탄 주민.

나방 방사 작전

1925년 워디언 케이스가 다시 한 번 사용되었고, 이는 생물적 방제 수단으로 곤충을 이용한 가장 성공적인 사례로 평가되었다. 이번에는 침입성 식물인 부채선인장prickly pear cactus 수를 조절하기 위해 미국의 선인장명나방인 칵토블라스티스 칵토룸Cactoblastis cactorum이 호주로 옮겨졌다. 본래 건조한 지역인 멕시코와 미국 남부에서 자라던 강인한 부채선인장, 오푼티아 Opuntia spp.는 1788년 영국 식민지 개척자들을 태운 최초의 함대와 함께 호주에 도착했다. 19세기 초, 종묘업계는 다른 부채선인장 변종(특별히 오푼티아 이네르미스Opuntia inermis와 오푼티아 스트릭투스Opuntia strictus)을 들여왔고, 이들은 가축의 사료와 정원의 관상용, 식용 가능한 과일로 활약했다.[40] 이 선인장은 오늘날 멕시코에서 여전히 과일로 소비되고 있으며, 마다가스카르에서는 목초 산업에서 중요한 역할을 하고 있다.

부채선인장은 호주와 남아프리카에 처음 들어온 이후 빠르게 퍼져나가 비옥한 농지를 못 쓰게 만들었다. 케이프타운에 위치한 식물원 관장인 피터 맥오완Peter MacOwan은 일찍이 1888년에 이 문제를 거론한 적이 있다. "부채선인장이 점령한 땅은 모든 경작이 사실상 불가능한 쓸모없는 곳이 된다."[41] 식물학자들이 합심해서 노력하고, 이 문제의 기술적·화학적 해법에 대한 보상안이 제시되었지만 문제는 수십 년간 계속되었다. 1925년 호주의 경우, 부채선인장이 한창 퍼져 있었을 때는 2천 4백만 헥타르 이상의 땅이 이 식물로 뒤덮일 정도였다.[42] 호주 북부 지방의 많은 농부들은 그저 농사를 그만둘 수밖에 없었다.

　부채선인장의 개체 수를 조절하기 위해 많은 시도가 이루어졌다. 호주 주^州 정부는 부채선인장 개체 수 조절 위원회를 설치해서 해법을 연구했다. 1912년 정부는 이 침입성 식물의 수를 줄일 방법을 찾기 위해 과학자들을 모아 18개월의 세계 답사를 보냈다. 과학자들은 답사를 다녀온 후, 그 해법으로 생물적 방제 수단을 찾아야 한다고 입을 모았다.[43]

　많은 다양한 곤충이 미국에서 호주로 실험차 운반되었고, 많은 곤충이 운반 지연과 열악한 운송 기술로 인해 도중에 죽으면서 이 시도는 실패를 거듭했다. 1920년 호주 정부가 채용한 미국인 존 햄린John Hamlin은 미국 농무부 곤충국에서 다진 본인의 지식을 호주 부채선인장 연구에 쏟아부었다. 그의 가장 큰 공로는 곤충을 성공적으로 운반할 수 있도록 워디언 케이스를 개조한 것이다.[44] 햄린은 워디언 케이스를 직접 사용해 본 경험이 있었던 게 분명한 것이, 오하이오 주립 대학 졸업 후 잡은 그의 첫 직업이 연방 원예 위원회의 식물 검역 검사관 일이었다. 햄린의 지시하에 상자의 경사진 지붕 양쪽에 가는 망이 들어갔고, 상자 바깥쪽으로 강한 철사와 강철 조각을 덧대 보호 기능이 추가되었다. 상자 바닥에는 물이끼를 깐 다음 상자에 부채선인장을 가득 채워 넣었고 이후 기생곤충을 이 선인장에 얹어놓았다. 곤충학자들은 여기에 덧붙여 상자 꼭대기에 평평한 목재 한 장을 올려, 상자를 층층이 쌓아도 빛과 공기는 들어갈 수 있도록 조치했다.

　1920년 호주는 부채선인장 영연방 위원회Commonwealth Prickly Pear Board라는 국가 통합 계획에 아낌없이 투자했다. 이즈음 부채선인장의 원산지가 중앙아메리카라는 사실이 알려진다. 호주는 미국 농무부 텍사스 지부의 미

그림 11-3 1925년 곤충이 가득 들어 있는 워디언 케이스를 텍사스 유밸디Uvalde에서 호주로 가는 배에 싣기 전의 모습.

국 관계자들과 긴밀히 협력했다.[45] 호주 곤충학자 앨런 P. 도드[Alan P.Dodd]의 지휘로 위원회는 미국, 멕시코, 과테말라, 엘살바도르, 온두라스, 서인도 제도, 파나마, 콜롬비아, 에콰도르, 페루, 베네수엘라, 브라질, 우루과이, 아르헨티나를 샅샅이 뒤졌다. 도드는 곤충 수입에 대해 다음과 같이 밝혔다. "연구가 시작되면서 북미와 남미에서 찾은 곤충 물자가 특별히 만들어진 워디언 케이스를 통해 운반되었다(그림 11-3)."[46] 도드의 보고서에 따르면 10년 동안 아메리카 대륙에서는 45회의 선적을 통해 "수천 마리의 다양한 곤충"이 담긴 566개의 상자가 운반되었다.[47] 한 해에 적어도 70개라는 상당히 많은 수의 상자가 운반된 것이다. 20세기 전환기에 큐 식물원과 식민지 시험용 식물원 등이 한 해 상자를 20~40개 운반했으니 그 규모를 짐작할 수 있다.

1924년 후반 선인장명나방[Cactoblastis]이 아르헨티나 콩코디아[Concordia] 근처에서 발견되었다. 도드는 1925년 초반까지 그곳에 있으면서 선인장명나방 애벌레가 나방으로 변태해 알을 낳을 때까지 기다렸다. 드디어 3천 개의 알이 채집되었고, 이들 알은 특수 제작된 워디언 케이스 안에 들어 있던 부채선인장 위에 조심스럽게 놓여졌다. 콩코디아에서 선적된 상자는 부에노스아이레스까지 운반되었고 이곳 바다에서 10주를 대기했다.

이후 배는 케이프타운에 정박했고, 이곳에서 남아프리카 농무부 소속 직원들이 자체 실험을 위해 250개의 나방 유충을 꺼내갔다. 워디언 케이스는 이후 시드니로 가는 첫 번 배에 실렸고, 이곳에서는 브리스베인[Bris-bane]까지 기차로 운송되었다. 생물 시험소 관계자들은 선인장명나방이 부채선인장(O. inermis, O. stricta 두 종 다 해당)을 먹고 자란다는 것을 재빨리 확인했다. 두 계절에 거쳐 시험소에서는 도드가 보낸 첫 번째 선적물에서 2백만 개 이상의 알을 채취했고, 호주 북부의 수많은 장소에 나방이 방사되었다. 결과는 성공적이었다.

이후 수년에 걸쳐 수백만 개의 알이 수거되어 문제 지역에 배포되었고 동일한 성과가 이어졌다. 이 작업은 집중적으로 이루어졌다. 토지 주인과 인부들이 각자 나방 알을 정사각형 종이에 붙인 다음 이 알을 선인장 잎에 부착했다. 알이 부화되면 애벌레가 잎을 파고들어가 갉아먹으면서 선인장을 죽였다. 브리스베인에 워디언 케이스가 도착한 지 7년이 안 되어 부채선인장은 자취를 감추었다. 이후 몇 년간에 걸쳐 선인장이 다시 자라는 것을 막기 위해 나방의 추가 방사가 이루어지기도 했지만, 결국 선인장명나방이 방사된 지 10년이 안 되어 호주에서 부채선인장은 더는 문제시되지 않았다.

놀랍게도 선인장명나방의 성공 이후 외래 곤충의 반입은 멈추지 않았고 오히려 증가했다. 1927년에서 1930년 사이 선인장명나방이 호주에서 부채선인장을 멸종시키면서 호주로 운송되는 곤충 수가 증가했다. 1928년에서 1929년 사이 호주와 미국 곤충학자들은 한 계절에만 375개의 상자를 보냈다. 자그마치 375개였다. 분명 당시 곤충학자들은 성공에 고무되어 곤충을 대상으로 한 실험을 계속할 필요성을 느꼈던 것 같다. 15년에 걸쳐 이들은 호주에 워디언 케이스를 총 67회 보냈다. 48종, 50만 마리가 넘는 곤충이 총 1,230개의 워디언 케이스를 통해 운반되었다. 부채선인장 위원회의 워디언 케이스 사용은 이 상자의 역사상 가장 집중적으로 상자를 이용한 사례로 손꼽힌다.

마지막 여정

생물적 방제 수단으로 워디언 케이스를 마지막으로 사용한 것은 1948년으로, 감귤류 먹파리를 박멸하기 위한 기생곤충이 추가로 워디언 케이스를 통해 운반되었다. 하지만 이때는 비행기가 좀 더 효율적인 방식으로 대두되어 항공편으로 운송이 이루어졌다.[49] 생물적 방제는 오늘날까지 이용되지만, 1950년대에 와서는 합성 유기 살충제가 비교적 저렴해지면서 더욱 널리 사용되었다.

이 밖에 많은 곤충이 워디언 케이스를 이용해서 이동했다. 코코넛 나방의 천적 곤충인 베사 레모타*Bessa remota*를 말레이반도에서 피지까지 가져오기 위해 워디언 케이스가 사용되었다. 이를 성공적이라 평가하는 사람들도 있었지만, 곤충의 수입은 끔찍한 결과를 가져왔다. 곤충학자들이 박멸을 위해 힘쓴 다른 해충과 달리 코코넛 나방은 독특하고 아름다운 피지 토착종이었는데, 코코넛 나방을 없애려 하자 이 종 전체가 멸종되고 말았다. 이 생물적 방제 작업은 미국 곤충국과 동일한 기관인 영국의 대영 곤충국Imperial Bureau of Entomology에서 주도했다. 생물적 방제는 논란이 많은 방법이고, 이로 인해 해충이 더 증가했다거나 뜻하지 않은 결과가 발생했다는 사례도 많이 알려져 있다. 사실 선인장명나방은 현재 미국과 카리브 제도에 진출해 그곳의 많은 자생 선인장 종을 위협하고 있다.

마지막 여정에서 워디언 케이스는 식물에 기생곤충을 잔뜩 방사하여 이들을 함께 운반하는 데 사용되었다. 워디언 케이스의 긴 역사에서 이러한 아이러니는 의미심장하게 다가온다. 단 한 세기 동안 상자를 이용하면서 사람들은 많은 식물을 운반하며 중요한 결실을 얻었다. 그러나 이와 동시에 생태계적으로 복잡한 문제가 속출했고 인간은 이를 통제할 수단 이 거의 없었다. 워디언 케이스의 마지막 여정에서 우리는 다시 한 번 상 자에게 도와달라고 손을 내밀었다. 자연을 정복한답시고 인간은 세계 각 지로 식물을 운반했지만, 호락호락하지 않은 자연을 보며 인간의 정복은 언제나 조건부였음을 깨닫는다.

나가는 글

이야기의 상자를 닫으며

상쾌한 12월 아침 교외 기차역에서 내려 잠시 걸어가니 파리 최대 공립 공원인 노장쉬르마르가 나온다. 조깅을 하는 사람들, 개를 산책시키는 사람들, 커다란 나무에서 발 아래로 흩뿌려진 낙엽, 파란 하늘, 거기에 어슴푸레한 겨울 햇빛에 눈앞 풍경이 더욱 더 비현실적으로 보였다. 그러나 이곳은 평범한 공원이 결코 아니었다. 한때 식민지 시험용 식물원이었고, 1907년 파리 식민지 박람회의 개최지이기도 했다. 그해 2백만 명 이상의 사람들이 공원을 방문해 제국의 성취물과 상징을 관람했다. 한때 초록이 가득한 식물원이자 제국의 상징이었던 이곳이 이제는 사람들의 뇌리에서 종종 잊히는, 한 시대의 무너져가는 유적이 되었다.

많은 건물과 온실은 아직도 그대로 그 자리에 있다. 프랑스령 기아나에서 공수해 온 외국 전시장은 판지가 덧대어졌고 비바람에 색이 바랬다. 다른 건물과 마찬가지로 마다가스카르관은 허물어 내려앉은 지 오래다. 베트남관은 아직도 예전의 웅장함이 많이 남아 있으며, 연구 시설로 관리되어 여전히 운영되고 있다. 한때 많은 워디언 케이스가 포장되었던 온실의 경우, 유리창 대부분은 파손되었고 온실 안은 잡초가 너무나 무성하다. 19세기 후반에서 20세기 초기, 수백 개, 아니 수천 개의 워디언 케이스가 이곳을 거쳐 나갔다. 그러나 오늘날 이곳에는 과거와 현재가 만나면서 이상한 적막이 흐른다. 큐 식물원과 파리 식물원, 베를린 식물원 같은 세계 유명 식물원은 유지 보수 공사를 거쳐 개보수되어 생물 다양성 및 보존 지역으로 다시 태어났다. 이제 폐허가 된 식민지 시험용 식물원은 식물을 운반했던 구세계에 대한 기억물로 남아, 식물을 반출한 식민지 식물원 간의 밀접한 관계와, 비슷한 지역과 국가에서 나온 식민 정책을 쭉 살펴볼 수 있는 기회를 마련해준다.

오늘날 이 식물원은 프랑스 국제 개발 농업 연구 센터Centre de coopération internationale en recherche agronomique pour le développement(CIRAD)에 속해 있고, 대부분 개발도상국에 속해 있는 열대 지역의 환경 친화적 개발이라는 중요한 업무를 담당한다. 노장쉬르마르 공원 부지에는 식민지 시험용 식물원의 역사, 즉 워디언 케이스의 역사를 보관하는 도서관과 기록 보관소가 있다. 나는 이곳 기록 보관소에서 워디언 케이스가 전 세계를 돌며 남긴 기록의 파편을 좇으며 하루를 보냈다. 옛 문서를 다 살펴본 후에는 식물원 여기저기를 걸어 다녔다. 날이 저물어 밤이 되자 발걸음을 돌려 옛 온실로 돌아왔다. 워디언 케이스가 나오는 흥미로운 사진 대부분은 이 온실 밖에서 찍혔는데, 지금 이 온실은 허물어져가고 있다(그림 12-1). 눈으로 볼 수 없다는 이유로 지난날의 활약이 얼마나 쉽게 잊히는지 실감이 된다.

워디언 케이스를 이용해서 식물을 운반하는 활동은 사람들의 기억에

그림 12-1 황폐화된 노장쉬르마른의 식민지 식물원 온실. 저자 사진.

서 거의 사라졌다. 파리 식물원을 방문하고 몇 개월 후, 나는 미국 중서부의 초원을 운전하면서 앞에 우뚝 솟은 로키 산맥에 시선을 뺏기지 않고 도로에 집중하느라 애쓰고 있었다. 바로 콜로라도 포트 콜린즈Fort Collins의 국립 유전 자원 보전 센터National Center for Genetic Resources를 방문하러 가는 길이었다. 이곳에는 1898년부터 1942년까지 데이비드 페어차일드가 주도적으로 수입한《종자와 식물 목록Inventory of Seeds and Plants Imported》의 희귀본 전 세트가 소장되어 있으며, 무엇보다 생식질germ plasm(식물 조직) 보존을 위한 미국 농무부의 종자 은행이 있다. 이곳은 농업의 미래를 위해 또는 우리의 미래 생존을 위해, 혹시 필요할 경우를 대비해 식물과 동물의 유전 물질을 저장해 놓은 곳이다.

나는 이곳에서 종자 분류부터 보관, 저온 보존 같은 전체 공정을 쭉 둘러보았다. 종자와 식물 조직이 단순한 미국 우체국 상자에 실려 도착한 다음 분류되고, 숙련된 과학자들에게 검사받는 과정을 지켜보았다. 생존 가능성이 있고 독특한 종자는 따로 분류되어 저장된다. 이날 검사된 종자는 결과가 좋지 않았다. "발아되지 않을 종자는 보관할 의미가 전혀 없습니다." 종자 분류 담당 과학자는 이렇게 말했다. 이날 검사한 종자는 미국 서부의 자생 식물 보전을 위해 채집 중인 건조 지대 식물이었다. 세 번째 검사가 끝난 후에야 분석관은 가까스로 발아를 위해 보관할 수 있는 종자를 확보했다. 이 종자와 생식질은 전 세계에서 채집된 것들이다. 보관이 확정된 종자는 섭씨 영하 18도의 온도가 일정하게 유지되는 대형 저장실로 들어간다. 이런 환경 조건에서 보관된 종자는 백 년 후에도(콩과 식물은 심지어 4백 년 동안 보관할 수 있다) 발아하여 자랄 수 있다.

종자 보관실에서 우리는 엘리베이터를 타고 두 개 층을 내려가 지하 저장실로 간다. 지구의 보물인 풍부한 자연 자원을 위해 특별히 만든 창고이다. 화재와 지진에도 끄떡없도록 만들어진 이곳은 일종의 지하 방주와도 같은 곳이다. 저장실 안에는 과학자들이 번식을 위해 유전 물질을 채취할 수 있는 식물 조직, 즉 식물 각각의 기관이 조직의 유전 정보를 유지할 수 있도록 액화 질소가 든 대형 탱크 안에 보관되어 있다. 식물 조직이 보관된 탱크 옆에는 동물의 배아, 정액, 심지어 미생물이 가득 들어 있는 비슷한 탱크가 있다. 이렇게 동식물의 다양성을 보호하고 보존하는 일은 인간 생명에 필수적인 작업으로, 유전 물질은 은행과 비슷한 귀중품 금고실에 밀봉되어 수백 년 동안 안전하게 보관된다. 혹시 모를 질병이나 병원균에 의해 인간에게 가장 소중한 농작물이 심각한 피해를 입어 새로 번식시켜야 할 경우를 대비하는 것이다. 유용한 식물이 바다 건너 운반되기 시작한 이래 상황은 많이도 바뀌었다. 오늘날 새로운 식물은 먼지와 진흙으로 범벅이 된 장화 신은 탐험가보다는 실험용 가운을 입은 과학자가 주로 들여온다.

현재 보호와 유전자 조작 가능성이 필요한 식물 중 일부는 한때 워디언 케이스가 운반한 식물로 아보카도, 바나나, 카카오, 커피, 망고, 고무, 차 같은 주요 농업 상품이다. 이들 작물은 모두 대규모 단일 재배 플랜테이션 농장에서 자라고, 다수가 이제 본래 서식지에서 재배되지 않는다. 초콜릿의 주요 원료인 카카오는 아메리카에서 워디언 케이스를 통해 해외 식민지로 보낸 작물 중 하나다. 현재는 옛 프랑스·영국·독일 식민지인 코트디부아르·가나·카메룬이 전 세계 카카오의 대부분을 생산한다. 비록 현재 우리가 식물을 이용하고 다루는 방식은 너새니얼 워드가 사용한 기술이나 목적과는 많이 다르지만, 오늘날 가장 가치 있게 평가되는 식물 상품과 워디언 케이스를 이용한 식물 운반 역사가 상당히 밀접한 관계가 있다는 사실에는 변함이 없다.

역사의 뒤안길로

곤충학자들이 생물적 방제 수단으로 워디언 케이스를 이용한 것이 이 상자의 대대적인 마지막 활약이었다. 1930년대부터 시작해서 1960년대에 드디어 그 마지막 여정을 마칠 때까지, 워디언 케이스의 사용은 서서히 줄어들었다. 이 30년에 걸쳐 상자의 선적 횟수는 차차 줄었고, 그 영향과 가치를 다른 기술이 대신 담당했다. 환경, 기술, 심지어 문화적인 면에서의 많은 요인으로 인해 워디언 케이스는 내리막길을 걸었다. 앞서 두 장에서 보여주었듯이, 침입종과 병원균의 확산은 워디언 케이스의 역사뿐 아니라 인간과 환경과의 일반적 관계에도 중요한 전환점이 되었다.

1833년 상자의 첫 여정에서부터 1930년대 그 마지막 여정까지, 한 세기에 걸쳐 상자를 사용하는 동안 식물 운반에 대한 사고방식은 급격하게 변화했다. 처음에는 식물을 성공적으로 운반할 수 있는 기술 수단을 향한 열정이 널리 전파되었다. 하지만 이후 한 세기에 걸쳐 이 모든 식물의 움직임이 중대한 파장을 낳았다. 1945년 미국 농무부는 식물을 흙에 심은 채 운반하지 말라고 권고했다. 흙을 같이 들여오면 비용이 상당히 많이

들 뿐 아니라, 대부분의 나라에서 "위험한 곤충이 들어 있거나 질병을 일
으킬" 위험이 높다는 이유로 토양 수입을 금했다.[1] 1940년대, 특히 토양에
대한 검역 제한 조치가 늘어가는 가운데 워디언 케이스의 사용은 차츰 줄
어들고 있었다.

　기술적인 부분에서도 변화가 있었다. 1930년대, 항공 수단을 통한 식
물 운반이 가능해져 운송 시간이 대폭 줄어들었다. 1931년 데이비드 페어
차일드는 카리브 제도에서 갓 채집한 종자와 접목용 가지를 항공 화물편
으로 보냈고, 이들은 워싱턴 검역소에 도착하는 데 닷새밖에 걸리지 않았
다. 이 시기 워디언 케이스가 항공 화물편으로 운반되었다는 보고도 있었
다. 이제는 워디언 케이스 대신 비닐백이 온도가 조절되는 항공편으로 운
송된다. 오늘날 식물 조직을 보내는 원예가들은 식물에서 모든 흙을 털어
내고, 그야말로 가지 하나에 뿌리만 남을 때까지 다 잘라낸 다음 비닐백
에 싸서 밀봉한 후 상자에 넣어 택배 회사로 보낸다. 택배 회사에서 식물
은 다음 장소로 운반된다. 이후 국제 운송인 경우는 수입 및 수출 허가서
가 상자에 부착되고, 이들 상자는 검역소를 통과해야 한다.

　살아 있는 식물 거래를 변화시킨 요소가 또 있다. 중요한 요소는 취
향의 변화였다. 온실 식물에서 강인한 식물이라는 좀 더 바람직한 방향으
로 애호가들의 취향이 변화했다. 어떤 곳에서는 가혹한 겨울을 날 수 있
는 식물이 필요했다. 보스턴에서는 비슷한 기후대인 일본과 중국의 강인
한 종이 인기를 끈 반면, 멀리 남부 지방에서는 야자수가 유행했다. 강인
한 종들은 대부분 종자로 운반이 가능했다. 선호도, 취향, 유행은 항상 변
한다. 요즈음은 작은 아파트에 사는 사람들이 점점 많아지면서 원예에 필

요한 시간과 공간이 줄어든 관계로, 테라리움이 다시 부활해 현대 가정의 독특한 멋으로 자리잡고 있다.[2]

워디언 케이스는 20세기가 지나면서 선호도가 떨어졌지만, 큐 식물원은 여전히 워디언 케이스로 유명세를 잃지 않아 정기적으로 공개 석상에서 상자에 대한 정보를 제공했다. 1950년대, 〈내셔널 지오그래픽〉은 큐 식물원이 후원하는 미米와 과학적 지식에 관한 기사를 실으면서 "식물의 이동식 온실" 사진을 보여주며 기사의 끝을 맺었다.[3] 워디언 케이스가 큐 식물원으로 들어온 마지막 해는 1962년으로, 이때 관상용 식물이 든 상자 하나가 피지에서 도착했다. 큐 식물원은 워디언 케이스를 기억하는 데도 도움을 주었다. 1987년 큐 식물원은 펜실베이니아 대학교 모리스 수목원과 손잡고 워디언 케이스를 주인공으로 하는 전시회, 〈유리 상자 안의 식물Plants under Glass〉을 진행했다. 이 전시회는 펜실베이니아 원예 협회의 필라델피아 쇼와 왕립 원예 학회의 첼시 플라워 쇼 두 곳에서 선을 보였다. 전시회를 위해 큐 식물원은 워디언 케이스 하나에 멸종 위기의 식물을 채워 선박을 통해 대서양 건너 목적지로 보냈다. 이국적인 관상용 식물에서 멸종 위기에 처한 종까지, 응접실 장식용에서 플라워 쇼에 전시될 식물까지, 또 경제적 이득이 있는 식물에서 박람회 식물까지 식물 운반은 20세기 말까지 상당히 많은 변화를 거쳤다.

오늘날 식물원과 수목원은 생물 다양성 보고 및 환경 지식 센터로 탈바꿈했다. 어림잡아 전 세계에는 거의 2천 개의 식물원이 있고, 2억 5천만 명 이상의 사람들이 매년 이곳을 방문한다.[4] 식물원은 점점 인기가 높아지고 있다. 도시 인구 밀도가 높아지고 사람들이 녹지를 찾으면서 식물원은 운동, 지식 습득, 건강 회복 등 많은 이점을 제공한다. 우리가 방문하는 식물원의 역사를 한 세기 정도 거슬러 올라가 보면, 그곳 식물원에서 자라던 많은 식물은 대단히 먼 거리를 이동해 마침내 식물원 땅속에 뿌리를 묻게 된 경우가 대부분일 것이다. 만약 어느 식물원의 식물이 색상과 다양성 면에서 인상적이라면, 한 세기 전 과거에는 외래 식물이 오늘날보다 한층 자유롭게 오고 갔을 거란 걸 기억하면 되겠다.

식물을 운반한 업보

호주에 있는 내 집으로 돌아온 후 이 프로젝트가 거의 끝날 무렵에, 어느 날 집 근처 미개간된 관목 지대로 하이킹을 나갔다가 워디언 케이스가 준 많은 영향이 이 지역에서도 감지된다는 사실을 발견했다. 그날은 아들딸과 함께 호주 남동부, 바위가 많은 야생 지역인 빅토리아 서핑 해안의 미개간 관목 지대를 산책하는 중이었다. 1854년 이곳에서 멀지 않은 해변에서 워드의 친한 친구인 윌리엄 헨리 하비는 독특한 조류藻類 수백 점을 채집해, 그중 같은 종으로 수집한 채집본 여러 점을 워드의 현미경 연회가 열리는 런던으로 보냈다.

우리가 걸은 하이킹 길에는 독특한 호주 자생 식물인 그래스 트리grass trees(크산토로이아Xanthorrhoea)가 일렬로 늘어서 있었다. 긴 몸통에 삐쭉 솟은 녹색의 뾰족한 잎 수백 장이 긴 풀 한 포기나 머리 하나가 삐친 것처럼 보이는 나무였다. 꽃이 피는 계절에는 꽃차례 부위에서 간혹 4미터까지 길고 곧은 줄기가 자라나, 꿀이 가득한 꽃이 나선 모양으로 핀다. 이 나무는 아주 서서히 자라며, 불에도 잘 견딘다. 우리 집 아이들은 테드 프라이어 Ted Prior가 쓴 어린이 책 시리즈《그러그Grug》를 다 읽은 덕분에 이 식물에 대해 알고 있었는데, 책에서 (그러그라는 이름의) 이 나무는 자동차 만드는 일부터 수퍼히어로가 되는 등 못하는 게 없다. 이 나무의 숲을 지나가는데 아이들이 걱정을 하기 시작했다. 아들 한 놈이 묻는다. "아빠, 그러그가 왜 이래요?" 어떤 나무는 녹색의 꽃차례 윗부분이 아예 사라져버렸고, 어떤 것은 녹색 잎이 검게 변하고 있었고, 또 어떤 것은 몸통만 남아 뿌리째 뽑혀 땅에 누워 있었다.

호주 남동부의 그래스 트리는 파이토프토라 신나모미Phytophthora cinnamomi라는 식물 병원균의 공격을 받고 있는 중이다. 흔히 가지마름병dieback이라고 불리는 이 병은 호주 전역의 많은 자생 식물을 파괴하고 있다. 일부 보고서에 따르면 2천 5백 종 이상의 호주 식물이 가지마름병의 피해를 입고 있다.[5] 아마도 십중팔구 19세기 정착민들이 워디언 케이스에 담아 가지고 온 오염된 흙을 통해 가지마름병이 호주에 상륙했을 것이다. 하지만 웨스턴 오스트레일리아 주의 자라jarrah나무가 크게 피해를 보았던 1960년대까지는 큰 문제가 되지 않았다. 당시 웨스턴오스트레일리아주에 있는 한 국립공원의 70퍼센트 이상의 식물이 이 병에 감염되었다. 이후 가지마름병은 호주 대륙 전체에 퍼졌다. 침입종 전문 생물학자들은 침입종이 한 나라에 상륙하여 자생종에 영향을 주기 시작해 문제를 일으키기까지의 기간을 잠복기lag time라고 부른다.

나는 아들에게 사실대로 말해주었다. 오래전 사람들이 바이러스를 가지고 왔는데 지금 문제가 나타난 거라고. 이 나무들은 뿌리가 썩었기 때문에 죽을 것이고, 현재 치료 방법은 없다고. 아들은 삶과 죽음의 가혹함을 이해한다는 듯 고개를 끄덕였고 우리는 계속 걸었다. 걸어가는 내내 우리는 죽어가는 나무를 더 많이 목격했다. 그래스 트리는 식물의 이동으로 야기된 지역 문제의 사례 중 단 한 가지에 불과하다. 조금만 눈을 돌려도 주변 환경에서 벌어지는 다른 사례를 얼마든지 찾아볼 수 있다.

너무 오랫동안 워디언 케이스는 원예 및 식물 이야기에서 영웅의 자리를 고수해왔다. 워디언 케이스 이야기는 세상을 변화시킨 상자를 발명한 의사에 관한 신화였다. 하지만 이런 신화가 이야기 전체를 담지는 않는다. 이 책은 백 년에 이르는 워디언 케이스의 역사를 발굴하기 위해 상자의 긴 여정을 따라가며 역사적 기록의 파편을 주워 담았다. 밀폐형 시스템이라는 너새니얼 워드의 아이디어 못지않게 중요했던 요소는, 런던과 유럽의 박물학계에서 그가 맺은 과학자와 정원사와의 뛰어난 인맥이었다. 바로 이 저명한 인사들이 그가 만든 상자를 입소문 내주는 데 일조했다. 우리가 6장에서 보았듯이 워드의 집은 "조지프 뱅크스 경 시대 이래 전 세계 곳곳의 박물학자들이 문턱이 닳도록 드나드는 대도시의 리조트와도 같은 곳"이었다. 이런 우정과 연줄이 상자의 빠른 사용을 가능케 했고, 그 이후 워드의 이름이 영원히 상자에 따라붙게 되었다.

이 기술 수단의 가치는 워드가 살던 런던, 심지어 빅토리아시대 런던을 훨씬 넘어선 지역까지 영향을 주었다. 네덜란드, 프랑스, 독일, 미국의 제국주의자들은 워디언 케이스를 상당히 효과적으로 사용했다. 이 외에 엑서터, 케이프타운, 브뤼셀, 리우데자네이루, 뉴욕, 후쿠야마 등 전 세계의 종묘업 회사와 정원사들의 대대적인 상자 사용 또한 결코 무시할 수 없는 부분이다. 13장에서 확인했듯이, 한 해 단일 목적으로 인한 워디언 케이스의 최대 사용은 20세기에 이루어졌다. 바로 호주 곤충학자들이 미국에서 호주로 곤충을 운반한 일이었다. 이 때 워디언 케이스는 세계 환경을 변화시키는 데 도움을 주었다.

　큐 왕립 식물원이 워디언 케이스 이야기에 두드러지게 등장한 이유는 부분적으로 상당히 우수한 기록 보관소를 보유하고 있었기 때문이다. 하지만 내가 이 책 전체를 통해 보여주려고 노력했듯이 큐 식물원은 워디언 케이스를 사용한 수많은 주요 장소 중 한 곳에 불과하다. 미국, 프랑스, 독일, 호주가 워디언 케이스의 주요 사용국이었지만 브라질, 방글라데시, 중국, 인도, 일본, 마다가스카르, 사모아, 스리랑카 등의 여러 국가도 워디언 케이스를 이용했다. 후자 국가의 경우 지역 전문가와 인부에 관한 세부적 사항을 밝혀내기 위해 해야 할 일이 아직 더 남아 있다. 이들은 식민지 개척자와 제국주의 과학자들이 식물을 식별하고 보낼 수 있도록 힘들여 수고해준 사람들이다.

　워디언 케이스는 식물 운반의 가능성을 열어주었다. 신기술은 가능성의 미끼를 던져주었고, 이 기술이 원조자와 후원자, 제국주의자의 손에 들어가면서 강력한 도구로 변신했다. 특히 19세기 중반, 식물을 운반할 수도 있다는 지식은 이들이 일단 식물을 운반해보는 중요한 동기로 작용했다. 워디언 케이스는 널리 홍보된 식물 운반 수단으로 장거리에 있는 식물과 사람을 연결시켜 주었다. 또한 정원사, 식민지 개척자, 과학자, 정부 관료 들은 워디언 케이스를 통해 식물을 운반할 수 있다는 아이디어를 얻었다. 19세기 후반 신제국주의자들은 워디언 케이스를 널리 이용하여 식민지에 농업을 전파한 치적을 내세울 수 있었다. 이런 측면에서의 가능성이 인정되면서 워디언 케이스는 널리 사용되었다.

워디언 케이스는 그 긴 역사를 통해 목격자로서 많은 일을 겪었지만, 운반 도구로서는 식물 그 이상의 많은 부산물을 같이 가져왔다. 그 의도에 맞게 생태계 전체를 옮겨온 워디언 케이스는 식물과 더불어 생태계 파괴를 초래한 해충과 질병도 가져왔다. 오늘날 많이 보이는 비非자생종은 전 세계 생물 다양성을 파괴하는 주범으로 알려져 있다. 식물 운반은 또한 엄청난 경제적 피해를 초래했으며 그 피해액은 수십억 달러로 계산된다. 식물을 파괴하는 잡초의 경우, 호주 경제에 매년 30억 달러, 미국 경제에 매년 260억 달러의 손실을 입히는 것으로 추정된다.[7] 정확히 말해 워디언 케이스는 단순한 운반 도구였을 뿐 아니라, 식물의 기본 운반 수단으로서 심각한 생태계 변화를 초래한 주범이었다. 이로 인해 야기된 많은 변화를 해결하느라 우리는 여전히 골머리를 앓고 있는 중이다.

그러나 워디언 케이스가 가치 있는 식물을 옮겼다는 중요한 활약을 했다는 것은 사실이므로, 환경 문제를 일으켰다는 비난의 목소리는 참작할 여지가 있다. 워디언 케이스가 운반한 식물에는 아보카도, 바나나, 카카오, 커피, 기나나무, 과일나무, 목재용 나무, 망고, 고무, 차 등의 가치 있는 핵심 식물종은 물론, 서향나무, 푸크시아, 양치류, 익소라, 목련, 서양철쭉, 장미 등의 관상용 식물도 있었다. 식민지 정착민 사회에서 현재 교외의 식물원을 풍성하게 해주는 외래 관상용 식물 다수가 워디언 케이스로 들어왔다.

19세기 식물 거래는 광범위하고 전 세계적이었으며, 식물 기관과 긴밀하게 연결되어 있었다. 당시 식물 탐사 활동은 주로 국가 기관과 종묘업 회사의 후원으로 진행되었고, 이런 행태는 20세기 이후까지 계속되었다. 조지 로디지스, 해리 베이치, 제임스 백하우스, 윌리엄 불, 휴 로 같은 종묘원은 상자를 대대적으로 사용하면서 그 디자인을 직접 설계하고 다른 업체도 이를 사용하도록 권장했다. 종묘업 회사는 제국주의 과학 기관만큼이나 자연을 운반하는 데 중요한 역할을 했다.

워디언 케이스가 운반되기 위해서는 많은 일손이 필요했다. 식물 탐험가, 지역 채집가, 계약직 노동자, 토착민, 정원사, 큐레이터, 식물학자, 곤충학자, 원예가, 아마추어 애호가, 목수, 외교관, 남성, 여성, 아동 인부 등 많은 사람들이 관여했다. 워디언 케이스를 만든 사람, 포장한 사람, 보낸 사람, 또 배를 타고 같이 간 사람들도 있었다. 상자 대부분은 호바트, 리마, 리우데자네이루, 도쿄 등의 도시에서 숙련된 목수가 만들었다. 마지막으로 한 가지 언급하자면, 일본 목수의 솜씨가 상당히 좋아서 큐 식물원은 카리브해의 식민지 식물원에 중요한 식물을 보낼 때 이들이 만든 상자를 다시 사용하기도 했다.

내가 워디언 케이스를 살펴보는 여정을 시작한 이유는 상자를 보고 매료된 후, 이 중요한 물건이 박물관 소장품으로 몇 개밖에 남아 있지 않다는 사실에 의아한 생각이 들었기 때문이다. 답은 꽤 간단했다. 워디언 케이스는 검역 규정으로 인해 아마도 대부분 소각되었을 것이다. 이 간단한 답 뒤에는 훨씬 거창한 이야기가 숨어 있다. 우리의 환경 정책은 식물의 운반에서 이제는 그 흐름을 규제하는 것으로 지난 두 세기에 걸쳐 변해왔다. 하지만 자연의 균형은 우리 인간의 바람대로 이루어지지 않는다.
우리는 여전히 워디언 케이스로 식물을 운반한 값을 톡톡히 치르고 있다.

감사의 말

이 책은 많은 기관과 조직의 아낌없는 재정적 지원을 통해 만들어질 수 있었다. 연구 장학금을 제공해준 뒤셀도르프의 게르다 헨켈 재단에 감사하고, 펠로미FellowMe 큐레이터 펠로십을 제공해준 뮌헨 독일 박물관과 할레의 연방 문화 재단Kulturstiftung des Bendes에 감사를 표한다. 사전트Sargent 어워드와 워디언 케이스 책 출간 프로젝트의 많은 부분에 대해 본부 역할을 해준 보스턴 하버드 대학 수목원에도 감사를 표하며, 레드먼드 베리 펠로십Redmond Barry Fellowship을 제공해준 멜버른 대학과 멜버른주 도서관 빅토리아에게도 감사를 표한다. 캘리포니아 샌마리노의 헌팅턴 도서관, 미술관 및 식물원과 미술사 협회Institute for Art History, 피렌체 막스 플랑크 협회Max Planck Society, 베를린 프러시아 문화 유산 재단Prussian Cultural Heritage Foundation은 4A 랩 펠로십 프로그램을 제공해주었다. 이 프로젝트를 믿어주고 그 과정에서 도움의 손길을 준 이들 각 기관의 모든 분들에게도 깊은 감사의 인사를 전한다. 출판 보조금 정책Publication Subsidy Scheme을 통해 이 책의 컬러 삽화를 만드는 데 재정적인 지원을 해준 호주 휴머니티 아카데미Australian Academy of the Humanities에게도 감사를 표하고 싶다.

나는 워디언 케이스 연구를 위해 먼 지역까지 출장을 감행했고 그 과정에서 많은 기관의 아낌없는 지원을 받았다. 레이첼 카슨 환경 협회 센터Rachel Carson Center for Environment and Society, 뮌헨 루트비히 막시밀런 대학, 아메리칸 웨스트 센터Center of the American West, 볼더 콜로라도 대학, 호주 길롱 디킨 대학Deakin University, 생명 및 환경 과학 대학원에 감사를 표한다.

워디언 케이스처럼 자료가 사방에 흩어져 있는 주제를 탐색하려면 전 세계 기록 보관소와 도서관에 의지해야 한다. 연구와 출판에 사용할 수 있도록 문서와 이미지 추적에 도움을 준 많은 기관과 관계자 분들에게 감사함을 느낀다. 영국 큐 왕립 식물원의 기록 보관소 및 경제 식물 컬렉션Archives and the Economic Botany Collection, 런던 왕립 원예 학회 린들리 도서관Lindley Library, 런던 약제사 명예 협회 기록 보관소Archives of the Worshipful Society of Apothecaries, 런던 켄싱턴 및 첼시 지역 연구 도서관Kensington and Chelsea Local Studies Library 등 많은 기관이 도움을 주었다. 유럽에서는 파리 자연사 박물관Museum of Natural History, 프랑스 국제 개발 농업 연구 센터 기록 보관소CIRAD Archives, 베를린 식물원 및 식물 박물관Botanic Garden and Botanical Museum, 뮌헨 바이에른 주립 도서관Bavarian State Library, 뮌헨 식물원Munich Botanical Garden에 감사를 표한다. 미국에서는 미국 정원 기록 보관소Archives of American Gardens, 워싱턴 D.C. 스미스소니언 정원Smithsonian Gardens, 보스턴 하버드대 수목원 및 그레이 식물표본관 기록 보관소Archives of the Arnold Arboretum and the Gray Herbarium Library, 세인트루이스 미주리 식물원 기록 보관소Missouri Botanical Garden Archives, 뉴욕 식물원 메르츠 기록 보관소

Mertz Library, 뉴욕 식물원New York Botanical Garden, 매릴랜드 벨츠빌Beltsville, 미국 농무부 국립 농업 기록 보관소National Agricultural Library, 마지막으로 플로리다 코럴 게이블Coral Gables의 페어차일드 열대 식물원 도서관 및 기록 보관소Library and Archives of the Fairchild Tropical Botanic Garden에 감사를 전한다. 시설 투어를 허락해준 콜로라도 포트 콜린스 유전 자원 보전 국립 연구소에는 특별히 감사 인사를 따로 전하고 싶다. 호주에서는 버른 왕립 식물 장서실Library of the Royal Botanic Gardens, 시드니 왕립 식물원 대니얼 솔랜더 장서실Daniel Solander Library, 시드니 왕립 수목원Royal Botanic Garden, 멜버른 주립 빅토리아 장서실State Library Victoria, 애들레이드의 사우스오스트레일리아 주립 도서관, 캔버라의 호주 국립 도서관, 길롱 디킨 대학의 알프레드 디킨 총리 도서관Alfred Deakin Prime Ministerial Library, 멜버른 대학 기록 보관소, 웨스턴 오스트레일리아의 워루나 사학회 및 박물관Waroona Historical Society and Museum에 감사를 전하고, 생물 다양성 유산 온라인 도서관Biodiversity Heritage Library에도 감사를 전한다.

시카고대학 출판사 팀, 특히 레이첼 켈리 운거와 미켈라 래 럭키에 감사를 전한다. 열정을 가지고 이 책이 출간되도록 도움을 주었다. 크리스틴 슈와브, 니콜라스 릴리, 바바라 노튼에게도 특별히 감사를 전하고 이 책을 지원해준 큐 퍼블리싱에도 감사를 드린다.

많은 분들이 그동안 도움을 주었다. 한나 배더, 패드레이크 피셔, 재키 케런, 패티 리메리크, 크리스토프 마우치, 니나 모엘러, 카메론 뮤어, 셀마라 포코크, 리비 로빈, 단 로젠달, 수지 시어스, 피터 스피어리트, 폴 수터에게 감사를 전한다. 열정을 가지고 전체 프로젝트를 지지해준 큐 왕립 식물원의 마크 네스비트, 뮌헨 독일 박물관의 헬무트 트리슐러에게는 정말 특별히 감사드린다. 오랜 기간 우정과 지원을 아끼지 않은 마리온 스텔에게 감사한다. 때때로 나를 도와주고, 무엇보다 내가 발견한 장소에 많이 함께 가준 줄리 키오와 로버트 키오에게 특히 큰 고마움을 느낀다.

마지막으로 무엇보다 나와 이 여정을 함께해준 가족에게 고맙다. 이 책을 마무리하기 위해 우리 가족은 세 가지 대륙에서 거주하며 집을 세 차례 옮겨야 했다. 이 과정에서 삶의 뿌리가 송두리째 뽑히는 어려움을 경험했다. 하지만 봄이면 이 지구에 새싹이 돋듯이 매일 아침 나의 가족은 항상 그 자리에서 새롭고 아름다운 놀라움을 선사해주었다. 휴고, 레오폴드, 에밀, 소피아. 너희들의 용기와 그림, 인내, 미소가 고맙다. 마지막으로 내 생애 최고의 여행 동반자가 되어 준 앤절라 크로이츠에게 감사를 전한다. 다음 모험도 함께할 수 있기를 고대한다.

들어가는글

1. Charles Mallard to Ward, 23 November 1833, Directors Correspondence(이후 DC라 표기함), Archives of the Royal Botanic Gardens, Kew(이후 RBGK라 표기함), vol.8, 153.

2. John Livingstone, "Observations on the Difficulties Which Have Existed in the Transportation of Plants from China to England, and Suggestions for Obviating Them," *Transations of the Horticultural Society of London* 3(1822): 421-429.

3. Robert Friedel, *A Culture of Improvement: Technologh and the Western Millennium* (Cambridge, MA: MIT Press, 2007).

4. 이 책은 실내 원예나 양치류 열풍 관련 책은 아니다. 이런 주제는 다른 책에서 광범위하게 다루었다. David Allen, *The Victorian Fern Craze: A History of Pteridomania* (London: Hutchinson, 1969)와 이 주제에 관해 철저히 다룬 Sarah Whittingham의 뛰어난 책, *Fern Fever: The Story of Pteridomania* (London: Francis Loncoln, 2012)를 참고하고, 여행용 워디언 케이스의 "중요한 유산"도 주목할 것(19). 난초 열풍에 관해서는 Jim Endersby, *Orchid: A Cultural History* (Chicago: University of Chicago Press, 2016)을 참고할 것.

5. J.D. Hooker to James Hector, 1884. 12. 12., in *May Dear Hector: Letters from Joseph Dalton Hooker to James Hector, 1862-1893*, ed. John Yaldwyn and Juliet Hobbs(Wellington: Museum of New Zealand, 1998), 181.

6.　　다음 저서에 나오는 연구 방법은 꽤 다르지만, 나는 Ruth Oldenzile and Mikael Hard, *Consumers, Tinkerers and Rebel: The people Who Shaped Europe* (Basingstoke: Palgrave, 2013)과 David Edgerton, *The Shock of the Old: Technology and Global History Since 1900* (London: Profile, 2006)의 "사용 기반 역사"에 영감을 받았다. 워디언 케이스의 역사를 오랜 시간에 걸쳐 전 세계적 시야로 바라보면서 우리는 상자의 역사를 용도와 실용성의 역사로 바라볼 수 있게 된다.

7.　　Phillip J. Pauly, *Fruits and Plains: The Horticultural Transformation of America* (Cambridge, MA: Harvard University Press, 2008), 1.

8.　　민간 사회는 19세기 전 세계 식물 운반에 깊이 관여했다. Patrick Manning, "Introduction" in *Global Scientific Pratice in an Age of Revolutions, 1750-1850*, ed. Patrick Manning and Daniel Rood (Pittsburgh: University of Pittsburgh Press, 2016), 1-18, at 11-12를 참고할 것. 작가는 동일한 책에서 스튜어트 맥쿡의 에세이, "'Squares of Tropic Summer': The Wardian Case, Victorian Horticulture, and the Logistics of Global Plant Transfers, 1770-1910," 199-215를 반추하고 있다.

9.　　Mark Levinson, *The Box: How the Shipping Container Made the World Smaller and the Global Economy Bigger* (Princeton, NJ: Princeton University Press, 2006). 몇 권 남아 있지 않은 것 중 상자의 재미있는 이야기를 담은 책으로는 Anke te Heesen, *The World in a Box: The Story of an Eighteenth-Century Picture Encyclopedia* (Chicago: University of Chicago Press, 2002)가 있다. "핵심 운반 수단"이라는 문구는 바츨라프 스밀[Vaclav Smil]이 쓴 말을 차용했다. Smil, "Two Prime Movers of Globalization: History and the Impact of Diesel Engines and Gas Turbines," *Journal of Global History 2*, no.3 (2007): 373-94를 참조할 것. Luke Keogh, "The Wardian Case: Environment Histories of a Box for Moving Plants," *Environment and History 25*, no.1 (2019): 219-44도 참조할 것.

10.　이 부분에서는 Lynn Hunt, *Writinh History in the Global Era* (New York: W.W. Norton, 2014), 62-77을 참조했다.

11.　이런 동시대 많은 관습은 1951년 UN의 첫 국제 식물 보호 규약으로 생겨났다. 이 규약은 대체적으로 과거 백 년간 자유로운 식물 거래에 대한 대처 방안이었다. Andrew M. Liebhold and Robert L. Griffin, "The Legacy of Charles Marlatt and Efforts to Limit Plant Pest Invasions," *American Entomologist 62*, no.4 (2016): 218-227을 참조할 것.

12. 인간의 식물 운반 역사는 연구가 잘 되어 있는 분야이다. 핵심 사례는 Ray Desmond, "Technical Problems in Transporting Living Plants in the Age of Sail," *Canadian Horticultural History 1*, no.2(1986): 74-90; Marianne Klemun, "Globaler Pflanzentransfer und seine Transferinstanzen als Kultur-, *Wissensund Wissenschaftstansfer der fruhen Neuzeit*," *Berichte zur Wissenschaftsgeschichte 29*, no.3(2006): 205-23; Marianne Klemun, "Live Plants on the Way," *Journal of the History of Science and Technology 5* (2012): 30-48; Donald P. McCracken, *Gardens of Empire: Botanical Institutions of the Victorian British Empire* (London: Leicester University Press, 1997); Nigel Rigby, "The Politics and Pragmatics of Seaborne Plant Transportation, 1769-1805," in *Science and Exploration in the Pacific: European Voyages to the Southern Oceans in the Eighteenth Century*, ed. Margarette Licoln(Suffolk: Boydell Press, 1998), 81-102가 포함된다. 크로스비[Crosby]의 선구적 저서《생태 제국주의[Ecological Imperialism]》는 식민 시대의 식물 이동을 파헤치는 역사가에게 큰 영향을 미친다. Crosby, *Ecological Imperialism: The Biological Expansion of Europe, 900-1900* (Cambridge: Cambridge University Press, 1986). Eric Pawson, "Plants, Mobilities and Landscapes: Environmental Histories of Botanical Exchange," *Geography Compass 2*, no.5(2008): 1464-77, at 1474도 역시 참조할 것. 이 이야기를 역사학자들만 언급한 것은 아니다. 그 자체로 침입 생물학의 기반 역할을 하는 찰스 엘튼[Charles S. Elton]의 고전 *The Ecology of Invasion by Animals and Plants* (London: Methuen, 1958)에서 저자는 사람들이 전 세계를 이동하면서 식물과 동물이 어떻게 그 짐의 일부로 따라 이동했는지 보여준다. David M. Richardson, *Fifty Years of Invasion Ecology: The Legacy of Charles Elton* (West Sussex: Wiley-Blackwell, 2011)과 Libby Robin, "Resilience in the Anthropocene: A Biography," in *Rethinking Invasion Ecologies from the Environmental Humanities*, ed.Jodi Frawley and Iain McCalman(New York: Routledge, 2014), 45-63도 참조할 것.

13. 군사 역사학자들에 따르면 18세기 후반 이후 물자를 공급하거나 물자를 줄이는 단순한 행위는 교전에 많은 영향을 주었다. 식민지로의 관상용 식물 공급은 제국주의 본부에서 식물학과 자생종을 이해하는 데 밀접한 관련이 있었다. 군사 역사의 고전은 M. van Crevald, *Supplying War: Logistics from Wallenstein to Patton* (Cambridge: Cambridge University Press, 1977)이다. 역사책은 아니지만 이와 관련된 논쟁에서 가장 최근 흥미롭게 떠오른 책

은 조경 건축사 Pierre Belanger와 Alexander Arroyo가 쓴 *Ecologies of Power: Counter-mapping the Logistical Landscapes and Military Geographies of the U.S. Department of Defense* (Cambridge, MA: MIT Press, *Deadly Life of Logistics: Mapping Violence in Global Trade* (Minneapolis: University of Minnesota Press, 2014)와 Brett Neilson, "Five Theses on Understanding Logistics as Power", *Distinktion: Scandinavian Journal of Social Theory 13*, no.3(2012): 323-340이 있다.

14. 전시회에 관해서는 Nina Moellers, Christian Schwaegerl, and Helmuth Trischler, eds., *Welcome to the Anthropocene: The Earth in Our Hands* (Munich: Deutsches Museum, 2015)와 Libby Robin, Dag Avango, Luke Keogh, Nina Mollers, Bernd Scherer, and Helmuth Trischler, "Three Galleris of the Anthropocene," *Anthropocene Review 1*, no.3(2014): 207-224를 참조할 것. 전시회 개념의 뛰어난 개요는 Helmuth Trischler, "The Anthropocene: A Challenge for the History of Science, Technology, and the Environment," NTM 24(2016): 309-335를 참조할 것.

15. David Beerling, *The Emerald Planet: How Plants Change Earth's History* (Oxford: Oxford University Press, 2007). 관다발 식물 유포에 관해서는 Richard N. Mack and Mark W. Lonsdale, "Humans as Global Plant Dispersers: Getting More Than We Bargained For," *BioScience 51*, no.2(2001): 95-102를 참조할 것.

16. 나는 워디언 케이스를 찾기 위해 전 세계의 많은 기관과 폭넓게 연락을 해왔다. 책에 수록된 각 장소별 워디언 케이스에 대한 정보는 큐레이터와 직원과의 개인적 연락으로 알아낸 것이다. 몇 개 워디언 케이스는 찾기 힘들다는 보고도 있다. 그중 오클랜드대 식물학부에 하나, 또 다른 하나는 미주리 식물원에 있는데 이들은 아직까지 확인되지 않았다.

17. Jeniffer Newell, Libby Robin, and Kirsten Wehner, "Introduction: Curating Connections in a Climate-Changed World," in *Curating Future: Museums, Communities and Climate Change*, ed. Jennifer Newell, Libby Robin, and Kirsten Wehner(London: Routledge, 2017), 3. 여기서 흥미로운 부분은 Daniela Bleichman, *Visible Empire: Botanical Expeditions and Visual Culture in the Hispanic Enlightenment* (Chicago: University of Chicago Press, 2012)로 지식과 본질을 생성하고 유통하는 데 있어 연구 대상에 초점을 맞추는 일이 중요하다는 것을 보여준다.

1장

1. Nathaniel Bagshaw Ward, *On the Growth of Plants in Closely Glazed Cases* (London: John Van Voorst, 1842), 26. 7 웰클로스 스퀘어 저택에서의 워드의 삶에 관해서는 Gerald Turner, *God Bless the Microscope! A History of the Royal Microscopical Society over 150 Years* (London: Royal Microscopical Society, 1989) 참조.

2. Nathaniel Bagshaw Ward, "Letter Addressed to R. H. Solly, Respecting His Method of Conveying Ferns and Mosses from Foreign Countries, and of Growing Them with Success in the Air of London," dated 9 December 1833, *Transactions of the Society for the Encouragement of Arts, Manufactures, and Commerce 50* (1833): 226.

3. Description of Ward's house and quote from J. C. Loudon, "Growing Ferns and Other Plants in Glass Cases," *Gardener's Magazine*, April 1834, 162-163.

4. Ward, *On the Growth of Plants* (1842), 42.

5. 칼레도니아 원예 학회의 제임스 맥냅이 워드의 집을 수차례 방문하여 워디언 케이스를 본 이후 워드는 상자 사양을 맥냅에게 제공했다. Daniel Ellis, "Plant Case for Growing Plants without Water," *Gardener's Magazine*, 1839.09., 481.

6. 초기의 식물 생리학에 관해서는 Stephen Hales, *Vegetable Staticks* (London: W. and j. Innys, 1727); Joseph Priestley, "Observations on Different Kinds of Air," *Philosophical Transactions 62* (1772), 198; Nicolas-Theodore de Saussure, Recherches chimiques sur la vegetation (Paris: Nyon, 1804); Edward Turner and Robert Christison, "On the Effects of the Poisonous Cases on Vegetables," *Edinburgh Medical and Surgical Journal 28* (1827): 356-363; and James Partington, *A short History of Chemistry* (New York: Dover, 1989), 116.

7. 워드가 학회에 보낸 초기 서신에는 Ward to R. H. Solly, 9 December 1833, *Transactions of the Society*, Instituted at London, for the Encouragement of Arts, Manufactures, and Commerce 50, no.1(1833-34): 225-27; Ward to J. C. Loudon, 1834.03.06., *Gardener's Magazine 10* (1834): 203-8; Ward to R. H. Solly, 1835.12.29, in *Transactions of the Society*, Instituted at London, for the Encouragement of Arts, Manufactures, and Commerce 50, no.2(1834-1835): 190-191; and Ward to W. J. Hooker, 1836. 01. 13., in *Companion to the Botanical Magazine 1* (1835): 317-320이 있다. 패러데이에 관해서는 Michael Far-

aday to Ward, 1851. 11.04., in N. B. Ward, *On the Growth of Plants on Closely Glazed Cases* (London: John Van Voorst, 1852), 133-134.

8. Ellis, "Plant Case," 505.

9. J.C. Loudon, "Calls at the London Nurseries, and Other Suburban Gardens," *Gardener's Magazine and Register of Rural and Domestic Improvement 9* (1833): 467-468; A.R.P. Hayden, "Loddiges, George (1785-1846)," *Oxford Dictionary of National Biography*, rev. ed. (Oxford: Oxford University Press, 2004); and David Solman, *Loddiges of Hackney: The Largest Hothouse in the World* (London: Hackney Society, 1995).

10. Joseph Sabine, "Account of a Method of Conveying Water to Plants, in Houses, Invented by Mr. George Loddiges of Hackney," *Transactions of the horticultural Society of London 4* (1820): 14-16; and Solman, Loddiges of Hackney, 35-37.

11. Ward, *On the Growth of Plants* (1842), vi

12. Ward to David Don, 4 June 1833, in Ward, *On the Growth of Plants* (1842), 75-76.

13. Livingstone, "Observations on the Difficulties."

14. 페르시안호에 관해서는 "Advertisement," *Public Ledger and Daily Advertiser*, 29 March 1833, 1; "Trade and Shipping," *Hobart Town Courier* 15 November 1833, 2; "Shipping Intelligence," *Sydney Herald*, 1834. 02. 02., 2; and "Shipping News," *The Australian*, 1834. 01. 03., 2.

15. Ward to Solly, 1833. 12. 09., 226-27.

16. Charles Mallard to Ward, 1833. 11. 23., DC, vol.8, 153, RBGK. 페르시안 호는 호바트에 1833년 11월에 도착했고 1833년 12월 22일 떠났다. "Trade and Shipping," *Hobart Town Courier*, 1833. 11. 15., 2; and "Shipping Intelligence," *Sydney Herald*, 1834. 01. 02., 2를 참조할 것.

17. 페르시안 호에 실린 화물은 "Imports," Sydney Herald, 1834. 01. 06., 2에 수록되어 있다.

18. Walter Froggart, "The Curators and Botanists of the Botanic Gardens, Sydney," *Journal and Proceedings of the Royal Australian Historical Society 18* (1932): 101-133; and Charles Mallard to Ward, 1834. 01. 18., DC, vol.8, 151, RBGK.

19. 배는 1834년 5월 20일에 출항했다. "Departures," *Sydney Herald*, 22 May 1834, 2를 참조. 여행에 관한 자세한 내용은 Ward to W.J. Hooker, 1836. 01. 13.; and Ward, *On the Growth*

of Plants (1842), 47을 참조.

20. Ward, *On the Growth of Plants* (1842), 47.

21. 이집트의 트레일에 관해서는 Alix Wilkinson, "James Traill and William McCulloch: Two Nineteenth-Century Horticultural Society Gardeners in Egypt," *Garden History 39* (2011): 83-98을 참조할 것.

22. 워디언 케이스에 포함된 식물 목록은 *On the Growth of Plants* (1842), 80 참조.

23. 나일호를 이끈 윌리엄 라이트에 관해서는 David F. Elder, "Light, William (1786-1839)," in *Australian Dictionary of Biography* (London: Cambridge University Press, 1967을 참조. 2017. 07. 07., http://adb.anu.edu.au/biography/Light-william-2359/text3089에 접속. 히긴스가 언급한 말은 Ward, *On the Growth of Plants* (1842), 79를 참조. British Parliamentary Papers 8 (1841)도 참조할 것.

24. James Traill to Ward, 1835. 04. 30., in Ward, On the Growth of Plants (1842), 79. 커피에 관해서는 Ward, *On the Growth of Plants* (1842), 48 참조. 이집트에서 식물의 성공에 대해서는 James Traill to John Bowring, 1838. 02. 09., in *Gardener's Magazine 16* (1840), 652를 참조할 것.

2장

1. Benjamin Franklin to Barbeu Duborg, 1773. Benjamin Franklin, "Restoration of Life by Sun Rays," in *Reading the Roots: American Nature Writing before Walden*, ed. Michael P. Branch (Athens: University of Georgia Press, 2004), 154-155로 재발간됨.

2. Marie-Noelle Bourguet and Otto-H. Silbum, introduction, in *Instruments, Travel and Science: Itineraries of Precision from the Seventeenth to the Twentieth Century* (London: Routledge, 2002), 1-19.

3. 보일의 말은 1666년 처음 발표되었고 이후 책 Robert Boyle, *General heads for the Natural History of a Country, Great or Small: Drawn out for the Uses of Travellers and Navigators* (London: John Taylor, 1692)으로 출간되었다.

4. "배편에……"는 "An Accurate Description of the Cacao Tree," *Philosophical Transactions* 8, no.93 (1673): 6007에서 인용되었다. 17세기 말 식물 도입에 관해서는 Desmond, "Technical Problems," 75를 참조할 것.

5. 이블린에 관해서는 Kenneth Lemmon, *The Golden Age of Plant Hunters* (New York: A. S. Barnes, 1968), 7을 참조.

6. James Woodward, *Brief Instruction for Making Observations in All Parts of the World; as also for Collecting, Preserving and Sending Over Natural Things* (London: Richard Wilkin, 1696), 13. 우드워드에 관해서는 Desmond, "Technical Plants," 75를 참조.

7. James Petiver, *Jacobi Petiveri opera, Historian Naturalem Spectantia*, vol.1 (London: John Millan, 1767)로 다시 나옴. James Delbourgo, "Listing Peple," Isis 103, no.4 (2012): 735-742도 참조할 것.

8. John Collinson to John Bartram, 1735.01.20. In Alan W. Armstrong, ed. "*Forget not Mee & My Garden* ···": *Selected Letters 1725-1768 of Peter Cllinson, F.R.S.* (Philadelphia: American Philosophical Society, 2002), 22-23

9. John Collinson to John Bartram, 1734.02.20, in Armstrong, "*Forget not Mee*", 11-13

10. Desmond, "Technical Problems," 79.

11. 바트람의 상자에 대해서는 *Gentlemen's Magazine*, 1734.02.24, 65를 참조. Andrea Wulf, *The Brother Gardeners: Botany, Empire and the Birth of an Obsession* (London: Windmill, 2009), 137-138; and Kathleen Clark, "What the Nurserymen Did for Us: The Roles and nfluence of the Nursery Trade on the Landscapes and Gardens of the Eighteenth Century," *Garden History* 40, no.1 (2012): 17-33, 26도 참조할 것.

12. John Bartram to Peter Collinson, 1755.04.27, in *Memorials of John Bartram and Humphrey Marshall*, ed. William Darlington (Philadelphia: Lindsay & Blakiston, 1849), 200

13. Henri-Louis Duhamel du Monceau, Christopher M. Parsons and Kathleen S. Murphy, "Ecosystems under Sail: Specimen Transport in the Eighteenth Century French and British Atlantics," *Early American Studies* 10, no.3 (2012): 503-539, 504에서 인용됨.

14. 같은 책, 508에서 인용됨.

15. Richard Grove, *Green Imperialism: Colonial Expansion, Tropical Island Edens and the Origins of Environmentalism, 1600-1860* (Cambridge: Cambridge University Press, 1995), 42-43.

16. John Fotherfill, *Directions for Taking Up Plants and Shrubs, and Conveying Them by Sea* (ca. 1770), Desmond, "Technical Problesm," 81에서 인용됨. 동일한 식물 상자가 John

Coakley Lettsom, *Hortus Uptonensis* 또는 *Catalogue of Stove and Green-House Plants in Dr. Fothergll's Garden at Upton, at the Time of his Decease* (London, 1783)에도 나타 남.

17. Christopher J. Humphries and Robert Huxley, "Carl Linnaeus: The Man Who Brought Order to Nature," in *The Great Naturalists*, ed. Robert Huxley (London: Thames & Hudson, 2007), 132-139.

18. Roy A. Rauschenberg, "John Ellis, F.R.S.: Eighteenth Century Naturalist and Royal Agent to West Florida," *Notes and Records of the Royal Society of London* 32, no.2 (1978): 149-164.

19. 출간된 자료로는 "An Account of Some Experiments Relating to the Preservation of Seeds," *Philosophical Transactions* 51 (1759-1760): 206-215; "A Letter from John Ellis, Esquire, F.R.S. to the President, on the Success of His Experiments for Preserving Acorns for a Whole Year without Planting Them," *Philosophical Transactions* 58 (1769): 75-79가 있다.

20. John Ellis, *Directions for Bringing Over Seeds and Plants from the East-Indies and Other Distant Counries in a State of Vegetation* (Davis: London, 1770), 1.

21. 같은 책, 7.

22. 같은 책, 10.

23. 같은 책, 21.

24. John Ellis, *A Description of the Mangostan and the Bread-Fruit* (London: John Ellis, 1775), 20.

25. "The Most delicious" and "the most useful," from the extended title of ibid.

26. 같은 책, 19.

27. Parsons and Murphy, "Ecosystems under Sail," 538.

28. Andre Thouin, *Cours de culture et de naturalisation des vegetaux: Atlas* (Paris: Huzard, 1827).

29. Ray Desmond, *The History of the Royal Botanic Gardens Kew*, 2nd ed. (Kew: Royal Botanic Gardens, Kew, 2007), 107.

30. Richard Sorrenson, "The Ship as a Scientific Instrument in the Eighteenth Century,"

Osiris 11(1996): 221-236.

31.　Rigby, "Politics and Pragmatics of Seaborne Plant Transportation,"81.

32.　David Mackay, *In the Wake of Cook: Exploration, Science and Empire* (Wellington: Victoria University Press, 1985), 123.

33.　Lord Sydney to Joseph Banks, 1787.08.15; 이 편지는 Allan Frost, *Sir Joseph Banks and the Transfer of Plants to and from the South Pacific, 1786-1798* (Melbourne: Colony Press, 1993), 47에 수록됨. 자메이카 관점에서 본 빵나무 이식에 얽힌 다른 생생한 이야기 는, Elizabeth DeLoughrey, "Globalizing the Routes of Breadfruit and Other Bounties," *Journal of Colonialism and Colonial History*, 8, no.3(2007), https://muse.jhu.edu/article/230160을 참조할 것.

34.　이 부분의 상당 내용은 Frost, *Sir Joseph Banks*, 37-38를 참조했다. 나무 수량에 대해서는 Rigby, "Politics and Pragmatics of Seaborne Plant Transportation,"95를 참조할 것.

35.　Banks to Greenville, 1789.06.27, in Frost, *Sir Joseph Banks*, 22; Banks to Riou, 5 June 1789, in Frost, *Sir Joseph Banks*, 21.

36.　Joseph Banks, "Introduction to the Gardeners on the Guardian," 1789. 07., London, in Frost, *Sir Joseph Banks*, 25-26.

37.　떨어져 나간 식물 선실에 관해서는 Desmond, *Kew*, 119를 참조할 것.

38.　"Sketch Porpoise Sloop's Quarterdeck, showing the manner in which the Garden Cabbin was fitted with Boxes, agreeable to Sir Joseph Bank's desire for the reception of Plants to be sent to Port Jackson," n.d., ms. series 19.46, State Library of NSW, http://www2.sl.nsw.gov.au/banks/series_19/19_46.cfm.

39.　H.B. Carter, *Sir Joseph Banks*, 1743-1820(London: British Museum, 1988), 558.

40.　Livingstone, "Observations on the Difficulties."

41.　John Lindley, "Instructions for Packing Living Plants in Foreign Countries," *Transactions of the Horticultural Society of London* 5(1824): 192-200; and William Stearn, *John Lindley, 1799-1865: Gardener, Botanist and Pioneer Orchidologist* (Woodbridge: Antique Collectors' Club, 1999).

42.　리브의 상자에 관해서는 "Obituary for John Reeves," *Gardeners' Chronicle*, 29 March 1856, 212를 참조할 것. 파르카르의 상자는 John Lindley and J.C. Loudon, "Implements of

Gardening," in *An Encyclopedia of Gardening Comprising the Theory and Practice of Horticulture, Floriculture, Arboriculture, and Landscape-Gardening* (London: Longman, Rees, Orme, Brown, Green & Longman, 1835), 585-586에 좀 더 자세히 묘사되어 있다.

43. Joseph Dalton Hooker, "Obituary: N.B. Ward," *Gardeners' Chronicle*, 1868. 06. 20., 655-656.

3장

1. W. J. Hooker to Ward, 4 April 1851, in Ward, *On the Growth of Plants* (1852), 131-132; 와 George Loddiges to Ward, 1842. 02. 18., 같은 책, 123-125에서 인용됨.

2. "The Late Mr. George Loddiges," *Journal of the Horticultural Society of London* 1 (1848): 224.

3. 종묘원 경영 외에 로디지스는 벌새의 대가이기도 했다. 로디지스는 채집가들에게 식물 물량을 종묘원에 보낼 때 식물 운반 상자의 맨 아래 특수 제작한 서랍에 벌새를 넣어달라고 요구했다. "Miscellaneous bits of paper relating to collections," Box 2, Manuscript Collection of George Loddiges, Natural History Museum, London을 참조할 것.

4. Kate Colquhoun, *"The Busiest Man in England": A Life of Joseph Paxton, Gardener, Architect and Victorian Visionary* (Boston: Godine, 2006); Tatiana Holway, *The Flower of Empire: An Amazonian Water Lily, the Quest to Make It Bloom, and the World It Created* (New York: Oxford University Press, 2013), 110-111.

5. Nathaniel Wallich, "The Discovery of the Tea Shrub in India," *Gardener's Magazine* 15 (1835): 428-430.

6. Lemmon, *Golden Age*, 187에서 인용됨.

7. Colquhoun, *"The Busiest Man,"* 69와 70에서 인용됨.

8. Details of Maulee and Baugh, in Nathaniel Wallich to H. T. Prinsep, 9 August 1837, India Office Records (IOR), P/13/24, nos. 46-48, British Library, Archives, London, 2017. 09. 20., http://www.bl.uk/manuscripts/Viewer.aspx?ref=ior!p!13!24_9_Aug_1837_nos_46-48_foo1r#. 접속.

9. Wallich, Lemmon, *Golden Age*, 211에서 인용됨.

10. "채집한 식물은⋯⋯", Kenneth Lemmmon, *The Covered Garden* (London: Museum Press, 1962), 205-206에서 인용됨. "John Gibson," *Gardeners' Chronicle*, 1872. 06. 29., 865; and Alice Coats, *The Plant Hunters: Being a History of the Horticultural Pioneers, Their Quests and Their Discoveries from the Renaissance to the Twentieth Century* (New York: McGraw-Hill, 1969), 154-155도 참조할 것.

11. W.J. Hooker, *Directions for Collecting and Preserving Plants in Foreign Countries* (London, 1828), 115. 후커는 1842년에 가서야 워디언 케이스를 포함시킨다; W.J. Hooker, *A Few Plain Instructions for Collecting and Transporting plants in Foreign Countries* (London: The Admiralty, 1848)를 참조할 것.

12. Harvey to W.J. Hooker, 1834. 12. 12., in William Henry Harvey, *Memoir of W.H. Harvey* (London: Bell & Dalby, 1869), 48-49.

13. William J. Hooker, "Wardia: A New Genus of Mosses, Discovered in Southern Africa," *Companion to the Botanical Magazine* 2(1836): 183-185.

14. "Letter from N. B. Ward Esq. to Dr. Hooker, on the Subject of His Improved Method of Transporting Living Plants," *Companion to the Botanical Magazine* 1(1836): 317-320.

15. "항해 기간이⋯⋯", in Ward to W.J. Hooker, 날짜 미상(1836년 4월 19일 우체국 소인 찍힘), fol. 150, DC, RBGK. Ward to W.J. Hooker, 24 May 1836, fol.154, in DC, RBGK; Ward to W. J. Hooker, 1836. 09. 04., fol. 324, in DC, RBGK도 참조할 것.

16. "결단코 말씀드리는데⋯⋯", in Ward to W.J. Hooker, 날짜 미상(1836년 4월 19일로 우체국 소인 찍힘), 위의 자료.

17. Gardner to W.J. Hooker, 1840.05.05와 Gardner to W. J. Hooker, 1840.12.18, in *Journal of Botany* 3(1841): 134-137과 201-203.

18. G.S. Boulger, "Gardner, George(1821-1849)," in *Oxford Dictionary of National Biography* (Oxford: Oxford University Press, 2004), 2019. 11. 26.에 https://doi.org/10.1093/ref:odnb/10373. 접속. George Gardner, "Medicinal and Economic Plants, Fruits &c of the North of Brazil," Manuscripts of George Gardner, RBGK.

19. "Petersburg Botanic Garden," *American Journal of Science and Arts* 20, no.1(1831): 175-176;and Heldur Sander, Toivo Meikar, and Anita Magowska, "The learned Gardeners of the Botanicla Gardens of the University of Tartu and their Activi-

ties(1803-1918)," *Acta Baltica Historiae et Philosophiae Scientiarum* 2, no.1 (2014): 53-110.

20. 워드의 계획에 따른 상자에 관해서는 Gardner to W. J. Hooker, 1841. 03. 23., in *Journal of Botany* 4(1842): 199-201을 참조할 것. 프레푸사와 난초 채집에 관해서는 Gardner W. J. Hooker, 1841. 05. 05., in *Journal of Botany* 4(1842): 201-202를 참조할 것. George Gardner, *Travels in the Interior of Brazil Principally through the Northern Provinces and the Gold and Diamond Districts during the Years 1836~1841* (London: Reeve, Benham & Reeve, 1849)도 참조할 것.

21. Gardner to W. J. Hooker, 1841.05.22, in *Journal of Botany* 4(1842): 202-203. Daniel Domingues da Silva, "The Atlantic Slave Trade to Maranhão, 1680-1846: Volume, Routes and organisation," *Slavery and Abolition* 20, no.4 (2008): 477-501도 참조할 것.

22. Gardner t W. J. Hooker, 1841.07.06, in *Journal of Botany* 4(1842): 204-205.

23. W. J. Hooker, editorial comment in "Contributions towards a Flora of Brazil Being an Emumeration of a Series of Collection of Plants, Made in Various Parts of Brazil, from 1836 to 1841," *London Journal of Botany* 1(1842) 158-193, at 165.

24. Ward to W. J. Hooker, 1837. 05. 16., fol. 325, in DC, RBGK.

25. 이 단락과 다음 단락: James Yates, "Report of the Committee for Making Experiments on the Growth of Plants under Glass, and without Any Free Communication with the Outward Air; on the plan of Mr N. B. Ward of London," in *Report of the British Association for the Advancement of Science*, vol. 6(London: Richard & John E. Taylor, 1838), 501-508. 회의 이벤트에 관한 자세한 내용은 "Meeting of the British Association at Liverpool," *Wolverhampton Chronicle and Staffordshire Advertiser*, 1837. 09. 20., 3도 함께 참조할 것. Charles Withers, Rebekah Higgitt, and Diarmid Finnegan, "Historical Geographies of Provincial Science: Themes in the Setting and Reception of the British Association for the Advancement of Science in Britain and Ireland, 1831-c. 1939," *British Journal for the History of Science* 41, no 3.(2008): 385-415도 참조할 것.

26. N.B. Ward, "Mr. Ward's Report," in Yates, "Report of the Committee," 503.

27. Ellis, "Plant Case": description of the box, 481-486; "zeal…," 504; "acquired…," 505.

28. Allan Maconochie, "On the Use of Glass for Rearing Plants Similar to Those Recom-

mended by N. B. Ward," *Annual Report and Proceedings of the Botanical Society of Edinburgh* 3(1840): 96-97; Allan Maconochie, "Notice Regarding the Growth of Plants in Close Glazed Cases," *Proceedings of the Royal Society of Edinburgh* 1(1845): 299. 머카너키 사건에 관해서는 Allen, *The Victorian Fern Craze*도 참조할 것.

29. "Robberies, Accidents, &c." *Bell's New Weekly Messenger*, 10 November 1839, 7.

30. Ward to W. J. Hooker, 1840.04.21, fol. 216, in DC, RBGK.

31. 같은 자료. 워드가 이 책을 1842년 출간하기 훨씬 전에 완성했다는 사실을 주목할 것.

32. Ward. *On the Growth of Plants* (1842)

33. John Lindley, "Botanical Garden(Kew): Copy of the Report Made to the Committee Appointed by the Lord of the Treasury in January 1838 to Inquire into the Management, &c. of the Royal Gardens at Kew," in *House of Commons Parliamentary Papers*, vol. 29, Paper No.292(1840).

34. 식물 유포와 견적에 관한 자세한 내용은 Lindley, 같은 자료, 3, 4, 5를 참조할 것.

35. Aiton to Lindley, 1838.02.22, 같은 자료. 3-4. 큐 식물원에서 보낸 최초의 워디언 케이스에 관해서는 Royal Botanic Gardens, Kew, Kew Plant Record Books, Outwards Goods, 1838-1847, p.55, RBGK를 참조할 것.

36. 1838~41년까지의 기간은 다른 사람들에 다음 간행물에서 기록되었다. Desmond, Kew; Guy Meynell, "Kew and the Royal Gardens Committee of 1838," *Archives of Natural History* 10, no.3(1982): 469-477; and William Stearn, "The Self-Taught Botanists Who Saved the Kew Botanic Garden," *Taxon* 14, no.9(1965): 293-298.

37. 워드에게 보낸 상자는 Royal Botanic Gardens, Kew, Kew Plant Record Books, Outwards Goods, 1836-1847, p.98, RBGK를 참조할 것. 조지프 후커의 메모를 포함해서 시몬즈가 보낸 상자는 Royal Botanic Gardens, Kew, Kew Plant Record Books, Inwards Goods, 1828-1847, pp.85-86, RBGK를 참조. William Symonds to W. J. Hooker, 1842. 04. 17.과 1842. 04. 26., Folio 161, DC, RBGK도 참조할 것.

4장

1. 해크니 여행은 1839년 2월 2일에 이루어졌다. 이날 담화의 상당부분은 Asa Gray, "First Journey in Europe, 1838-1839," in *Letters of Asa Gray*, vol.1, ed. Jane Loring Gray(Boston;

Houghton, Mifflin, 1894), 85-271; trip to Loddiges recounted, 126-127에서 발췌했다.

2.   "관심이 많이 갔다……", Gray, Letters of Asa Gray, 23에 수록. 다른 인용구인 "식물상자 맨",
     "내가 알기로 가장 친절한 사람", "런던 도시 한복판……"은 Gray, Leters of Asa Gray에 수록
     됨. Harvard appointment는 A. Hunter Dupree, *Asa Gray*, 1810-1888(Cambridge, MA:
     Belknap Press, 1959)를 참조.

3.   J.D. Hooker to Ward, 1842.11.26, in Joseph Hooker: Correspondence 1839-1845 From
     Antarctic Expedition(이후 Hooker Correspondence라고 칭함), Archives of the RBGK.

4.   말라드가 보낸 편지 진본은 RBGK에 소장되어 있음. Charles Mallard to Ward, 18 January
     1834, DC, fol. 151, RBGK를 참조할 것.

5.   Loddiges to Ward, 1842.02.18, in Ward, *On the Growth of Plants* (1842), 86-87.

6.   Nathaniel Wallich, "Upon the Preparation and Management of Plants during a Voyage
     from India," *Transactions of the Horticultural Society of London* 1, and ser.(1832): 140-
     43; Ray Desmond, *The European Discovery of Indian Flora* (Oxford: Oxford University
     Press, 1992), 319도 참조할 것. "spaces for natural history" 저변에 깔린 좀더 이론적인 생
     각은 Dorinda Outram, "New Spaces in Natural History," in *Cultures of Natural History*,
     ed. N. Jardine, J.A. Second, and E.C. Spray(Cambridge: Cambridge University Press,
     1996), 447-459; Sorrenson, "The Ship as a Scientific Instrument", and Parsons and Mur-
     phy, "Ecosystems under Sail를 참조할 것.

7.   세 탐사에 관한 짧은 담화는 Stephen J. Pyne, *The Ice* (London: Phoenix, 2004), 74-81을
     참조할 것. 개별 탐사에 관한 탁월한 연구는 Edward Duyker, *Dumont d'Urville: Explorer
     and Polymath* (Honolulu: University of Hawaii Press, 2014), 314-489; William Stanton,
     The Great United States Exploring Expedition of 1838-1842(Berkely: University of
     California Press, 1975); Herman J. Viola and Carolyn Margolis, eds., *Magnificent Voy-
     ages: The U.S. Exploring Expedition*, 1838-1842(Washington, DC: Smithsonian Press,
     1985); and Maurice J. Ross. Ross in the Atlantic: The Voyages of James Clark Ross in
     Her Majesty's Ships Erebus and Terror, 1839-1843(Whitby: Caedmon of Whitby,
     1882를 참조할 것.

8.   최초로 프랑스로 보내진 워디언 케이스는 de Mirbel, Cordier, de Blainville, de Freycinet,
     and Savary, "Rapport de la Commission chargee, sur l'invitation de M. le Ministre de

la le votage des corvettes de I'Etat I'Astrolable et Zelee, sours le commandement de M. le capitane Dumont d'Urville," in *Comptes rendus hebdomadaires des seances de I'Academie des Sciences*, 5(1837): 133-155; botanical instructions by Mirbel, 134-142에 기록됨. Charles de Mirbel, "Instructions for Preserving Plants," Nautical Magazine and Naval Chronicle 3(1838): 164-170에서 부분적으로 영어로 번역됨.

9. 이 담화는 Mirbel, "Instructions," 164-168에서 발췌함.

10. *Le moniteru universel*, Duyker, *Dumont d'Uiville*, 87에서 인용됨.

11. *Annales maritimes et colonials*, 같은 책, 479에서 인용됨.

12. Jacques Bernard Hombron, Joseph Decaisne, Dumont d'Urville, Charles Jacquinot, and Jean Montagne, Botanique, 3 vols.(Paris: Gide et Cie, 1845-1853); and F. Bruce Sampson, *Early New Zealand Botanical Art* (Auckland: Reed Methuen, 1985), 53-57. Acaena는 현재 Acaena anserinifolia로 알려져 있음.

13. J. D. Hooker to Hector, 1884.12.14, in My Dear Hector: *Letters from Joseph Dalton Hooker to James Hector, 1862-1893*, ed. Juliet Hobbs(Wellington: Museum of New Zelaland, 1999), 181-182.

14. Royal Society, *Report of the President and Council of the Royal Society on the Instructions to be Prepared for the Scientific Expedition to the Antarctic Regions* (London: Taylor, 1839), 36.

15. "왕립 학회에서……", Ward to J. D. Hooekr, 1839.09.26, in Joseph Hooker, Correspondence Received 1839-1845, fol. 256, RBGK에 실림. 후커의 장비는 Joseph Hooker, *Life and Letters of Sir Joseph Dalton Hooker* (London: John Murray, 1918), 47을 참조할 것.

16. J.D. Hooker(JDH) to W.J. Hooker(WJH), 1840. 03. 17., in Hooker Correspondence, fols 26-27, RBGK.

17. "긴 상의", "뒤늦게 갑자기……"는 JDH TO WJH, 1840. 09. 07.에 실림; 살아남은 식물에 관해서는 JDH TO WJH, 1840. 09.09.와 JDH to WJH, 1840. 08. 16.을 참조할 것.; 이 모두는 Hooker Correspondence, fols. 37, 45, 31에 수록됨.

18. JDH TO WJH, 1840.09.09, in Hooer Correspondence, fol. 45.

19. Jim Endersby, *Imperial Nature: Joseph Hooker and the Practices of Victorian Science* (Chicago: University of Chicago Press, 2008); Joseph Hooker, *Flora Tasmaniae* (Lon-

don: Lovell Reeve, 1860). 조류에 관해서는 Ward to WJH, 1839. 12. 31., DC, fol. 156, RBGK; Ward to JDH, 1839. 09. 26., in Hooker, Correspondence Received, fol. 256; JDH to Ward, 1842. 11. 26., in Hooker Correspondence, fol. 138-139를 참조할 것.

20. JDH to WJH, 23 November 1841, in Hooker Correspondence, fol. 80. 큐 식물원에 도착하지 않았다는 내용은 Record of Plants, Inwards, 1828-1847, RBGK, 85를 참조할 것. JDH 로부터 온 식물 중 처음 기록된 것은 Falkland Islands로부터 왔다. 아래 참조.

21. 소에 관한 후커의 말은 James Ross, *A Voyage of Discovery and Research in the Southern and Antarctic Regionsm during the Years 1839-1843*, vol.2(London: John Murray, 1847), 272에 인용되어 있음. 1843. 03. 12.에 큐 식물원에서 받은 상자에 관해서는 Record of Plants, Inwards, 1828-1847, RBGK, 117을 참조할 것. "다행히……"는 Joseph Hooker, The Botany of the Antarctic Voyage, vol. 1 (London: Reeve Brothers, 1844), 375 참조. 목초와 제국에 관해서는 Eric Pawson and Tom Brooking, *Seeds of Empire: The Environmental Transformation of New Zealand* (London: I.B. Taurus, 2011)를 참조할 것.

22. JDH TO WJH, 20 April 1843, in Hooker Corresondence, fols. 196-200.

23. 1840년 1월 16일에 큐 식물원에서 받은 상자에 관해서는 Record of Plants, Inwards, 1828-1847, 136, RBGK를 참조할 것.

24. Stanton, Great United States, 49; Richard W. Blumenthal, *Charles Wikes and the Explotation of Inland Washington Waters: Journals from the Expediton of 1841* (Jefferson, NC: McFarland, 2009); Doris E. Borthwick, "Outfitting the United States Exploring Expedition: Lieutenant Charles Wiles' European Assignment, August-November, 1836," *Proceedings of the American Philosophical Society* 109(1965): 159-172. 윌크스 탐사대의 육지 목격에 관해서는 논란이 있었음; Ross, Ross in the Antarctic, 118-132를 참조할 것.

25. Charles Wilkes, *Autobiography of Rear Admiral Charles Wilkes*, 1778-1877(Washington, DC: Department of the Navy, 1978), 528.

26. Tyler, Wilkes Expedition; Stanton, Great United States; J. C. Loudon, "Mr Brackenridge," Gardener's Magazine, 10(1834): 162. Donald Culross Peattie, "William Dunlop Brackenridge," *Dictionary of American Biography*, vol.2(New York: Scribner, 1928), 545.

27. William Brackenfidge, "Journal of William Dunlop Brackenridge: October 1-28, 1841",

California Historical Society Quarterly 24(1945): 326-336, at 326-327.

28. Harley Harris Bartlett, "The Report of the Wiles Expedition, and the Work of the Specialists in Science," *Proceedings of the American Philosophical Society* 82, no.5(1940): 676-679; John Torrey, On the Darlingtonia californica, *a new pitcher-plant from Northern California* (Washington, D.C.: Smithsonian Institution, 1853). Mariana Bornholdt, "Botanizing Western Oregon in 1841—The Wilkes Inland Expedition," Kalmiopsis 12(2005): 16-24. 윌크스 탐사대 이전 국가 컬렉션 상태에 관해서는 J. J. Abert, A. O. Dayton, Francis Markof, "Note A: January 1, 1842," in *A Memorial of George Brown Goode Together with a Selection of His Papers on Museums and the History of Science in America* (Washington, DC: Government Printing Office, 1901), 157-161을 참조할 것.

29. Antony Adler, "From the Pacific to the Patent Office: The US Exploring Expedition and the Origins of America's First National Museum," *Journal of the History of Collections* 23(2011): 49-73.

30. Charles Wilkes, *Autobiography*, 530.

31. Charles Wilkes, *A Brief Account of the Discoveries and Results of the United States Exploring Expedition* (New Haven: Hamlen, 1843). William D. Brackenridge, "Botanical Department," 보고서는 1842. 11., National Institute에 제시되었고 *A Memorial of George Brown Goode Together wIth A Selection of His Papers on Museums and the History of Science in America* (Washington, DC: Government Printing Office, 1901), 164에 재수록됨. Bartlett, "Report of the Wilkes Expedition," 676.

32. Brackenridge, "Botanical Department," 164에 인용됨.

33. The Editor [Charles Mason Hovey], "Experimental Garden of the National Institute(윌크스 탐사대에서 채집한 식물 수록됨)," *Magazine of Horticulture and Botany* 10(1844): 81-82; Notes of a Visit to Several Gardens in the Vicinity of Washington, Baltimore, Philadelphia, and New York. in October 1845,"*Magazine of Horticulture and Botany* 12(1846): 241-242. "The Patent Office Greenhouse," Daily Union, 1845. 06. 26., 194도 참조할 것.

34. 여기서 주목해야 할 중요한 사실은 비록 의사당 발치 부지에 컬럼비아 연구소 식물원이 이미 있었지만 특허청 온실에는 이보다 10배 많은 식물이 있었다는 것이다. 브라켄리지의 식물을

옮기지 않았다면 컬럼비아 연구소 식물원은 폐허가 되었을 것이다. Anne-Catherine Fall-en, *A Botanic Garden for the Nation: The United States Botanic Garden* (Washington, DC: Government Printing Office, 2007)을 참조할 것. Fallen은 식물원에 현재 있는 식물 중 윌크스 탐사대에서 가져온 것들을 자세히 수록한다(다음 단락). 미국 국립 식물원은 1933년 인디 펜던스 대로의 새 장소로 이전할 때까지 의사당 부지에서 계속 운영되었다.

35. Brackenridge, "Botanical Department," 164-165.

36. Endersby, *Imperial Nature*, 59; and Desmond, *Kew*, 195-196.

37. William Brackenfidge to Asa Gray, 1850.05.03., in William Brackenridge Letters, 1850-1856(이하 HL Brack 1이라 칭함), Gray Herbarium Archives, Harvard University.

38. Rigby, "Politics and Pragmatics of Seaborne Plant Transportation," 97. F. E. *A Popular Account of Their Construction. Development Management and Applances* (New York: Scribner, 1891)도 참조할 것.

5장

1. Keogh, "The Wardian Case: Environmental Histories." 바나나에 관해서는 Ward to J. J. Bennett, 1842. 11. 01., in *Proceedings of the Linnean Society of London* 1(1848): 157을 참조할 것. 구타페르카에 관해서는 "Our Book Shelf," *Nature* 61(1909): 538을 참조할 것. 망고에 관해서는 "The Mango of Queensland," *Brisbane Courier*, 12 March 1870; "Queensland Acclimatisation Society," *Queenslander*, 1877.02.03; Jordi Frawley, "Making Mangoes Move," *Transforming Culture* 3(2008): 165-184를 참조할 것.

2. 역사가들은 종종 이를 "차 전쟁"이라고 즐겨 부른다. Markman Ellis, Richard Coulton, and Matthew Mauger, *Empire of Tea: The Asian leaf That conquered the World* (London: Reaktion, 2015), 213-219를 참조할 것. 아편 전쟁에 관한 자세한 설명은 Mao Haijian, *The Qing Empire and the Opium War: The Collapse of the Heavenly Dynasty* (Cambridge University Press, 2016)을 참조할 것.

3. 로버트 포춘은 그의 여행에 관해 다음 네 글을 남겼다. *Three Year's Wandering in the Northern Provinces of China* (London: John Murray, 1847); *A Journey to the Tea Countries of China, and at Sea* (London: John Murray, 1852); *A Residence among the Chinese: Inland, on the Coast, and at Sea* (London: John Murray, 1857); *Yedo and Peking:*

A Narrative of a Journey to the Capitals of Japan and China (London: John Murray, 1863). 포춘에 관해 현대에 와서 작성된 기록은 상당히 많다. 그중 주목할 만한 자료는 Alistair Watt 가 쓴 전기, *A Plant Hunter Cases*," Gardeners' Chronicle, 1868. 06. 27., 608이다.

4. Robert Fortune, "Ward's Plant Cases," *Gardeners' Chronicle*, 27 June 1868, 608.

5. 위원회 회의 중, 워디언 케이스에 관해 많은 토론이 이루어졌다. Minutes of the Chinese Committee, Folder 1, Papers of Robert Fortune, Royal Horticultural Society, London(이후 Fortune Papers로 칭함)을 참조할 것.

6. Instructions to Mr. Robert Fortune Proceedings to China in the Serice of the Horticultural Society of London, Folder 1, Fortune Papers. 실험 결과는 Robert Fortune, "Experience in the Transmission of Living Plants To and From Distant Countries by Sea," *Journal of the Horticultural Society of London* 2(1847): 115-121에 보고되었다.

7. 포춘이 들여온 식물에 관한 완벽한 설명은 Watt, *Robert Fortune*, 29-89를 참조할 것.

8. Fortune, *Three Year's Wanderings*, 411.

9. 포춘이 알아낸 수많은 발견은 당시 중국에 있었던 많은 이들에게 알려졌다. Samuel Ball, *An Account of the Cultivation and Manufacture of Tea in China: Derived from Personal Observation during an Official Residence in that Country from 1804 to 1826* (London: Longman, Brown, Green & Longman, 1848)을 참조할 것.

10. Fortune, *Three Years' Wanderings*, 186-206; Watt, Robert Fortune, 253-271에 설명되어 있음.

11. 포춘은 Fortune, *Yedo and Pecking*, 147에서 워드를 "내 오랜 친구"라고 묘사한다.

12. Wallich, "Discovery of the Tea Shrub," 429. 차는 1823년 Robert Bruce에 의해 아삼에서 발견되었다; Ellis, Coulton, and Mauger, *Empire of Tea*, 209-210를 참조할 것.

13. Fortune, *Tea Countries*, 355-357에 설명되어 있음.

14. 같은 책, 356에서 인용됨.

15. 워드는 그의 저서 초판, *On the Growth of Plants* (1842), 51에서 방법을 설명한다.

16. 상자 내용물은 Robert Fortune, List of Tea Plants, Seeds and Implements Sent, in Saharanpur Botanic Garden, including papers re tea cultivation, ms. IOR/F/4/2498/141673, p.80[fol. 39v], Digitised Manuscripts, British Library에 설명되어 있음, 2018. 06. 16., http://www.bl.uk/manuscripts/FullDisplay.aspx?ref=IOR/F4/2498/141673(이하 Sa-

haranpur Botanic Garden ms라 칭함)에 접속.

17. Fortune, *Tea Countries*, 357.

18. Contract with Chinese Workers, 1851. 02. 22., Saharanpur Botanic Garden ms., 81-83(fol. 40r-fol. 41r).

19. Robert Fortune, Implementation for the Manufacture of Tea, Saharanpur Botanic Garden ms., p.79(fol. 39r).

20. Fortune to Falcone, 1853.12.30, in Cases of Tea Seedlings, ms. IOR/P/14/39, Digitised Manuscripts, British Library, 2019. 11. 26., http://www.bl.uk/manuscripts/FullDisplay. aspx?ref=IOR/P/14/39_16Mar_1854_nos_101-107에 접속; Hugh Falconer to Under Secretary, 1854.03.07., in Cases of Tea Seedlings.

21. List of plants introduced into the Calcutta Botanic Garden from China by Robert Fortune, in Calcutta Botanic Garden, ms. IOR/P/14/68, Digitised Manuscripts, British Library, 2019. 11. 26., http://www.bl.uk/manuscripts/Viewer/aspx-?ref=ior!p!14!68_16Oct_1856_nos_51-52_foo1r에 접속.

22. Watt, *Robert Fortune*, 269-270.

23. Percival Griffiths, *The History of the Indian Tea Industry* (London: Weidenfeld & Nicholson, 1967).

24. Haripriya Rangan, "State Economic Policies and Changing Regional Landscapes in the Uttarakhand Himalaya, 1818-1947," in *Agrarian Environments: Resources, Representations, and Rule in India*, ed. Arun Agrawal and K. Sivaramakrishnan(Durham, NC: Duke University Press, 2000), 23-46.

25. Gadapani Sarma, "A Historical Background of Tea in Assam," *Echo* 1, no.4(2013): 123-131.

26. William Gardener, "Robert Fortune and the Cultivation of Tea in the United States," *Arnoldia* 31, no.1(1971): 1-18, at 4에서 인용됨.

27. 이 여행에 대한 내용은 같은 책, 6-8에서 발췌함.

28. D.J.B., "Preparation for a Government Propagating Garden at Washington," in *Report of the Commissioner of Patents for the Year 1858: Agriculture*, ed. J. Holt(Washington, DC: Steedman, 1859), 280-283, at 282.

29. 이 점은 차 재배자 로이 목섬^{Roy Moxham}이 *Tea: A History of Obsession, Exploitation, and Empire* (New York: Caroll & Graf, 2003)에서 언급됨.

30. Mathew J. Crawford, "Between Bureaucrats and Bark Collections: Spain's Royal Reserve of Quina and the Limits of European Botany in the Late Eighteenth-Century Spanish Atlantic World," in *Global Scientific Practice in an Age of Revolution, 1750-1850*, ed. Patric Manning and Daniel Rood(Pittsburgh: University of Pittsburgh Press, 2016), 21-37; and I. W. Sherman, "A Brief History of Malaria and Discovery of the Parasite's Life Cycle," in *Malaria: Parasite Biology, Pathogenesis and Protection*, ed. I. W. Sherman(Washington, DC: ASM, 1998), 3-10.

31. Clements Markham, *Travels in Peru and India: While Superintending the Collection of Chinchona Plants and Seeds in South America, and Their Introduction into India* (London: John Murray, 1862), 334-335.

32. Arjo Roersch van der Hoogte and Toine Pieters, "Science in the Service of Colonial Agro-Industrialism: The Case of Cinchona Cultivation in the Dutch and British East Indies, 1852-1900," *Studies in History and Philosophy of Biological and Biomedical Sciences* 47(2014): 12-22. Kim Walker and Kark Nesbitt, *Just the Tonic: A History of Tonic Water* (Kew: Royal Botanic Gardens, Kew, 2019).

33. Crawford, "Between Bureaucrats and Bark Collections," 24. 기나나무 사업 계획은 많은 관심을 받았다; Mark Honigsbaum, *The Fever Trail: The hunt for the Cure for Malaria* (New York: Farrar, Straus & Giroux, 2002); Lucille Brockway, Science and Colonial Expansion: *The Role of the British Royal Botanic Gardens* (New York: Academic Press, 1974), 103-140; Henry Hobhouse, *Seeds of Change: Five Plants That Transformed Mankind* (London: Sidgwick & Jackson, 1985)를 참조할 것. 간단한 보고는 Richard Drayton, *Nature's Government: Science, Imperial Britain, and the "Improvement" of the World* (New Haven, CT: Yale University Press, 2000), 206-211을 참조할 것.

34. "Chinakultur and Java," *Botanische Zeitung*, 1865.06.30, 208-211; "Obotuary: Hasskarl," Chemist and Druggist, 1894.01.20., 73-74; and Norman Taylor, *Cinchona in Java: The Story of Quinine* (New York: Greenberg, 1945), 38.

35. 네덜란드의 모험은 Andrew Goss, *The Floracrats: State-Sponsored Science and the*

Failure of the Enlightment in Indonesia (Madison: University of Wisconsin Press, 2011), 33-58에 더 자세히 묘사되어 있음.

36.   채집인들은 Daniel, R. Headrick, *Power over Peoples: Technology, Environments, and Western Imperialism, 1400 to the Present* (Princeton, NJ: Princeton University Press, 2010). 233에 나와 있음.

37.   Minna markham Diary, entry for 9 October 1860; Lucy Veale, "An Historical Geography of the Nilgiri Cinchona Plantations, 1860-1900"(PhD diss., University of Nottigham, 2010), 151에 인용됨.

38.   Minna Markham Diary, entry for 11 October 1860; 같은 책, 151에 인용됨.

39.   "Mr. Spruce's Report on the Expedition to Procure Seeds and Plants of the Cinchona succirubra, or Red Bark Tree, to the under Secretary of State for India, 3rd Janury 1862", in British Parliamentary Papers, *Copy of Correspondence Relating to the Introduction of the Cinchona Plant into India, and to Proceedings Connected with Its Cultivation, From March 1852 to March 1863* (이하 BPP, Introduction of Chinchona라 칭함), (London: House of Commons, 1863), 65-118 at 99; and Richard Spruce, *Notes of a Botanist on the Amazon and Andes* (London: Macmillan, 1908), 258-311. 난초 채집에 관해서는 Royal Botanic Gardens, Kew, Kew Plant Record Books, Inwards 1859-1867, ms. RBGK, P.92를 참조할 것. 번식된 식물의 수에 관해서는 Thomas Anderson, "General Report on the Cultivation of the Species Cinchona in the Neilgherries," in BPP, *Introduction of Chinchona*, 207을 참조할 것.

40.   T. C. Owen, *The Cinchona Planter's Manual* (Colombo: A. M. & J. Ferguson, 1881), 93.

41.   T. Anderson, "Report on the Experimental Cultivation of the Quinferous Chinchonae in British Sikhim," in BPP, *Introduction of Chinchona*, 260.

42.   Taylor, *Cinchona in Java*, 43.

43.   같은 책.

44.   Thomas Anderson to W. Grey, in BPP, *Introduction of Chinchona*, 189-190.

45.   마마누와 레저의 이야기는 Gabrielle Grammacia, *The Life of Charles Ledger, 1818-1905: Alpacas and Quinine* (Hampshire: Macmillian, 1988), 120-134에 나와 있다.

46.   우연한 일이었지만 종자 14 파운드 일부는 마드라스로 갔고, 심지어 이들은 6만 그루의 묘

목으로 번식되었지만 어느 한 그루도 나무로 자라지 못했다. J.H.Holland, "Ledger Bark and Red Bark," *Bulletin of Miscellaneous Information(Royal Botanic Gardens, Kew)* 1(1932): 1-17, at 3를 참조할 것.

47. Grammacia, *Life of Charles Ledger*, 136-137에 설명됨

48. Karl W. van Gorkom, *A Handbook of Cinchona Culture* (Amsterdam: J.H, Bussy, 1883), 110.

49. 많은 생태학적 문제에 관한 설명은 Taylor, Cinchona in Java, 50와 Gross, *Floracrats*, 55를 참조할 것.

50. 신코나에는 생물학자들이 전문용어로 이형화주라 부르는 꽃이 피고, 이 덕분에 타화 수분을 늘릴 수 있다. 섬에 너무 많은 변종이 생기는 바람에 네덜란드에게는 이 점이 커다란 골칫거리였지만 해결책을 찾았다. 문제와 해결책에 관한 자세한 내용은 Taylor, *Cinchona in Java*, 50을 참조할 것.

6장

1. J.D. Hooker, "Obituary: Ward," 656.

2. Ward to Gray, 1850.10.30., Asa Gray Correspondence Files(이하 Gray Correspondence 라 칭함), Archives of the Gray Herbarium, Botany Libraries, Harvard University, Cambridge, MA, http://nrs.harvard.edu/urn-3:FMUS.GRA:13889116.

3. Ward to Gray, 1859.10.08., Gray Correspondence. 흥미롭게도 이 편지는 "The Ferns"에서 처음 보냈다.

4. Dr. G.L.Holthouse와 워드의 우정은 Thomas Lang, "On Wardian, or Plant Cases," *Ballarat Star*, 1862.04.09., 1에 자세히 묘사되었다. 클랩햄에 관한 자세한 묘사와 스케치는 Thomas Moore, "Visits to Remarkable Gardens: The Suburban Residence of N. B. Ward, Esq., at Clapham," *Gardener's Magazine*, 1851, 148-150에 나와있음. Brent Elliot, *Victorian Gardens* (London: Batsford,1986), 32도 참조할 것.

5. J.D. Hooker, "Obituary: Ward."

6. Ward to Gray, 1853.03.20., Gray Correspondence.

7. 같은 책.

8. J. D. Hooker to Darwin, 29 March 1864, Darwin Correspondence Project, Letter

no.4439, 2017.08.08, http://www.darwinproject/DCP-LETT-4439에 접속.

9.   Ward tp Gray, 1851.08.13., Gray Correspondence.

10. Ward to Gray, 1853.03.11., Gray Correspondence.

11. Ward to J.D.Hooker, 1861. 03. 04., in Letters to J.D.Hooker, JDH1/1/2,fol. 81, RBGK에
     묘사됨.

12. Ward to Gray, 11 March 1853, Gray Correspondence.

13. 워드와 윌리엄스의 개입은 Ward to W. J. Hooker, 1842. 12. 19., DC, vol.18B, fol. 225,
     RBGK에 묘사됨. Joseph Paxton, "On the Culture of the Musa cavendishii, as Practised
     at Chatsworth," *Gardener's Magazine* 13(1837): 141-142, at 142; Joseph Paxton, *"Musa
     cavendishii,"Paxton's Magazine of Botany* 3(1837): 51-62를 참조할 것.

14. Ward to W.J.Hooker, 1842.09.09, DC, fol. 233, RBGK.

15. Letter from Ward to the Linnaean Society read 1 November 1842, *Proceedings of the
     Linnaean Society of London* 1(1849): 157.

16. A. W. Murray, *Forty Years's Mission Work in Polynesia and New Guinea, from 1835 to
     1875* (London: James Nisbet.1876), 271; and Ebenezer Prout, *Memoirs of the Life of the
     Reverend John Williams* (London: John Snow, 1846), 149.

17. 바나나 전파에 관해서는 Vaughan MacCaughey, "The Native Bananas of the Hawaiian
     Islands," *Plant World* 21, no.1(1918): 1-12, Gerard Ward, "The Banana Industry in
     Western Samoa," *Economic Geography* 35, no.2(1959): 123-137; Valerie Kagy, Maurie
     Wong, Henri Vandenbrouche, Christophe Jenny, Cecile Dubois, Anthony Olliver,
     Celine Cardi, Pierre Mounet, et al., "Traditional Banana Diversity in Oceania: An En-
     dangered Heritage," PLOS One 11, no.3(2016): 1-19; and Angela Kepler and Francis
     G. Rust, *The World of Bananas in Hawaii: Then and Now* (Haiku, HI: Pali-O-Waipi'o
     Press, 2011). 플랜테이션 농장의 바나나는 복제 식물이다; 바나나의 생태학적 취약성에 관
     해서는 《바나나 제국의 몰락》(롭 던 지음, 노승영 옮김, 반니, 2018)을 참조할 것.

18. Ward to Gray, 6 March 1840, Gray Correspondence.

19. "Nathaniel Bagshaw Ward, Esq., Surgeo Examined," in *First Report to the Commission-
     ers for the Inquiry into the State of Large Towns and Populous Districts*, vol.1 (London:
     Clowers & Sons, 1844), 41-45, at 45. "The Duty on Glass," *Lancet* 1 (22 February 1845):

214-215도 참조할 것.

20. John Lindley, "Editorial," *Gardeners' Chronicle*, 1845. 02. 22., 115.

21. Ward to Gray, 1850년 가을, Gray Correspondence.

22. "The Crystal Palace," *Victoria and Albert Museum*, London, 2016, 2017. 09. 21., http:// www.vam.ac.uk/content/articles/t/the-crystal-palace/.

23. Allen, *The Victorian Fern Craze*, 43.

24. Lynn Barber, *The Heyday of Natural History, 1820-1870* (London: Doubleday, 1984), 111; David R. Hershey, "Doctor Ward's Accidental Terrarium," *American Biology Teacher* 58, no.5 (1996): 276-281.

25. "Wardian Cases," *Illustrated London News*, 1851. 08. 02., 166.

26. N.B.Ward, letter to the editor, in "Wardian Glass Cases," *Floricultural Cabinet and Florist's Magazine*, 1851. 10., 260에 기록됨.

27. 그는 박람회 기간 중 1851년 8월, 신판 일로 "너무나 바쁘다"고 밝힌다. Ward to Gray, 1851. 08. 13., Gray Correspondence; Ward, *On the Growth of Plants* (1852).

28. Ward to Gray, 1852. 08. 11., Gray Correspondence.

29. Ward to J.D.Hooker, 1866. 08. 13., in Letters to J.D.Hooker, JDH2/1/21, fol.87, RBGK.

30. Ward, *On the Growth of Plants* (1852), preface.

31. George Drower, *Gardeners, Gurus and Grubs: the Stories of Garden Inventors and Innovators* (Stroud, UK: History Press, 2001), 238.

32. Asa Gray, "Growth of Plants in Glazed Cases," in *Scientific Papers of Asa Gray*, vol.1 (Boston: Houghton, Mifflin, 1889), 59-62. 이 평은 원래 1852년에 발표되었다.

33. Stephen Ward, "Obituary: Nathaniel Bagshaw Ward," *Gardeners' Chronicle*, 1868. 06. 20., 655-656.

34. Sue Minter, *The Apothecaries' Garden: A History of the Chelsea Physic Garden* (Stroud, UK: Sutton, 2000).

35. 같은 책, 67.

36. Ward, "Obituary."

37. "Private Court," Minute Books, 1854. 09. 05., 438, Archives of the Worshipful Society of Apothecaries, London.

38.   Ward to Gray, 1855. 04. 29., Gray Correspondence.

39.   "Scientific Conversazione at Apothecaries' Hall," *Illustrated London News*, 1855. 04. 28.,
      405–406, at 405.

40.   같은 신문, 406.

41.   Ward to Gray, 1855. 04. 29., Gray Correspondence.

42.   후커의 식물 배치에 대해서는 Ward to J. D. Hooker, 1861. 02. 25., in Letters to J. D. Hook-
      er, JDH1/1/2, fol. 80, RBGK. Botany quote: Ward to Gray, 1862. 01. 01., Gray Corre-
      spondence를 참조할 것.

43.   Ward to Gray, 1863년 봄, Gray Correspondence.

44.   Ward to Gray, 1866. 12. 25., Gray Correspondence.

45.   같은 자료; 원문에서 강조함.

46.   Ward to J. D. Hooker, 1866. 06. 30., in Letters to J. D. Hooker, JDH2/1/21, fol. 66, RBGK.

47.   "The Inventor of Wardian Cases," *Morning Post*, 1868. 06. 13., 3.

48.   F. Dawtrey Drewitt, *The Romance of the Apothecaries' Garden at Chelsea* (London:
      Chapman & Dodd, 1922), 86에 인용됨.

49.   Ward to Gray, 1855. 08. 20., Gray Correspindence.

50.   "The Inventor of Wardian Cases."

51.   J. D. Hooker, "Obituary: Ward."

7장

1.   Thomas Moore, "Editorial," *Gardeners' Chronicle*, 1870. 10. 15., 1372–1373; "Patent
     Plant Case," advertisement in William Bull, *A Wholesale List of New and Beautiful
     Plants* (London, 1871), 170–172.

2.   E. J. Wilson, *West London Nursery Gardens: The Nursery Gardens of Chelsea, Fulham,
     Hammersmity, Kensington and a Part of Westminster, Founded before 1900* (London:
     Fulham & Hammersmith, Kensington and a Part of Westminster, Founded before
     1900 (London: Fulham & Hammersmith Historical Society, 1982).

3.   Advertisement in Wiliam Bull, *A Retail List of New and Rare Beautiful Plants* (London:
     William Bull, 1870).

4. "Mr William Bull's New Plant Establishment, Chelsea," *The Australasian*, 1873. 09. 13., 26.

5. Moore, "Editorial"; Bull, "Patent Plant Case."

6. Bull, "Patent Plant Case."

7. Stuart McCook, "Ephemeral Plantations: The Rise and Fall of Liberian Coffee, 1870-1900," in *Comparing Apples, Oranges, and Cotton: Environmental Histories of the Global Plantation*, ed. Frank Uekotter(Frankfurt: Campus, 2014), 85-112.

8. "Death of Mr. William Bull," *Hampshire Chronicle*, 1902. 06. 14., 5를 참조할 것.

9. William Bull, *A Wholesale List of New Beautiful and Rare Plants* (London: William Bull, 1868), 2를 참조할 것.

10. Nurseries(Botanical), Cuttings File, Kensington and Chelsea Local Studies Library, Chelsea.

11. Wilson, *West London Nursery Gardens*, 48-55.

12. Sue Shephard, *Seeds of Fortune: A Gardening Dynasty* (London: Bloomsbury, 2003); Shirley Heriz-Smith, "James Veitch & Sons of Chelsea and Robert Veitch & Son of Exeter, 1880-1969," *Garden History* 21, no.1 (1993): 91-109.

13. E. O. Michy to William Jameson, 15 November 1843, fol. 219, DC, RBGK; William Jameson to James Veitch, 1843. 11. 24., fol.159, DC, RBGK.

14. Shephard, *Seeds of Fortune*, 98에 인용됨.

15. 같은 책.

16. James Veitch Jr. to W. J. Hooker, 1848. 04. 10., fol. 586, DC, RBGK.

17. William Hooker, "Isonandra Gutta," *London Journal of Botany* 6(1847): 464-465; James Collins, *Report on the Gutta Percha of Commerce* (London: Allen, 1878), in Miscellaneous Report Malay-Rubber, 1852-1908, MR/336, RBGK. 파괴에 관해서는 Berthold Seemann, "The Taban-Tree," in Miscellaneous Report Malay-Rubber, 1852-1908, MR/336, RBGK를 참조할 것. John Trully, The Devil's Milk: *A Social History of Rubber* (New York: Monthly Review Press, 2011)도 참조할 것.

18. J. G. Veitch, "Extracts from Mr. Veitch's Letters on Japan," letter dated 1860. 08. 13., *Gardeners' Chronicle*, 1860. 12. 15., 1104.

383   후주

19. 같은 잡지, 1126.

20. Robert Fortune, "Ward's Plant Cases," *Gardeners' Chronicle*, 1868.06.27., 608.

21. Fortune, *Yedo and Pecking*, 147-148.

22. J. G. Veitch, "Extracts from Mr. Veitch's Letters on Japan," letter dated 1860.10.20., *Gardeners' Chronicle*, 1861.01.12., 25.

23. Shepard, *Seeds of Fortune*, 144.

24. Reproduced in James H. Veitch, *Hortus Veitchii* (London: James Veitc & Sons, 1906), 51.

25. Parsons & Co., "Japanese Trees," *Horticulturalist* 17 (1862): 186-187, at 186.

26. "New Japanese Plants," *Magazine of Horticulture and Botany* 27, no.9 (September 1961): 412-415.

27. Stephen A. Spongberg, "The First Japanese Plants for New England," *Arnoldia* 50, no.3 (1990): 2-11; John L. Creech, "Expeditions for New Horticultural Plants," *Arnoldia* 26, no.8 (1966): 49-53.

28. Kristina A. Schierenbeck, "Japanese Honeysuckle (*Lonicera japonica*) as an Invasive Species: History, Ecology, and Context," *Critical Reviews in Plant Sciences* 23, no.5 (2004): 391-400.

29. Parsons & Co., "Japanese Trees," 187.

30. James M. Howe, "George Rogers Hall, Lover of Plants," *Journal of the Arnold Arboretum* 4, no.2 (1923): 91-98.

31. Whittingham, *Fern Fever*, 104.

32. William Robinson, "Notes on Gardens No. IV: Backhouse's Nurseries, York," *Gardeners' Chronicle*, 1864.03.05., 221.

33. Margaret Flanders Darby, "*Un*natural History: Ward's Glass Cases," *Victorian Literature and Culture* 35, no.2 (2007): 635-647.

34. James backhouse Jr. to James Backhouse Walker, 22 November 1860, in Letters from James Backhouse (Junitor) in York, England to James Backhouse Walker in Tasmania, 1860-1871; Uncatalogued Walker Letters (이하 Backhouse Letters라 칭함) University of Tasmania Library Special and Rare Materials Collection, Australia, 2018.07.16., http://eprints.utas.edu.au/3238/에 접속.

35. 같은 편지. 상자에 관한 자세한 것은 이 편지에 들어 있음.

36. James Backhouse Jr. to James Backhouse Walker, 24 August 1861, Backhouse Letters.

37. Whittingham, *Fern Fever*, 101-102를 참조할 것.

38. David Allen, "Tastes and Crazes," in *Cultures and Natural History*, ed. N. Jardine, J. A. Second, and E.C. Spray (Cambridge: Cambridge University Press, 1996), 400. Allen, *The Victorian Fren Craze*, 56-64; Whittingham, Fern Fever, 119를 참조할 것.

39. Paul Fox, *Clearings: Six Colonial Gardeners and Their Landscapes* (Carlton, Victoria: Miegunyah Press, 2005), 42.

40. Thomas Lang, "Oh Wardian, or Plant Cases," *Ballarat Star*, 1862. 04. 09., 1.

41. 같은 책, 1; Thomas Lang, *Catalogue of Plants Cultivated for Sale by Thoamas Lang & Co* (Melbourne, 1868), iv.

42. 같은 자료, iv.

43. Thomas Lang, *Catalogue of Plants Cultivated for Sale by Thomas Lang & Co* (Melbourne, 1870), 5.

44. 워디언 케이스로 들어온 네펜테스에 관해서는 Veitch, Hortus Veitchii, 483을 참조할 것.

45. Michelle Payne, *Marianne North: A Very Intrepid Painter* (Kew: Royal Botanic Gardens, Kew, 2016).

46. Marianne North, *Recollections of a Happy Life* (London: Macmillan, 1893), 251.

47. "Nepenthes northiana," *Gardeners' Chronicle*, 1881. 12. 03., 771에 인용됨.

48. Shephard, *Seeds of Fortune*, 199.

49. D. Schnell, P. Catling, G. Folerts, C. Frost, R. Gardner, et al., "*Nepenthes northiana*," The IUCN Red List of Threatened Species (2000), 2017. 08. 10.; R. B. Simson, "Nepenthes and Conversation," *Curtis's Botanical Magazine* 12, no.2 (1995): 111-118; Anthea Phillips and Anthony Lamb, *Pitcher-Plants of Borneo* (Kew: Royal Botanic Gardnes, Kew, 1996)

50. Justin Buckley, "In the Garden," *National Trust Victoria*, 2016. 02., 5.

51. J. P. Biley and A. P. Connolly, "Prize-Winners to Pariahs: A History of Japanese Knotweed S.I.," *Watsonia* 23 (2000): 93-110.

52. Richard Mack, "Catalog of Woes," *Natural History* 99, no.3 (1990)" 44-53, at 45.

53. 수치는 Andrew Liehold, Eckehard Brocherhoff, Lynn Garrett, Jennifer Parke, and Kerry O. Britton, "Live Plant Imports: The Major Pathway for Forest Insect and pathogen Invasions of the US," *Frontiers in Ecology and the Environment* 10, no.3 (2012): 135-143.

54. Rebecca Epanchin-Niell and Andrew M. Liebhold, "Benefits of Invasion Prevention: Effect of Time Lags, Spread Rates, and Damage Persistence," *Ecological Economics* 116 (2015): 146-153.

8장

1. 이 부분과 다음 부분은 1842년과 1865년 사이 큐 식물원에서 반출입된 식물에 관해 기록했는데, manuscripts Record of Plants and Seeds 등에서 발췌했다. Received by the Royal Botanic Gardents, Kew, 1805-1836, 1828-1847, 1848-1858 and 1859-6187(이하 Plant Books, Inwards, RBGK라 칭함); and the Record of Plants and Seeds etc., Sent out by the Royal Botanic Gardens, Kew, 1828-1847, 1848-1859, 1860-1865. Ms., Archieves of the Royal Botanic Gardens, Kew(이하 Plant Books, Outwards, RBGK라 칭함).

2. 이는 Plant Books, Outwards, 1848-1859, RBGK에 No.13, p.408로 수록되어 있다. 그러나 반입된 식물 목록에 따르면 마치는 10번 상자를 돌려주지 않은 것으로 나온다. 이 기간 동안에는 마치에게 전달된 워디언 케이스는 전혀 없었다. 13번 상자는 1858년 2월 리빙스턴과 함께 아프리카 동부로 보내졌지만 그 이후 시간이 훌쩍 지날 때까지 살아 있는 묘목이나 13번 상자는 영국으로 돌아오지 않았다. 왜 13번 상자가 자메이카로 간 것으로 기록되어 있는지 이유는 알 수 없지만 기록상의 오류라고 보는 것이 가장 합당하다.

3. Plant Book, Inwards, 1859-1867, RBGK, pp.67-68.

4. 큐 식물원에 관한 많은 책으로는 Desmond, *Kew*; Brockway, *Science and Colonial Expansion*; Drayton, *Nature's Government*가 있다.

5. Barber, *The Heyday of Natural History*, 112.

6. Plant Books에 관한 자세한 내용은 1번 항목을 참조할 것.

7. 1841년에는 상자가 반입 또는 반출되지 않았기 때문에 분석은 1842년에 시작된다.

8. Plant Books, Inwards, 1859-1867, RBGK, 237.

9. 같은 책, 27.

10. J. D. Hooker to Hector, 1869. 11. 08., in *My Dear Hector: Letters from Joseph Dalton*

Hooker to James Hector, 1862-1893, ed. John Yaldwyn and Juliet Hobbs(Wellington: Museum of New Zealand, 1998), 126.

11. J. D. Hooker to W. J. Hooker, 1843. 04. 20., in Joseph Hooker: Correspondence 1839-1845 from Antarctic Expedition, fols. 196-200; p.12, RBGK.

12. Plant Books, Inwards, 1859-1867, RBGK, 185.

13. Memorandum(letter), J. D. Hooker to Colonial Botanic Gardens, 1889. 07., Wardian Cases General , 1/W/1, RBGK.

14. 물론 여기에서는 크로스비가 쓴 구절 "민들레의 제국empire of the dandelion"이 적절하다. Crosby, Ecological Imperialism을 참조할 것. James Beattie, "The Empire of the Rhododendron': Reorienting New Zealand Garden History," in Making a New Land: Environmental Histories of New Zealand, ed. Tom Brooking and Eric Pawson(Dunedin: Otago University Press, 2013), 241-257; B. R. Tomlinson, "Empire of the Dandelion: Ecological Imperialism and Economic Expansion, 1860-1914," Journal of Imperial and Commonwealth History 26, no.2(1998): 84-99도 참고할 것.

15. Warren Dean, Brazil and the Struggle for Rubber: A Study in Environmental History (Cambridge: Cambridge University Press, 1987).

16. Clements Markham, "The Cultivation of Caoutchouc-Yielding Tress in British India," Journal of the Society for Arts 24(1876. 04. 07.): 475-481, at 476.

17. Desmond, Kew, 231-235.

18. Dean, Brazil and the Struggle for Rubber; Joe Jackson, The Thief at the End of the World: Rubber, Power, and the Seeds of Empire (London: Penquin, 2009); Desmond, Kew.

19. William Thiselton-Dyer, "Presentation of a Piece of Plate," Kew Bulletin 1(1912): 64-66, at 65.

20. Robert Cross, Report on the Investigation and Collection of Platns and Seeds of the India-Rubber Trees of Para and Ceara and Balsam of Copliba, 1877. 03. 20., India Office Records, IOR/L/5/70, no 50, British Library, 2019. 11. 26., http://www.bl.uk/manuscripts/Viewer.aspx?ref=ior!1!e!5!70_no_50_foo1r에 접속.

21. Ibid., details of cases made on p.3. William Bull, A Retail List of New, Beautiful and Rare

Plants (London, 1877), 39; Dean, *Brazil and the Struggle for Rubber*, 27도 참조할 것.

22. Dean, Brazil and the Struggle for Rubber, 29에 인용됨; Desmond, Kew, 234도 참조할 것.

23. "이제 경작이······", in Stanley Arden, *Report on Hevea brasiliensis in the Malay Peninsula* (Taiping: Perak Government Printing Office, 1902), 1, in Malay Rubber, 1852-1908, Miscellaneous Report 336, p.124, RBGK. H. N. Ridley to William Thiselton-Dyer, 1897. 10. 20., in Miscellaneous Report Malay-Rubber, 1852-1908, MR/336, p.252, RBGK.

24. Gilbert James to Finlay Muir & Co., 27 July 1906, Kew MR/760 Brazil, Balata Gum and Rubber, 1877-1908, pp.272-73, RBGK. Dean, *Brazil and the Struggle for Rubber*, 53-66도 참조할 것.

26. Plant Books, Outwards, 1881-1895; and Plant Books, Outwards, 1896-1923에서 발췌.

9장

1. Drayton, Nature's Government, 257. Londa Schiebinger and Claudia Swan, "Introduction," in *Colonial Botany: Science, Commerce, and Politics in the Early Modern World* (Philadelphia: University of Pennsylvania Press, 2005), 1-16; Brockway, *Science and Colonial Expansion*.

2. Daniel Headrick, *The Tentacles of Pregress: Technology Transfer in the Age of Imperialsim, 1850-1940* (New York: Oxford University Press, 1988); Daniel Headrick, "Botany, Chemistry, and Tropical Development," *Journal of World History* 7, no.1 (1996): 1-20; Heather Streets-Salter and Trevor Getz, *Empires and Colonies in the Modern World: A Global Perspective* (Oxford: Oxford University Press, 2016), 308-309; Robert Kuicek, "British Expansion, Empire and Technological Change," in *Oxford History of the British Empire*, vol.3, ed. Andrew Porter and Wm. Roger Louis(London: Oxford University Press, 2001), 247-269.

3. German Embassy, London, to J.D. Hooker, 1879.09.12., in Miscellaneous Report(이하 MR이라 칭함): 53: Germany, RBGK, p.2; and Walter Lack, "Kew: Ein Vorbild fur Berlin-Dahlem?," in *Preußische Gärten in Europa: 300 Jahre Gartengeschichte* (Leipzig: Edition, 2007), 182-185.

4. "큐 식물원이······", in Otto Hirschfeld to William Thiselton-Dyer, 1888. 06. 09., in

MR/53: Germany, RBGK, p.17.

5. "내부 설계……", 같은 편지; Georg Schweinfurth to William Thiselton-Dyer, 1888. 11. 17., in MR/53: Germany, RBGK, p.20; William Thiselton-Dyer to Secretary of the Office of Works, 1889. 02. 14., in MR/53: Germany, RBGK, p.26.

6. "The Germans…", in T.V. Listerr to William Thiselton-Dyer, 17 December 1888, in MR/53: Germany, RBGK, p.19.

7. Isabelle Leveque, Dominique Pinon, and Michel Griffon, *Le Jardin d'agonomie tropicale: de l'agriculture coloniale au developpement curable* (Paris: CIRAD, 2005).

8. W. D. Brackenridge, "A Historical and Descriptive Account of the Botanic Garden at Berlin," *Gardener's Magazine* 12 (June 1836): 295-310; Georg Kohlmaier, *Das Glashaus: Ein Bautypus des 19. Jahrhunderts* (Munich: Prestel, 1981).

9. Ulrike Lindner, "Trans-Imperial Orientation and Knowledge Transfers: German Colonialism in the International Context," in *German Colonialism: Fragments Past and Present* (Berlin: Deutsches Historisches Museum, 2016), 29; Hanan Sabea, "Pioneers of Empire? The Making of Sisal Plantations in German East Africa, 1890-1917," in *German Colonialism Revisited: African, Asian, and Oceanic Experiences* (Ann Arbor: University of Michigan Press, 2014), 114-129. Bradley Naranch, "Introduction: German Colonialism Made Simple," in *German Colonialism in a Global Age*, ed. Bradely Naranch and Geoff Eley (Eurham, NC: Duke University Press, 2014), 1-18; Streets-Salter and *Getz, Empires and Colonies*도 참조할 것. 특정 식민지에 관해서는 Peter Sack, "German New Guinea: A Reluctant Plantation Colony?" *Journal de la Societe des oceanistes* 42, nos. 82-83 (1986): 109-127를 참조할 것.

10. 이는 Ferninand Wohltmann, *120 Kultur- und Vegetations-Bilder aus unseren deuschen Kolonien* (Berlin: Wilhelm Sussetrott, 1904)의 많은 이미지에서 관찰된다.

11. A. Engler, *Der Königliche Botanischen Garten und das Botanische Museum zu Berlin im Etatsjahr 1891-1892* (Berlin: Julius Becker, 1892), 1. Quote from A. Engler, "Gutachten uber den königlichen botanischen Garten zu Berlin und uber die Frage nach seiner Verlegung," *Notizblatt des königlichen botanischen Gartens und Museums zu Berlin* 10 (1897): 307, quoted and translated in Katja Kaiser, "Exploration and Expoita-

tion: German Colonial Botany at the Botanic Garden and Botanical Museum Berlin,"

in *Sites of Imperial Memory: Commemorating Colonial Rule in the Nineteenth and*

Twentieth Centuries (Manchester: Manchester University Press, 2015), 225-242, at 228.

Bernhard Zepernick, "Die Botanische Zentralstelle fur die deutschen Kolonien," in

Kolonialmetropole Berlin: Eine Spurensuche, ed. Ulrich van der Heyden and Joachim

Zeller(Berlin: Berlin Edition, 2002), 107-111도 참조할 것.

12. 1880년대 수치에 관해서는 A. W. Eichler, *Jahrbuch des Königlichen Botanischen Gartens*
und des Botanischen Museum zu Berlin (Berlin, 1881), viii-x; A. W. Eichler, *Jahrbuch*
des Königlichen Botanischen Gartens und des Botanischen Museums zu Berlin (Berlin,
1884), viii-xii. 1884년과 1889년 사이에는 연간 보고서가 나오지 않았다는 사실을 주목할
것. 1890년 보고에 관해서는 Engler, *Botanische Jahrbücher fur Systematik, Pflanzenges-*
chichte und Pflanzengeographie 35(1892): 11을 참조할 것. 1894년과의 비교 수치에 관
해서는 A. Engler, *Jahrbuch des Königlichen Botanischen Gartens und des Botanischen*
Museums zu Berlin 1893-1894 (Berlin: Julius Becker, 1894); A. Engler, *Jahrbuch des*
Königlichen Botanischen Gartens und des Botanischen Museums zu Berlin im Etats-
jahr 1895-1896 (Berlin: Julius Becker, 1896), 6-7을 참조할 것.

13. "Der Botanische Garten zu Berlin," *Kolonie und Heimat* 35(1911.05.21): 2-3, at 3, trans-
lation by Luke Keogh.

14. G. Volkens, "Kulturerfolge des Versuchsgartens von Victoria in Kamerun mit den von
der Botanischen Centralstelle in Berlin gelieferten Nutzpflanzen, nach Berichten des
Direktor카 Dr. Preuss," *Notizblatt des königlichen botanischen Gartens und Museums*
zu Berlin 2, no.14(1898):159-173. 다른 식물의 조달은 Gustav Meineche, *Koloniales*
Jahrbuch: Beiträge und Mitteilungen aus dem Gebiete der Kolonialwissenschaft und
Kolonialpraxis (Berlin: Carl Heymanns, 1895), 81에 인용된 Paul Preiss의 편지에 설명되
어 있다. 구타페르카에 관해서는 O. Warburg, "Guttaperchakultur in Kamerun," *Tropenp-*
flanzer 6(1902):561-64를 참조할 것.

15. A. Engler, *Bericht über den Botanischen Garten und das Botanische Museum zu Berlin*
im Rechnungsjahr 1901 (Halle: Waisenhouses, 1902), 5, transation by Luke Keogh. 상
자 목록은 A. Engler, "Bericht über die Thätigkeit der botanischen Centralstelle fur die

Kolonieen im Jahre 1901," *Novizblatt des königlichen botanischen Gartens und Museums zu Berlin* 3, no.28(1902. 02. 24.): 176-181에서 발췌함.

16. 1902년의 수치는 A. Engler, "Bericht über die Tätigkeit der Botanischen Zentralstelle fur die deutsche Kolonien am Königl. botanischen Garten und Museums zu Berlin im Jahre 1902," *Notizblatt des königlichen botanischen Gartens und Museums zu Berlin* 3, no.30(1903. 03. 15.): 215-224에서 발췌함. A. Engler, *Bericht über den Botanischen Garten und das Botanische Museum zu Berlin im Rechnungsjahr 1905* (Halle: Waisenhauses, 1905), 7; A. Engler, *Bericht über den Botanischen Garten und das Botanische Museum zu Berlin im Rechnungsjahr 1908* (Halle: Waisenhauses, 1909), 7; A Engler, *Bericht über den Botanischen Garten und das Botanische Museum zu Berlin im Rechnungsjahr 1910* (Halle: Waisenhauses, 1911), 7을 참조할 것. 에른스트 울레의 탐험에 관해서는 "Ule's Expedition nach den Kautschuk-Gebieten des Amazonenstromes: Vierter Bericht uber den Verlauf der Kautschuk-expedition vom November 1901 bis zum März 1902," *Notisblatt des königlichen botanischen Gartens und Museums zu Berlin* 4, no.32(1903. 08. 30.): 92-98을 참조할 것. 수치는 Otto Lutz, "Botanische Zentralstelle für die Kolonien," *Kolonie und Heimat* 22(1910): 2-3에서 발췌함. 베를린 식물원 및 식물 박물관 큐레이터들의 추정에 따르면 1891년과 1907년 사이 식물 1만 6천 5백 개체가 워디언 케이스로 이동했다; Zepernick, "Die Botanische Zentralstelle," 109-110; and Kathrin Grotz and H. Walter Lack, "Wardsche Kästen," *Museums Journal* 4(2010), 27 November 2019, http://www.museumsportal-berlin.de/de/magazin/blickfange/wardsche-kasten-ein-dachbodenfund/에 접속. Katja Kaiser, "Wardian Case for Shipping Live Plants, Berlin, around 1900," in *German Colonialism: Fragments Past and Present* (Berlin: Deusches Historisches Museum, 2016), 202도 참조할 것.

17. Nancy Y. W. Tom, *The Chinese in Western Samor, 1875-1985: The Dragon Came from Afar* (Apia:Western Samoa Historical Trust, 1986), 1; Malama Meleisea and Penelope Schoeffel, "Before and After Colonisation: Germany in Samoa," in *German Colonialism: Fragments Past and Present* (Berlin: Deutsches Historisches Museum, 2016), 118-127에 인용됨.

18. Tom, Chinese in Western Samoa, 1-11. 아프리카에서 이와 비슷한 인부 대우에 관해서는

W. A. Crabtree, "German Colonies in Africa," *Journal of the Royal African Society* 14, no.53(1914): 1-14의 토론을 참조할 것.

19. "German Colonies in Tropical Africa," *Bulletin of Miscellaneous Information(Royal Botanic Gardens, Kew)* 96 (1894): 410-412, at 412. Stuart McCook, "Global Rust Belt: *Hemileia vastatrix* and the Ecologial Integration of World Coffee Production since 1850," *Journal of Global History* 1, no.2(2006): 177-195.

20. "Die Kolonien," *Samoanische Zeitung*, 1914.08.15., 3.

21. The key work here is Christophe Bonneuil and Mina Kleiche, *Du jardin d'essais colonial à la station expérimentale, 1880-1930: Éléments pour une histoire de CIRAD* (Paris: CIRAD, 1993).

22. Jean Dybowski, *Le Congo meconnu* (Paris: Hachette, 1912).

23. "Le Jardin colonial," *La Dépêche coloniale*, 15 August 1903, 199, my translation. 언론인 은 디포프스키의 지도를 따라 이런 발언을 했다.

24. "Leveque, Pinon, and Griffon, *Le jardin d'agronomie tropecale*.

25. Bernard Verlot, "Le Botanistse herborisant," *La Nature* (1878): 283-287. Vilmorin-Andrieux 광고는 프랑스 식민지 저널에 정기적으로 나온다; *La Dépêche coloniale*, 15 August 1903의 뒷면을 참조할 것. 구타페르카는 J. Paul Trouillet, "Le Congo Francais," *La Dépêche coloniale*, 1902.04.30., 11에서 논의된다.

26. 마다가스카르에 관한 영국의 관심은 J. Gilbert Baker, "Lecture on Madagascar," *Thames Valley Times*, 1888.01.11.을 참조할 것.

27. P. Danthu, H. Razakamanarivo, L. Razafy Fara, P. Montagne, B. Deville-Danthu, and E. Penot, "When Madagascar Produced Natural Rubber: A Brief, Forgotten yet Informative History," *Bois et forêts des tropiques* 328, no.2(2013): 27-43. 마다가스카르의 식물 상품은 "Madascar," MR/558, RBGK에 나와 있다.

28. Joseph Gallieni, *Rapport d'ensemble du Général Galliéni sur la situation générale de Madagascar*, vol.2(Paris: Imprimerie des Journaux Officiels, 1899), 42-43.

29. "Lagriculture a Madagascar," *La Dépêche coloniale*, 1903.10.31., 266-280.

30. Robert Aldrich, *Greater France: A History of French Overseas Expansion* (Hampshire: Macmillan, 1996).

31. Robert Aldrich, *Vestiges of Colonial Empire in France* (London: Palgrave, 2004), 61-67, at 65; Lévêque, Pinon, and Griffon, *Le jardin d'agronomie tropicale*, 79-87.

32. Louis Vernet, "Une visite au jardin colonial," *La Dépêche coloniale*, 1909. 06. 30., 155-66. 158의 quote는 Aldrich, Vestiges, 66에서 번역됨.

33. "La plupart des plantes économiques rassemblées à Ivoloina ont été envoyées en serres portatives par le Jardin Colonial"(Vernet, "Une visite,", 164)

34. "Exposition de Bruxelles: Section Coloniale Francaise," *La Dépêche coloniale*, 1910. 04. 15., 7. 이 추정치는 각 상자에 식물 100개체가 들어 있다는 전제하에 나온 것임. 이는 가장 적게 잡은 수치임; 베르네는 각 상자에 60~100개체의 식물이 들었다고 추정함. Vernet, "Une visite," 163을 참조할 것.

35. Christophe Bonneuil, "'Mise en valeur' de l'empire colonial et naissance de l'agronomie tropicale," in Bonneuil and Mina, *Du Jardin d'essais colonial à la station expérimentale*, 7.

10장

1. 존 맥나일은 미국 제국주의 맥락에서 환경 관리의 부상을 논의했다: J. R. McNeil, "Introduction: Environmental and Economic Management," in *The Colonial Crucible: Empire in the Making of the Modern American State*, ed. Alfred W. McCoy and Francisco A. Scarano(Madison: University of Wisconsin Press, 2009), 475-478, at 476을 참조할 것.

2. "IPCC 65th Anniversary," International Plant Protection Convention, 2019. 11. 21. https://www.ippc.int/en/themes/ipp-65th-anniversary/에 접속.

3. Alan MacLeod, Macro Pautasso, Mike J. Jeger, and Roy Haines-Young, "Evolution of the International Regulation of Plant Pests and Challenges for Future Plant Health," *Food Security* 2, no.1 (2010): 49-70; and Liebhold and Griffin, "The Legacy of Charles Marlett."

4. 여기에는 블루베리, 크랜베리, 피칸, 호박, 사탕단풍, 해바라기, 담배가 포함된다. Peter Coates, *American Perceptions of Immigrant and Invasive Species: Strangers on the Land* (Berkeley: University of California Press, 2006), 81을 참조할 것.

5. 이 부서의 목적은 Beverly Galloway, "Immigrant Plants Hold Large Place among U.S.

Crops,"in *Yearbook of Agriculture 1928* (Washington, DC:Government Printing Office, 1929), 379에 나와 있다.

6. Amanda Harris, *Fruits of Eden: David Fairchild and America's Plant Hunters* (Gaines-ville: University of Florida Press, 2015), 243을 참조할 것.

7. David Fairchild, *Systematic Plant Introduction* (Washington, DC: USDA, 1898), 7-8.

8. 초기 미국에 소개된 식물은 Howard Hyland, "History of U.S. Plant Introduction," *Environmental Review* 2, no.4(1977): 26-33를 참조할 것.

9. Bartlett, "Report of the Wilkes Expedition," 677.

10. 다음의 상당 부분은 데이비드 페어차일드에 관해 논하지만 러시아에도 이 당시 중요한 식물 채집가 니콜라이 발리로프가 있었고, 그도 마찬가지로 식물 품종 개량에 관심이 있었다. Nicolay I. Vavilov, *Five Continents*, trans. Doris Löve (Rome: IPGRI, 1997)을 참조할 것.

11. US Department of Agriculture, "Seeds and Plants Imported: Inventory from December 1903 to December 1905"(이하 모든 타이틀은 USDA, "Plant Inventory"로 인용함), 11(1997): 5. 식물 도입에 관한 모든 기록은 https://naldc-legacy.nal.usda.gov/naldc/collections.xhtml을 참조할 것. 식물 기관이 보유하는 대부분의 식물 목록과 마찬가지로 미국 농무부는 식물이 어떻게 도착했는지는 밝히지 않았다; 따라서 얼마나 많은 워디언 케이스가 사용되었는지는 미지수다. 예컨대 미국 농무부의 "Plant Inventory: 1 July to 30 September 1908," 16(1909)에서 페어차일드는("Introduction," p.5)리치가 든 워디언 케이스가 특허청에 도착한 경로를 밝히고 있지만 inventory's description, no.23364-23366(p.10)에서 워디언 케이스는 나와 있지 않고 들어온 식물의 종류만 수록되어 있다. 1928년에 들어온 식물은 미국 농무부의, "Plant Inventory: October 1 to December 31, 1928," 97(1930)에 수록되어 있다.

12. Galloway, "Immigrant Plants," 379.

13. Walter F. Burton, "Treasure Hunters Comb Earth for Priceless Plants," *Popular Science Monthly*, 1932. 08., 35.

14. 같은 잡지에서 인용, 112.

15. Fairchild, introduction to USDA, "Plant Inventory: 1908. 10. 1 ~ 12. 31," 17(1909): 7.

16. Burton, "Treasure Hunters," 34.

17. Stuart McCook, "'The World Was My Garden': Tropical Botany and Cosmopolitanism

in American Science, 1898-1935," in McCoy and Scarano, *Colonial Crucible*, 499-507; and Paul S. Sutter, "tropical Conquest and the Rise of the Environmental Management State: The Case of the U.S. Sanitary Efforts in Panama," in McCoy and Scarano, *Colonial Crucible*, 317-326를 참조할 것.

18. David Fairchild, "Two Expeditions after Living Plants," *Scientific Monthly* 26, no.2(1928): 97-127, at 112.

19. Essential oils in David Fairchild, *Bulletin of Foreign Plant Introductions* 12(15-28 February 1909): 3; lychees in Fairchild, "Plant Inventory," *Bulletin of Foreign Plant Introductions* 16(1909): 5; garcinias in Fairchild, *Bulletin of Foreign Plant Introductions* 18(1909): 8; Buitenzorg plants in Fairchild, *Bulletin of Foreign Plant Introductions* 26(1910): 4 and 48(1910): 5; Buitenzorg mangoes in Fairchild, *Bulletin of Foreign Plant Introductions* 86(1913): 665; mangroves in Fairchild, "Plant Inventory," *Bulletin of Foreign Plant Introductions* 36(1913): 62; on Mrs. Arthur Curtis James, in Fairchild, "Plant Inventory," *Bulletin of Foreign Plants Introductions* 196(1922): 1785; Ceylon quote in Wilson Popenoe to david Fairchild, 1 October 1912, in David Fairchild, *Bulletin of Foreign Plant Introductions* 81(1912): 612-613.

20. Wilson Popenoe to David Fairchild, 1 October 1912, in David Fairchild, *Bulletin of Foreign Plant Introductions* 81(1912): 612-13. 다음 단락의 하틀리스 인용구는 동일한 *Bulletin* 판에 나온다; A. C. Hartless to David Fairchild, 1912.10.09., 615-616를 참조할 것.

21. Fairchild to W.A. Taylor, 1916. 06. 25., in "Typescript of South China Explorations," Frank N. Meyer Collection, Collection no.295, pp.1-8, USDA, National Agricultural Library, Beltsville, MD, 23 November 2019, https://www.nal.usda.gov/exhibits/spec-coll/exhibits/show/frank-meyer에 접속.

22. Hyland, "History," 30; and G. A. Weber, *The Plant Quarantine and Control Administration: Its History, Activities and Organization* (Washington, DC: Brookings Institute, 1930).

23. Harlatt quotes in Marlatt, "Losses Cause by Imported Tree and Plant Pests," *American Forestry 23* (1917): 75-80, at 76. Marlatt is referring to W. Dwight Pearce, *A Manual of Dangerous Insects Likely to be Introduced in the United States through Importations*

(Washington, DC: Government Printing Office, 1918).

24. Pierce, *Manual*, 58.

25. Marlatt, "Losses," 79.

26. David Fairchild, "The Independence of American Nurseries," *American Forestry* 23(1917): 213-216.

27. 같은 책, 216.

28. Pauly, *Fruits and Plains*, 151-153.

29. Coates, *American Perceptions*, 101-7; and Pauly, Fruits and Plains, 154-158.

30. Kent Beattie, "The Operation of Quarantine no.37," *Journal of Economic Entomology* 14, no.2(1921): 201-205.

31. Marcia Kreith and Deborah Golino, "Regulatory Framework and Institutional Players," in *Exotic Pests and Diseases: Biology and Economics for Biosecurity*, ed. Daniel A. Sumner(Ames: Iowa State Press, 2003), 20.

32. Charles Marlatt, "Protecting the Unites States from Plant Pests," *National Geographic*, August 1921, 205-18, at 210 and 214.

33. 1909년, 검역법 37호가 시행되기 10년 전, 말라트와 페어차일드는 일본산 벚나무 사건에 대해 대립하게 됨; Phillip Pauly "The Beauty and Menace of the Japanese Cherry Trees: Conflicting Visions of American Ecological Independence," *Isis* 87, no.1(1996): 51-74을 참조할 것. 이 전형적인 에세이에서 파울리는 이 사건을 언급하면서 미국 곤충학자와 식물 탐험가가 서로 대립하고 있다고 밝혔다. 그는 동식물에 대한 이런 논란과 말라트가 지지하는 엄격한 절대주의적, 배타주의적 정책이 그 당시와 이후 이민 정책에 어떤 중대한 영향을 미쳤는지 추적한다.

34. Russell Woglum, *A Report of a trip to India and the Orient in Search of the Natural Enemies of the Citrus White Fly*, Bureau of Entomology, Bulletin no.120(Washington, DC: USDA, 1913), 35.

35. Stephen Hamblin, "Plants and Policies," *Atlantic Monthly*, 1925. 03., 353-362, a 350.

36. *An Appeal to Every Friend of American Horticulture*, report form the Conference of the Representatives of Horticultural and Other Societies, held at the American Museum of Natural History, 1920. 06. 15., in Letters of J. Horace MacFarland to Charles Sargent,

Archives of the Arnold Arboretum, Harvard University.

37. "Prohibition of Imports of Plants into the United States," *Gardeners' Chronicle*, 1919. 02. 15., 76.

38. Minutes of the Royal Horticultural Society, 1919. 01. 14., 02.11., 03. 11., Minutes Book, 182, 191, and 204-5; quote at 191. Archives of the Royal Horticultural Society, Lindley Library, London.

39. Weber, *Plant Quarantine*.

40. Beverly T. Galloway, *How to Collect, Label, and Pack Living Plant Material for Long-Distance Shipment*, Department Circular 323(Washington, DC: USDA, 1924), at 1-2; 워디언 케이스에 관해서는 10을 참조할 것. P.D. Peterson and C. L. Campbell, "Beverly T. Galloway: Visionary Administrator," *Annual Review of Phytopathology* 35(1997): 29-43도 참조할 것.

41. Fairchild, "Two Expeditions," 125.

42. "Plant Research Yacht Lands Large Caribbean Collection," *California Garden* 24, no.5(1932): 9.

43. T. Ralph Robinson, "Safeguarding the Introduction of Citrus Plants through Improved Quarantine Methods," *Proceedings of the Florida State Horticultural Society* 36(1923): 26-32, at 28; and Walter Swingle, T. Ralph Robinson, and Eugene May, *Quarantine Procedure to Safeguard the Introduction of Citrus Plants: A System of Aseptic Plant Propagation* (Washington, DC: USDA, 1924), 15.

11장

1. Stuart L. Pimm, "What Is Biodiversity?," in *Sustaining Life: How Human Health Depends on Biodiversity*, ed. Eric Chivan and Aaron Bernstein(New York: Oxford University Press, 2008), 6-12. 이코토믹 보타니 컬렉션에서 큐 식물원 상자(흙이 들어가는 상자)의 내부 크기는 70×25×83cm=14,250cm^2로 약 0.15m^2 또는 5ft^{3}와 동일함. 각 상자는 적어도 표면에서 절반까지 채워져 흙의 양은 약 2.5 ft^{3}이 됨. 이 수치는 아주 낮게 잡은 추정량.

2. E.O. Wilson, foreword, in David Littschwager, *A World in One Cubic Foot: Portraits in Biodiversity* (Chicago: University of Chicago Press, 2012).

3. Ken Killham, *Soil Ecology* (Cambridge: Cambridge University Press, 1994).

4. 벌레에 대한 세세한 묘사는 H.N. Moseley, "Description of a New Species of Land-Planarian from the Hothouses at Kew Gardens," *Journal of Natural History* 1, no.3(1878): 237-239를 참조할 것.

5. 같은 신문, 238.

6. Leigh winsor, Peter Johns, and Gary Barker, "Terrestrial Planarians(Platyhelminthes: Tricladida: Terricola) Predaceous on Terrestrial Gastropods," in *Natural Enemies of terrestrial Molluscs*, ed. Gary Barker(Wallingford: CABI, 2004), 237-278.

7. Ronald Sluys, "Invasion of the Flatworms," *American Scientist* 104, no.5(2016): 288-295.

8. Winsor, Johns, and Barker, "Terrestrial Planarians," 241.

9. Leigh Winsor," A Revision of the Cosmopolitan Land Planarian Bipalium kewense, Moseley, 1878(Turbellaria: Tricladida: Terricola)," *Zoological Journal of the Linnean Society* 79, no.1(1983): 61-100, countries listes at 80.

10. Winsor, Johns, and Barker, "Terrestrial Planarians," 241.

11. Jean-Lou Justine, Leigh Winsor, Delphine Gey, Pierre Gors, and Jessica Thevenot, "The Invasive New Guinea Flatworm *Platydemus manokwari* in France, the First Record for Europe: Time for Action Is Now," PeerJ 2(2014.03.04.): e297, p.3.

12. 같은 문서, 9.

13. Jean-Lou Justine, Leigh Winsor, Patrick Barriere, Crispus Fanai, Delphine Gey, Andrew Kien Han Wee, Giomara LA Quay-Velazquez, Benjamin P.Y.-H. Lee, et al., "the Invasive Land Planarian *Platydemus manokwari* (Platyhelminthes, Geoplanidae): Records from Six New Localities, Including the First in the USA," *PeerJ* 3(2015): e1037, 1-20.

14. 흙으로 옮겨진 유기체는 벌레만이 아니었다. 뉴질랜드의 한 식물학자는 19세기 말 전국에 퍼진 흙무더기에 "워디언 케이스에 실려 온 잡초"가 들어 있음을 파악했다; William Travers, quotes in W. M. maskell," Abstract of Annual Report," *Transactions and Proceedings of the Royal Society of New Zealand* 28(1895): 745-46, at 745을 참조할 것.

15. 특정적으로 질병과 병원균은 비생물 문제, 원핵 질환, 바이러스성 질환, 곰팡이 질환, 난균 질환, 곰팡이 같은 유기체, 선충류 질환 또는 기생 식물로 분류된다. 자세한 설명은 American

Phytopathological Society, *Diseases and Pathogens*, accessed 2019. 06. 20., https://www.apsnet.org/edcenter/disandpath/Pages/default.aspx를 참조할 것.

16. 이 논의는 McCook, "Global Rust Belt." See also Dunn, *Never Out of Season*, 6-7에서 발췌함.

17. 1868년 5월에 처음 보고됨. *Hemileia vastatrix*는 "Editorial," *Gardeners' Chronicle*, 1869. 11. 06., 1157에서 처음 소개됨. Maria do Ceu Silva, Victor Varzea, Leonor Guerra-Guimaraes, Helena Gil Azinheria, Diana Fernandez, Anne-Sophie Petitot, Benoit Bertrand, Philippe Lashermes, and MIchel Nicole, "Coffee Resistance to the Main Diseases: Leaf Rust and Coffee Berry Disease," *Brazilian Journal of Plant Physiology* 18, no.1(2006): 119-147도 참조할 것.

18. Paul R. Miller, review of John Stevenson, *Fungi of Puerto Rico and the American Virgin Islands, Taxon 24*, no.4(1975): 522.

19. Dunn, *Never Out of Season*.

20. P.M.Austin Bourke, "Emergence of Potato Blight, 1843-46," *Nature* 203, no.4947(1964):805; and S.B.Goodwin, B.A.Cohen, and W.E.Fry, "Panglobal Distribution of a Single Clonal Lineage of the Irish Potato Famine Fungus," *Proceedings of the National Academy of Sciences of the United States of America* 91, no.24(1994): 11591.

21. S.A.M.H.Nazvi, "Diagnosis and Management of Certain Important Fungal Diseases of Citrus," in *Diseases of Fruits and Vegetables: Diagnosis and Management*, ed. S. A. M. H. Naqvi(Dordrecht:Kluwer Academic, 2004), 247-290, at 249.

22. H.S.Fawcett, *Citrus Diseases and Their Control* (New York: McCraw Hill, 1926), 146-147.

23. 같은 책, 147.

24. C. M. Brasier, "The Biosecurity Threat to the UK and Global Environment from International Trade in Plants," *Plant Pathology* 57, no.5(2008): 792-808.

25. P. Hennings, "Uber die auf Hevea-Arten bisher beobachteten parasitischen Pilze," *Notizblatt des königlichen botanischen Gartens und Museums ze Berlin* 4, no.34(1904): 133-138.

26. Dean, *Brazil and the Struggle for Rubber*; and McCook, "'Squares of Tropic Summer,'"

214.

27. 수잔 프라인켈^{Susan Freinkel}은 1876년 파슨스가 수입한 물량을 통해 밤나무 마름병이 맨 처음 들어왔을 가능성이 가장 크다고 보지만 이는 추측이다; Freinkel, *American Chestnut: The Life, Death, and Rebirth of a Perfect Tree* (Berkeley: University of California Press, 2007), 68을 참조할 것. 이보다 10년 앞서 홀이 일본 밤나무를 가져왔지만 이들이 감염되었는지는 확실치 않다.

28. Albert Koebele, "Report of a Trip to Australia Made under Direction of the Entomologist to Investigate the Natural Enemies of the Fluted Scale," *U.S. Department of Agriculture, Division of Entomology Bulletin* 21(1890): 1-32.

29. "The Fluted Scale-Insect(Icerya Purchasi, Maskell.)," *Bulletin of Miscellaneous Information(Royal Botanic Gardens, Kew)* 32(1889): 191-216.

30. 같은 회보, 192.

31. 당시 '*Verdalia cardinalis*'로 알려짐.

32. Koebele, "Report of a Trip to Australia," 13.

33. Koebele to C. V. Riley, undated(first letter from Australia), in C. V. Riley, *Report of the Entomologist for the Year 1886* (Washington, DC: Government Printer, 1886-88), 90-91.

34. Paul DeBach and David Rosen, *Biological Control by Natural Enemies* (Cambridge: Cambridge University Press, 1991), 140-49; and Susanna Iranzo, Alan L. Olmstead, and Paul W. Rhode, "Historical Perspectives on Exotic Pests and Diseases in California," in *Exotic Pests and Diseases: Biology and Economics for Biosecurity*, ed. Daniel A. Summer(Ames: Iowa State Press, 2008), 55-67.

35. DeBack and Rosen, *Biological Control by Natural Enemies*, 140.

36. 워글룸은 워디언 케이스에 무당벌레(*Cryptognatha flavescens*)도 가져왔다. M. Rose and P. DeBach, "Citrus Whitefly Parasites Established in California," *California Agriculture* (1981. 07. ~ 1981. 08.): 21-23.

37. L. O. Howard to James Wilson, 1912. 09. 11., in Woglum, *Report of a Trip to India and the Orient*, front matter. 페어차일드와 말라트의 의견은 p35에 나옴.

38. Curtis Clausen and Paul A. Berry, *Citrus Blackfly in Asia, and the Importation of Its Nat-*

ural Enemies into Tropical America, Technicla Bulletin 320(Washington, DC: USDA, 1932).

39. 같은 문서, 52.

40. Jodi Frawley, "Prickly Pear Land: Transnational Networks in Settler Australia," *Australian Historical Studies* 38, no.130(2007): 323-338; and Jeffrey C. Kaufmann, "Prickly Pear Cactus and Pastoralism in Southwest Madgascar," *Ethnology* 43, no.4(2004): 345-361.

41. Peter MacOwan, "Prickly Pear in South Africa,", *Kew Bulletin* 19 (1888): 165-173, at 165.

42. Leonie Seabrook and Clive McAlpine, "Prickly Pear," *Queensland Historical Atlas* 1(2010), 2019. 11. 27., http://www.qhatlas.com.au/content/prickly-pear.

43. T. Harvey Johnston and Henry Tryon, *Report of the Queensland Prickly--Pear Travelling Commission* (Brisbane; Government Printer, 1914). 일찍이 1914년 전도유망한 기생 곤충이 발견되었고 그 중 연지벌레와 선인장 나방 두 종이 있었지만 전쟁 중이라 번식 시도가 잠정 중단되었다.

44. Jodi Frawley, "A Lucky Break: Contingency in the Storied Worlds of Prickly Pear," *Contimum: Journal of Media and Cultural Studies* 28, no.6(2014): 760-773, at 764.

45. Alan Dodd, *The Progress of Biological Control of Prickly-Pear in Australia* (Brisbane: Government Printer, 1929).

46. Alan Dodd, *The Biological Campaign against Prickly-Pear* (Brisbae: Government Printer, 1940), 72.

47. Dodd, Progress, 17. 다음 토론의 많은 부분은 17-18과 Dodd, *Biological Campaign*, 72-73.

48. Dodd, *Biological Campaign*, 72.

49. DeBach and Rosen, *Biological Control by Natural Enemies*, 167-168.

50. 같은 책, 133-135; J. D. Tothill, T. H. C. Taylor, and R. W. Paine, *The Coconut Moth in Fiji: A History of Its Control by Means of Parasite* (London: Imperial Bureau of Entomology, 1930); Armand Kuris, "Did Biological Control Cause Extinction of the Coconut Moth, *Levuana iridescens*, in Fiji?," *Biological Invasion* 5, no.1(2003)" 133-41; and Daniel Simberloff and Peter Stiling, "Risks of Species Introduced for Biological Control,"*Inva-*

sion Biology 78, no.1(1996):185-192.

나가는 말

1. William Andrew Archer, *Collecting Data and Specimens for Study of Economic Plants*, Misc. Publication No.568(Washington, DC: USDA, 1945), 41.

2. 강인한 식물의 인기에 대해서는 Charles Sargent to Harry Veitch, 1908.02.05., in Charles Sargent Letter Brooks, vol.3, p.652, Arnold Arboretum Archives, Harvard Universtiy를 참조할 것. 이 변화에 영향을 준 다른 좀더 실용적인 문제는 온실 난방을 위한 연료 조달의 어려움이었다. 이 문제는 1차 세계 대전 중과 이후 가장 두드러졌다.

3. J. Lemaistre to Edward Salisbury, 1948.11.04., Wardian Case General Files 1/W/1, RBGK. Thomas Garner James, "Kew: The Commoners' Royal Garden," *National Geographic*, April 1950, 479-506; and Desmond, *Kew*, 276 and 354. 1987 *Plants under Glass* 박람회는 Christine Brandt to Peter Wood, 1987.02.05, Wardian Case General Files 1/W/1, RBGK에 자세히 나와 있다.

4. "The History of Botanic Gardens," *Botanic Gardens Conversation International*, 15 December 2017, https://www.bgci.org/resources/history/; and Roy Ballantyne, Jan Packer, and Karen Hughs, "Awareness, Interests and Motives of Botanic Gardens Visitors: Implicatins for Interpretive Practice," *Tourism Management* 29, no.3(2008): 439-444에 접속.

5. Geoffrey C. Marks and Ian W. Smith, *The Cinnamon Fungus in Victorian Forests: History Distribution Management and Control* (Melbourne: Department of Conservation and Environment, 1991); Wei Y. Hee, Pernelym S. Torenna, Leila M. Blackman, and Adrienne R. Hardham, "*Phytophthora cinnamomi* in Austraila," in *Phytophthora: A Global Perspective*, ed. K. Lamour(Cambridge, MA: CABI, 2013), 124-34; and Gretna Weste and G. C. Marks, "The Distribution of *Phytophthora cinnamomi* in Victoria," *Transactions of the British Mycological Society* 63, no.3(1974): 559-572.

6. J. A. Crooks and M. E. Soulé, "Lag Times in Population Explosions of Invasive Species: Causes and Implicaations," in *Invasive Species and Biodiversity Management*, ed. Odd Terje Sandlund, Peter Johan Scshei, and Aslaug Viken(Dordrecht: Kluwer Academic,

1999), 103-125; and Epanchin-Niell and Liebhold, "Benefits of Invasion Prevention."

7.　Mack and Lonsdale, "Humans as Global Plant Dispersers." Reuben P. Keller, Juergen Geist, Jonathan M. Jeschke, and Ingolf Kuhn, "Invasive Species in Europe: Ecology, Status, and Policy," *Environmental Sciences Europe* 23(2011): 1-17도 참조; and David Pimentel, Rodolfo Zuniga, and Doug Morrison, "Update on the Environmental and Economic Costs Associated with Alien-Invasive Species in the United States," *Ecological Economics* 52, no.3(2005): 273-288.

그림 출처

들어가는 말

1.   ©The Board of Trustees of the Royal Botanic Gardens, Kew.

2.   사진 제공: Deutsches Museum, Munich.

본문

1-1. Wellcome Collection, CC BY.

1-2. N. B. Ward, *On the Growth of Plants in Closely Glazed Cases* (London: John Van Voorst, 1852).

2-1. *The Works of John Fothergill* (London: Charles Dilly, 1784).

2-2. John Ellis, *A Description of the Mangostan and the Bread-Fruit* (London: Edward and Charles Dilly, 1775).

2-3. John Lindley, "Instructions for Packing Living Plants in Foreign Countries," *Transactions of the Horticultural Society of London* 5 (1824).

3-1. *Companion to the Botanical Magazine* (1836).

3-2. George Gardner, *Travels in the Interior of Brazil Principally through the Northern*

Provinces and the Gold and Diamond Districts during the Years 1836~1841 (London: Reeve, Benham & Reeve, 1849).

4-1. *La Dépêche coloniale*, 1903.08.15.

4-2. James Clark Ross, *A Voyage of Discovery and Research in the Southern and Antarctic Regions, during the Years 1839~1843* (London: John Murray, 1847).

5-1. E.H. Wilson. ©President and Fellows of Harvard College, Arnold Arboretum Archives.

5-2. *Report of the Commissioner of Patents: Agriculture* (1859).

5-3. "Hints for Collectors," *Bulletin of Miscellaneous Information* (*Royal Botanic Gardens, Kew*) 3(1914). ©The Board of Trustees of the Royal Botanic Gardens, Kew.

5-4. ©The board of Trustees of the Royal Botanic Gardens, Kew.

5-5. Collection National Museum van Wereldculturen, Image TM-60018886.

6-1. *Gardener's Magazine* (1851).

6-2. *Illustrated London News*, 1855.04.28.

7-1. Willaim Bull, *A Wholesale List of New and Beautiful Plants* (London, 1871).

7-2. *Gardeners' Chronicle*, 1872.03.06., 359.

7-3. E.H. Wilson ©President and Fellows of Harvard College, Arnold Arboretum Archives.

8-1. Royal Botanic Gardens, Kew, 1842~1865.

8-3. ©The Board of Trustees of the Royal Botanic Gardens, Kew.

8-4. H.F. Macmillan, *A Handbook of Tropical Gardening and Planting*, 2nd ed. (Colombo/l H.W. Cave, 1914), 638

9-1. ©CIRAD.

9-2. *Kolonie und Heimat*, 1910.07.17.

9-3. *Kolonie und Heimat*, 1911.05.21.